suhrkamp taschenbuch 3043

1949, vor fünfzig Jahren, wurde Tibet von China militärisch besetzt und verlor 1951 seine Souveränität. Seitdem dauern dort die größte Landnahme seit dem Ende des Zweiten Weltkrieges und die kommunistische Diktatur Chinas an. Die tibetische Hochkultur muß um ihr Überleben ringen.

Der vorliegende Band gibt eine Übersicht über das Land, die Religion und die politischen Ereignisse der letzten Jahrzehnte bis hin zu aktuellsten Entwicklungen. Schon bei und nach der Besetzung ihres Landes waren die Tibeter, allen voran die Mönche und Nonnen, schwersten Verfolgungen durch die chinesischen Besatzer ausgesetzt. Zahllose Klöster, gleichzeitig die Schulen des Landes, wurden zerstört. Der tibetische Widerstand gipfelte im Volksaufstand in Lhasa und wurde am 10. März 1959 von den Chinesen blutig niedergeschlagen. Der Dalai Lama mußte ins indische Exil fliehen; über 80 000 Tibeter wurden getötet. In den sechziger Jahren verloren über eine Million Tibeter, ein Viertel der gesamten Bevölkerung, durch Massenexekutionen und durch Verhungern das Leben. Im März 1998 wurden im Gefängnis von Drapchi bei Lhasa wieder zehn Mönche erschossen, weil sie demonstriert hatten.

Der Dalai Lama bemüht sich seit Jahrzehnten, eine friedliche Lösung des Tibetproblems mit der chinesischen Regierung herbeizuführen, um dem tibetischen Volk die Einhaltung der Menschenrechte, die Selbstbestimmung und die Bewahrung der kulturellen Identität zu ermöglichen. Durch die ungeheure Siedlungsflut von Chinesen droht den Tibetern das Schicksal, im eigenen Land zur Minderheit zu werden. Rücksichtsloses Ausbeuten der natürlichen Ressourcen durch die Chinesen hat zu schweren Umweltschäden in Tibet und in China selbst geführt.

Helmut Forster-Latsch hat Sinologie studiert, zahlreiche Reisen durch China unternommen und kennt Tibet aus eigener Anschauung. Paul L. Renz ist Jurist und hat über die politischen und gesellschaftlichen Entwicklungen in Indien, China und Tibet gearbeitet.

Tibet

Land – Religion – Politik

Von Helmut Forster-Latsch
und Paul L. Renz

Suhrkamp

Umschlagabbildung: © ZEFA

suhrkamp taschenbuch 3043
Originalausgabe
Erste Auflage 1999

Druck: Nomos Verlagsgesellschaft, Baden-Baden
Printed in Germany
Umschlag nach Entwürfen von
Willy Fleckhaus und Rolf Staudt

1 2 3 4 5 6 – 04 03 02 01 00 99

Inhalt

I.
Das Land

1. Tibet im geographisch-politischen Überblick

Vor 50 Jahren – im Sommer 1949 – begann die chinesische Volksbefreiungsarmee ihren Einmarsch in Tibet. Vor 40 Jahren – im März 1959 – wurde der Volksaufstand in der tibetischen Hauptstadt Lhasa von der chinesischen Militärmacht niedergeschlagen.

Seitdem wird Tibet von den Chinesen beherrscht und heutzutage von der Zentralregierung in Peking als fester Bestandteil des chinesischen Staatsverbandes in Anspruch genommen. Einer der fünf Sterne in der Flagge der Volksrepublik China symbolisiert das von den Chinesen als »Westliches Schatzhaus« bezeichnete – und von ihnen nach Kräften geplünderte – Tibet, wenn auch nur in der politischen Struktur und in den Grenzen der »Autonomen Region Tibet« (ART). Kein Wunder ist es, daß sich in so langer Zeit dieses von den Chinesen konsequent propagierte Tibet-Bild auch im Westen verbreitete.

Doch der hartnäckigen Aufklärungsarbeit der Tibeter und insbesondere der tibetischen Regierung im Exil ist es zu verdanken, daß auch im Westen das chinesische Tibet-Bild zunehmend hinterfragt wird und die von China verbreiteten Angaben über die angeblich so positiven Entwicklungen in der ART immer wieder kritisch betrachtet werden.

Für denjenigen, der sich noch nicht im einzelnen mit dem Thema beschäftigt hat, ist es zweckmäßig, sich zunächst einmal mit einigen nüchternen geographischen Angaben näher vertraut zu machen. Sofort macht der einfache Blick auf die Landkarte die zentrale Lage Tibets in Asien und die Dimension klar. Die ART umfaßt eine Fläche von 1 230 000 Quadratkilometer (das ist etwa dreieinhalbmal die Fläche des heutigen Deutschlands) und hat damit einen Anteil von immerhin einem Sechstel der Fläche der ganzen Volksrepublik China.

Und doch ist dies im wörtlichen Sinne nur die halbe Wahrheit: Nicht übersehen werden darf nämlich, daß China seit dem Jahr 1965 ein weiteres Gebiet als originär-chinesisch definiert und behandelt, das fast noch einmal so groß ist wie die Autonome Region Tibet. Es handelt sich dabei um die tibetische Nordost-Provinz Amdo und die tibetische Ostprovinz Kham. Diese Gebiete wurden chinesischen Provinzen eingegliedert und werden von China deswegen bei allen politischen Betrachtungen über Tibet von vornherein ausgeklammert. Der westliche Betrachter muß sich also klarmachen, daß nach chinesischer Sprachregelung unter »Tibet« stets nur noch das von Peking im September 1965 installierte Rumpfgebilde »Autonome Region Tibet« zu verstehen ist, das ungefähr dem Gebiet des zentraltibetischen Hochlandes entspricht. Allein unter dem Gesichtspunkt der Flächenausdehnung liegt es daher auf der Hand, daß Fragen im Zusammenhang mit Tibet nicht unerheblich sind – auch nicht für die Chinesen und auch nicht für die asiatischen Nachbarvölker. Rein geographisch bedeutet die Rückbesinnung auf den tibetischen Charakter der Gebiete von Amdo und Kham nämlich für China, daß Tibet sogar rund ein Viertel des gesamten Staatsgebietes der heutigen Volksrepublik China ausmacht.

Ein anderer Aspekt der gleichen Tatsache ist dabei der öffentlichen Aufmerksamkeit erstaunlicherweise offenbar bisher entgangen, daß nämlich die Chinesen mit der Besetzung Tibets die größte Landeinnahme (oder, um es etwas deutlicher auszudrücken: den größten Landraub) seit dem Zweiten Weltkrieg überhaupt durchgeführt haben (zum Vergleich: die sechseinhalbfache Fläche des heutigen Deutschlands).

Diese durchaus unromantischen Angaben mögen das Verständnis für einige politische Probleme im Zusammenhang mit Tibet und für die Anliegen der Tibeter erleichtern. Mitten hinein in die Problematik führt eine ebenso knappe wie prägnante Äußerung desjenigen Tibeters, der am allermeisten zu einer politischen Erklärung berufen ist: Der Dalai Lama forderte in seinem inzwischen wohlbekannten Fünf-Punkte-Friedensplan an erster Stelle die Umwandlung des gesamten Gebiets von Tibet in eine Friedenszone. Hierzu hat der Dalai Lama erläutert: »Ich schlage vor, daß Tibet in seiner Gesamtheit, also die Ostprovinzen Kham und Amdo eingeschlossen, in eine Zone des Friedens und der Gewaltlosigkeit umgewandelt wird«.

Daß sich der Dalai Lama als Oberhaupt der tibetischen Regierung im Exil auch weiterhin gerade um die Entwicklung in den früheren tibetischen Provinzen Amdo und Kham sorgt, ergibt sich auch aus einem Interview, das die Internationale Juristenkommission (die Beraterstatus bei der UNESCO und beim Europarat hat) im Dezember 1996 mit ihm führte. Dort äußerte der Dalai Lama u. a.:

> Meine gegenwärtige Hauptsorge ist die Gefahr der Auslöschung des tibetischen kulturellen Erbes. In dieser Hinsicht hat das gesamte Tibet, ob in der tibetischen Region von Amdo – d. h. in den chinesischen Qinghai- oder Gansu-Provinzen – oder in der tibetischen Region von Kham – von der der größte Teil jetzt in den chinesischen Provinzen Sichuan oder Yunnan liegt – dieses ganze Gebiet, die gleiche Kultur, die gleiche Sprache, von Dialekten abgesehen, die gleiche Religion und unterliegt der gleichen Gefahr der Auslöschung. Daher definiere ich in dieser Hinsicht Tibet als die sechs Millionen Tibeter im gesamten Tibet einschließend.

Der vom Dalai Lama genannten Bevölkerungszahl liegen Zählungen zugrunde, nach denen in der tibetischen autonomen Region etwa 2 100 000 Tibeter leben, während angenommen wird, daß in den Gebieten von Amdo und Kham weitere ca. 4 Millionen Tibeter leben. Genaue Statistiken gibt es zwar nicht und erst recht keine zuverlässigen chinesischen Statistiken, doch dürften die Größenordnungen stimmen. Die riesige Fläche Tibets war also immer sehr dünn besiedelt und ist dies aus dem Blickwinkel eines Mitteleuropäers auch heute noch, selbst wenn man die Zunahme der Bevölkerung durch den Zuzug von Chinesen in gewaltigem Umfang berücksichtigt. Letzteres ist jedoch ein dermaßen schwerwiegender und die Tibeter bedrückender Umstand, daß er in einem späteren Kapitel gesondert abgehandelt wird.

In diesem Zusammenhang soll zunächst nur festgehalten werden, daß die Tibeter, ihrer Bevölkerungszahl nach, den Chinesen wenig entgegenzusetzen haben. Dennoch läßt sich bei näherem Hinschauen und in etwas größerem Rahmen erkennen, daß es sich bei der Volksrepublik China gerade wegen der enormen Expansion nach Tibet, aber auch in andere Gebiete hinein um ein durchaus fragiles Staatsgebilde handelt: Nicht nur in Tibet trifft China wegen seiner unglückseligen Politik und rigiden Härte auf wenig Gegenliebe, sondern auch in den anderen sogenannten Minderheitsgebieten wie Ost-Turkestan (Autonome Region Xinjiang der Uiguren) und in der Autonomen Region Innere Mongolei. Ost-Turkestan, das sich nördlich/nordwestlich an Tibet anschließt, hat mit einer Fläche von 1 600 000 Quadratkilometern (4,5 mal Deutschland) seinerseits allein einen Anteil von mehr als 17 Prozent an der Gesamtfläche der Volksrepublik China und die autonome Region Innere Mongolei mit 11 800 000 Quadratkilometern nochmals einen Anteil von mehr als 12 Prozent an der Gesamtfläche der Volksrepublik China.

Damit nehmen Tibet, Ost-Turkestan und die Innere Mongolei mit zusammen 6 170 000 Quadratkilometern über 64 Prozent, also zwei Drittel der Gesamtfläche der Volksrepublik China von 9 600 000 Quadratkilometern ein.

Das bedeutet: Ohne die riesigen eroberten Gebiete fremder Nationalitäten wäre China auf knapp 36 Prozent, also ein Drittel, seiner jetzigen Fläche reduziert. Zwar würde sich dadurch an dem riesigen zahlenmäßigen Übergewicht der Chinesen statistisch kaum etwas ändern. Doch die besetzten Gebiete ermöglichen den Chinesen natürlich den Zugriff auf die dortigen Bodenschätze und alle dortigen natürlichen Ressourcen. Diese Vorteile haben die Chinesen konsequent wahrgenommen und ihrer Propaganda zum Trotz in bester kolonialistischer Manier jedenfalls Tibet wirtschaftlich ausgebeutet. Auch ist China dank der vereinnahmten Gebiete in der Lage, sich außenpolitisch als erstrangiger Machtfaktor in Zentralasien zu präsentieren. China hat sich damit in Tibet allerdings das Problem nicht nur geschaffen, sondern es bis jetzt auch durch rücksichtslose Politik so verfestigt, daß ein aktiver Widerstand aufflammen und in der Folge den chinesischen Staatsverband insgesamt betreffen könnte. Nicht zuletzt solche Überlegungen dürften das Motiv für die chinesische Zentralregierung gewesen sein, zusätzlich zur Stationierung von Militär und Sicherheitspolizei den Zuzug chinesischer Siedler nach Tibet zu forcieren. Dies soll offenbar die stille Methode sein, sich das Land gefügig zu machen. Das Bemühen Chinas, sich Tibet nach der militärischen Inbesitznahme auch kulturell und mental mit verschiedenen Mitteln einzuverleiben, dauert an. Es ist bis heute offenbar nicht wirklich erfolgreich gewesen. In ihrem Bericht über Tibet vom Dezember 1997 stellt die Internationale Juristenkommission zum Beispiel fest: »Seit der chinesischen Invasion bis heute sprechen alle Anzeichen dafür, daß die überwältigende Mehrheit der Tibeter weiterhin der chinesischen Herrschaft, die sie als eine Form von Fremdherrschaft ansehen, ablehnend gegenüberstehen.«

2. Land und Natur

»Ich praktizierte von der frühen Morgendämmerung an bis mittags und von nachmittags bis spät in die Nacht. Über Mittag las ich laut aus meinen Büchern, um sie auswendig zu lernen. Ich blieb sieben Jahre in einer Höhle bei der Felseneinsiedelei ... und einige Monat hier und dort in anderen Höhlen und Hütten, umgeben von dichten Wäldern und schneebedeckten Bergen.«[1] Dilgo Khyentse beschreibt eine erstaunliche Art des Selbststudiums – nicht aber erstaunlich für ihn, der in der Tradition der Nyingma, der »alten« tibetischen Schule des Buddhismus stand. Das Studium der Texte Buddhas, der Kommentare und Meditationspraxis in Zurückgezogenheit, an abgelegenen Plätzen oder Höhlen kannte diese Schule immer schon. Der damals jugendliche Lernende war aber gar nicht so allein, er hatte lebhafte Gesellschaft bei seiner Höhle: Dort »schnüffelten oft kleine Bären unten am Eingang herum. ... In den Wäldern lebten Füchse und alle Arten von Vögeln. Es gab auch Leoparden. ... Ein Kuckuck war mein Wecker. Wenn er gegen drei Uhr rief, fing ich meine Meditationssitzung an.«[2]

Diese kurze Erinnerung des späteren hohen spirituellen Meisters und großen Gelehrten, der sogar dem Dalai Lama im indischen Exil Belehrungen gab, läßt ahnen, wie die unberührten Wälder des buddhistischen Tibet, hier in der Ostprovinz Kham, ausgesehen haben. Respekt vor jeder Lebensform war altüberlieferte buddhistische Tradition und Allgemeingut der Bevölkerung – der beste Umweltschutz.

Um so bestürzender muten die Schäden an, die seit 1951 durch die Chinesen in Tibet angerichtet wurden und werden. Die Eingriffe in die Natur sind nicht nur bedauerlich, sondern bergen große Gefahren für sehr viele Menschen in sich – auch für die weit entfernt im Tiefland lebenden Chinesen selbst. Schlagzeilen wie »Verheerende Überschwemmungen in China« waren im Sommer 1996 an der Tagesordnung, schlimmer noch im Sommer 1998: »Millionen Menschen von Seuchen bedroht – Chinas Kampf gegen die Überflutungen am Jangtse«[3].

Daß massive Eingriffe in das natürliche Gleichgewicht Tibets nicht folgenlos für andere Länder Süd- und Südostasiens bleiben dürften, ist nicht schwer nachzuvollziehen. Mit einem Anteil von

1,6 Prozent der Landfläche der Erde ist Tibet keine geographisch zu vernachlässigende Größe. Das tibetische Hochland ist das ausgedehnteste Plateau der Erde mit 2500 Kilometern in Ost-West-Richtung und 1200 Kilometern in Nord-Süd-Richtung. Durchaus zutreffend »Dach der Welt« genannt, weist eine durchschnittliche Höhe von mehr als 4000 Metern auf. Die Täler in Tibet liegen über der Höhe vieler Alpengipfel. Diese Umstände, andere klimatische Faktoren und starke landschaftliche Gegensätze sind Bestandteile eines empfindlichen Ökosystems mit sehr alten Wäldern, einer einzigartigen Tier- und Pflanzenwelt, höchst unterschiedlichen Vegetations- und Niederschlagszonen. In diesem Land liegen die Quellen von acht der größten Flüsse Asiens; Tibet ist die Hauptwasserscheide Asiens.

Tibet ist von drei Seiten sozusagen abgeschlossen: Im Süden bildet die Himalaja-Kette mit ihren Gipfeln von 6000 bis 8000 Metern eine natürliche Grenze, die auch den Westen durch die Ausläufer des Karakorum-Massivs abschließt. Ganz im Norden stehen die Bergketten des Kunlun mit Höhen von 5000 bis 6000 Metern, des Altyn mit 3000 bis 4000 Metern und des Qilian mit 4000 bis 5000 Metern. Im Südosten zu China hin wird das Hochland durch zahlreiche in Nord-Süd-Richtung verlaufende Gebirgszüge und die Schluchten des Salween, des Mekong und des Jangtse abgegrenzt. Dagegen ist das Hochland in Amdo im Nordosten, im Gebiet des Kokonor-Sees, verhältnismäßig leicht zugänglich.

Parallel zur Himalaja-Kette verläuft im südlichen Teil Tibets der Gebirgszug des Transhimalaja mit Gipfelhöhen bis zu 7300 m. Den größten Teil von Zentral- und Nord-Tibet, fast 7/10, nimmt der Changtang ein, der auch als nördliche Hochebene bezeichnet wird. »Ebene« darf hier nicht als einheitliche Fläche verstanden werden, da zumindest der westliche Abschnitt sich durch verschiedene einzelne Bergketten mit zahllosen Tälern und Ebenen unterschiedlicher Größen auszeichnet. Hier leben die Hirtennomaden, die Schafe, Ziegen und Yaks halten. Der westliche Changtang ist höher, trockener und rauher als der östliche Teil Tibets, vor allem das Gebiet von Pala. Hier wächst das Gras nur wenige Zentimeter hoch.

Ganz anders ist das Klima der Ostprovinzen Amdo und Kham: Sie erhalten viel mehr Niederschlag, dort gibt es üppige Weiden. Die Provinz Kham ist besonders vielfältig. Uralte Wälder reichten bis auf mehr als 4500 Meter hinauf – höher als sonstwo auf der

Erde; hier waren die dichten Wälder und die Waldtiere, die Dilgo Khyentse bei seinen einsamen Studien umgaben. Dagegen trifft man im Südosten von Kham – heute ein teil der chinesischen Provinz Yunnan – schon auf immergrünen tropischen Regenwald mit einer riesigen Vielfalt an Baumarten und Tieren.

1949, vor der chinesischen Invasion, bedeckten die alten Wälder Tibets etwa 220 000 Quadratkilometer (etwas weniger als die Gesamtfläche der alten deutschen Bundesländer). 1985 hatte die Waldfläche schon auf 134 000 Quadratkilometer abgenommen. Heute – zuverlässige Zahlen sind nicht zu erhalten – dürfte sich die Waldfläche wohl auf ein Drittel verringert haben. Vor allem in Kham sind die prachtvollen riesigen Wälder von den Chinesen abgeholzt worden. Mit den Wäldern verschwinden Riesenpanda, Schneeleopard, Takin und Schwarzbär. Khandro Lhamo erinnert sich an die frühere Zeit, als sie den Weg zu ihrem künftigen Ehemann Dilgo Khyentse antrat: »Heute haben die Chinesen alle Bäume gefällt, damals aber bedeutete dies, einen unwegsamen Wald zu durchqueren, und ich hatte große Angst vor den wilden Tieren.«[4]

Ebenfalls in Kham, im äußersten Osten nahe der früheren chinesischen Grenze, wurde 1985 in der Gegend von Latok ein Junge geboren, der sieben Jahre darauf vom Dalai Lama als der 17. Karmapa anerkannt wurde, als das Oberhaupt der Kagyü-Schule des tibetischen Buddhismus. Der deutsche Dokumentarfilmer Clemens Kuby konnte nach Kham in die Gegend von Latok reisen, das vor der chinesischen Besetzung eine blühende Gegend, »ein grünes Wald- und Weideland, eines der Schatzkästchen Tibets« gewesen sei. Die Chinesen hätten in Tibet Gebiete in der Größe Bayerns »einfach abrasiert«, dabei stellenweise »uralte Bäume mit Stämmen, die so dick waren, daß nur sieben, acht Männer sie mit ausgebreiteten Armen umfassen konnten.«[5] Es sei »schlecht für das chinesische Renommee, wenn diese Ungeheuerlichkeit bekannt wird. ... Sie kommt der Abholzung des Regenwalds am Amazonas gleich.« Obwohl die Chinesen das strengstens verbieten, gelang es Clemens Kuby, kahlgeschlagene Berge zu fotografieren, »auf denen die gefällten Bäume herumliegen und seit Jahren verrotten«. Wie er berichtet, würden die Stämme an den Flüssen über Rutschen ins Wasser geworfen, um sie von selbst zweitausend Kilometer weit nach China treiben zu lassen. Schätzungsweise würden nicht mehr als 5 Prozent des Holzschatzes in China ankommen. Das Reiseziel, das Tal von Bakor, sei früher reich bewaldet gewesen. Kaum ein Baum stehe noch, so daß auch die früher dort sprudelnden Quellen ausgetrocknet seien.

Was für andere Eingriffe der Chinesen Tibets Natur zu erdulden hatte, mag ein Beispiel beleuchten. Der Dalai Lama, der weit im Nordosten von Amdo in dem winzigen Ort Taktser als Sohn von Kleinbauern zur Welt kam, erzählt von der früheren Umgebung des Klosters Samding, das damals von einer Äbtissin geleitet wurde: »Die Landschaft auf dem Weg dorthin war einfach atemberaubend: kobaltblaue Seen, die von dünnen Streifen saftig grüner Weiden eingesäumt waren, auf denen Tausende von Schafen grasten. … Ab und zu sah ich Reh- und Gazellenherden, die man damals noch überall in Tibet vorfand. Ich sah ihnen immer gern zu, wie sie uns erst nervös anblickten und dann auf ihren langen, geschmeidigen Beinen davonsprangen.« Nachdem die Chinesen den Raubbau an den Wäldern betrieben und die Viehzucht übermäßig ausgedehnt hatten, war das Ergebnis, daß »ganze Ökosysteme zusammengebrochen sind. Die einst gegenwärtigen Herden von Rehen, Kyang (Wildeseln) und Drong (wilden Yaks) sind gänzlich verschwunden, und die Riesenscharen von Enten und Gänsen, einst ein gewohnter Anblick in Tibet, sind nirgendwo mehr zu sehen.«[6]

Die Abholzungen der tibetischen Wälder haben so schwerwiegende Folgen, daß anscheinend sogar die chinesische Zentralregierung in Peking dies zur Kenntnis zu nehmen scheint. Dort kündigte Wang Zhibao, der Direktor des Staatlichen Forstbüros, im November 1998 ein Abholzungsverbot und einen Plan zur Wiederaufforstung an den Flußläufen des Jangtsekiang und des Hoang Ho an. Zuvor hatten andere chinesische Stellen bereits weiteres Abholzen von Wald in Ost-Kham am Oberlauf des Jangtsekiang untersagt.

China hatte im Sommer 1998 eine noch schwerere Hochwasserkatastrophe als zwei Jahre zuvor erlebt. Im Juni und Juli waren etwa 140 Millionen Chinesen von mehreren Flutwellen des Jangtse betroffen, fast drei Millionen Häuser wurden zerstört. Ob die Anordnungen aus dem fernen Peking in Kham befolgt werden, ist trotzdem fraglich. Hier werden wirtschaftliche Interessen der chinesischen Volksarmee berührt, die eher noch als ein Staat im Staate ein undurchsichtiges Riesenunternehmen von legendärer Korruptheit ist. Während des Hochwassers des Jangtsekiang im

Sommer 1998 war Kai Strittmatter in Yunnan in 4000 Metern Höhe unterwegs. Er berichtete von dort in der Süddeutschen Zeitung vom 19. August 1998: »Ab und zu kommt ein Wagen entgegen: Holzlaster, die frisch gefällte Stämme ins Unterland abtransportieren.« Sein Führer zieht mit dem Finger einen weiten Kreis. »Das alles hier«, sagt er, »war einmal Wald. ... Zuerst holzen sie alles ab. ... Dann stecken sie Milliarden in neue Dämme gegen Überschwemmungen. Für den Schutz des Waldes aber ist kein Geld da. Und so schwimmt die Erde, in welcher sich die Wurzeln der Bäume früher festkrallten, mit dem Regen in den Jangtse.« Kai Strittmatter zitiert auch Lester Brown, den Präsidenten des Worldwatch Institute in Washington, mit den Worten: »Die Wälder, die früher gewaltige Mengen des Monsunregens absorbieren und speichern konnten, sind größtenteils verschwunden. Deshalb läuft viel mehr in den Fluß.« Das größte Hindernis für den Schutz des Waldes sieht Kai Strittmatter in der »Korruption und Raffgier der lokalen Behörden. Exiltibeter werfen vor allem der in den tibetischen Grenzgebieten dominierenden Volksbefreiungsarmee vor, einen florierenden Holzhandel zu betreiben.«

Die Wälder Tibets waren auch Thema des Berichts vom Dezember 1997 der Internationalen Juristenkommission. Es heißt dort: »In den meisten Gebieten, in denen Wälder abgeholzt wurden, gibt es kein Zeichen einer Rückkehr. Der Wald wurde kahlgeschlagen, ohne daß Saatbäume übrigblieben. Der Kahlschlag hat das Mikroklima verändert, den Wasserablauf erhöht und die Fähigkeit des Regens verringert, neues Wachstum zu nähren. ... Die Bevölkerung hat infolge chinesischer Ansiedlung stark zugenommen und damit den Druck auf jeglichen noch vorhandenen Wald verstärkt sowohl im Hinblick auf Bau- als auch auf Brennholz.«

Drohen durch den Kahlschlag vermehrte und heftigere Überschwemmungen, so haben sich die Chinesen zwei weitere Gefahrenquellen geschaffen. In der Landwirtschaft setzen die Chinesen giftige Pestizide und chemische Düngemittel in überhöhten Dosen ein. Abgesehen davon, daß durch den Anbau von klimatisch ungeeignetem Weizen die Böden im tibetischen Hochland ausgelaugt werden, gelangen die chemischen Rückstände in die Flüsse. Viel riskanter ist aber noch, daß die Chinesen ohne angemessene Schutzmaßnahmen an mehreren Orten in Tibet radioaktive Abfälle lagern, die nicht nur aus China stammen sollen. Die allgemein bekannte Geschäftstüchtigkeit der chinesischen Volksarmee läßt hier nichts Gutes ahnen. Jedenfalls liegen Berichte vor, daß sich in der Umgebung von Lhasa und besonders auch der »Neunten Akademie« Krebserkrankungen bei den Menschen gehäuft haben.[7] Das größte Risiko besteht aber darin, daß in der Gegend der »Neunten Akademie« drei der größten Flüsse Asiens entspringen, die verseucht werden könnten. Es sind dies:

- der Jangtse (tibetisch Dri Chu, »Blauer Fluß«)
- der Hoang Ho (tibetisch Ma Chu, »Gelber Fluß«)
- der Mekong (tibetische Za Chu).

Der Jangtse ist mit 6300 Kilometern der längste Fluß Asiens (zum Vergleich: Der Rhein ist 1320 Kilometer lang). Seine Quelle liegt im Kunlun Shan auf einer Höhe von 4900 Metern; er mündet bei Shanghai ins Ostchinesische Meer. An seinen Ufern liegen Millionenstädte wie Wuhan und Nanjing. Der Hoang Ho ist Chinas zweitgrößter Fluß mit einer Länge von 4845 Kilometern. Er entwickelt sich aus mehreren Quellflüssen, die ebenfalls im Kunlun Shan entspringen. Von allen Flüssen der Welt führt er ohnehin den meisten Schlamm.

Der Mekong, 4200 Kilometer lang, fließt durch das chinesische Yunnan, bildet dann die Grenze zwischen Burma und Laos und einen Teil der Grenze zwischen Laos und Thailand. Er fließt weiter durch Kambodscha und den Süden von Vietnam und mündet ins Südchinesische Meer.

Ebenfalls in Ost-Tibet entspringt der Salween, der eine Länge von etwa 2500 Kilometern erreicht. Auch er fließt durch Yunnan, bildet zwischendurch die Grenze zwischen Burma und Thailand und erreicht schließlich in Burma den Golf von Martaban.

Im Westen Tibets entspringen vier weitere der großen Flüsse Asiens. Sie fließen nach Süden:

- Der Indus bildet sich durch das Zusammenfließen von Gletscherbächen aus dem Himalaja. Er erreicht eine Länge von 3200 Kilometern, fließt durch die indischen Bundesstaaten Jammu und Kaschmir und dann durch Pakistan zum Arabischen Meer. Einer seiner Zuflüsse ist
- der Sutlej, der aus Tibet kommend durch den indischen Bundesstaat Himachal Pradesh und dann durch die Provinz Punjab in Pakistan fließt und den Indus erreicht.
- Der Karnali, ein Zufluß des Ganges, entspringt einem Schneefeld im Gebiet des Kailash-Massivs. Der Ganges, 2700 Kilometer lang, ist der heilige Fluß der Hindus.

– Der Tsangpo entspringt mit mehreren Quellflüssen im Kailash-Massiv des Himalaja im Südwesten Tibets. Er fließt zunächst in Tibet etwa 1450 Kilometer in östliche Richtung und biegt dann nach Süden nach Indien, wo er den Namen Brahmaputra trägt. Er fließt nach Bangladesch weiter und bildet dort mit dem Ganges eines der größten Flußdeltas der Welt. Es gilt inzwischen als gesicherte Tatsache, daß die starke Abholzung der Wälder in den Tälern Tibets eine der Hauptursachen für die häufigen und schweren Überschwemmungskatastrophen ist, die in neuerer Zeit Bangladesch heimsuchen.

In der Talregion des Tsangpo zwischen der Himalaja- und der nördlich parallel verlaufenden Transhimalaja-Kette liegen Lhasa, die Hauptstadt Tibets, und die Städte Shigatse und Gyantse. Dort liegen auch – in der Umgebung von Lhasa – die drei großen Klöster der Gelugpa-Schule der tibetischen Buddhisten, deren Oberhaupt der Dalai Lama ist: Ganden, Drepung und Sera. Im mittleren Teil des Tsangpo-Tals sind zwei weitere, von den Chinesen zerstörte Klöster zu nennen: Tsurphu, das Stammkloster der Karmapas, und Samye, das erste buddhistische Kloster Tibets, dessen Gründung im 8. Jahrhundert auf Padmasambhava zurückgeht, den von den Tibetern tief verehrten Guru Rinpoche, den »Kostbaren Lehrer«, der den Buddhismus nach Tibet brachte. Der deutschstämmige Lama Anagarika Govinda erzählt von seinen Eindrücken während seiner Reise durch West-Tibet in den Jahren 1947 bis 1949: »Ja, niemand dachte an Padmasambhava als eine Gestalt aus ferner Vergangenheit; er war für sie wie jemand, der gerade jetzt durch dieses Tal gezogen war und jeden Augenblick zurückkommen würde.«

Dilgo Kyentse Rimpoche war es, der anläßlich seines Besuchs 1985 in Zentraltibet bei der chinesischen Regierung ein Gesuch zum Wiederaufbau des Samye-Klosters einreichte und auf dessen Bedeutung als kulturelles Erbe der Menschheit hinwies. Seinem Gesuch wurde zugestimmt, das Haupttempelgebäude mit den goldenen Dächern 1990 wieder aufgebaut.[8]

II.
Der tibetische Buddhismus und die Lehre von den Reinkarnationen

Die Tradition der formalen Auffindung und Anerkennung reinkarnierter Lamas in Tibet als Methode religiöser Nachfrageregelung begann mit der Anerkennung des 2. Karmapas, Karma Pakschi (1206-1283), als Reinkarnation des 1. Karmapas, Düsum Kjenpa (1110-1193). (Die Karmapa sind die Oberhäupter der Karma-Kagyü-Sekte mit ihrem Hauptsitz im Kloster Tsurphu bei Lhasa.) Dies geschah rund 100 Jahre vor dem Auftauchen des Ordens der Tugendhaften Gelugpa, nach der Farbe ihrer Kopfbedekkung auch als Gelbmützensekte bekannt, der – wie alle anderen tibeto-buddhistischen Orden – diese Tradition übernahm. Das von ihnen im 17. Jahrhundert begründete theokratische System zentrierte sich um die reinkarnierten Lamas. Vor 1959 wurde die Anzahl reinkarnierter Lamas auf etwa zehntausend geschätzt, während es heute im tibetischen Exil an die vierhundert gibt. Das Konzept reinkarnierter Lamas ist grundlegend sowohl für das Verständnis der Besonderheiten des tibetischen Buddhismus und der tibetischen Volksreligion als auch für das politische System Tibets. So schreibt der heute in Dharamsala im Exil lebende 14. Dalai Lama, Oberhaupt des Gelugpa-Ordens und bis 1959 zugleich religiös-politischer Herrscher Tibets:

> Nun war unser System unstreitig feudalistisch, und doch läßt es sich mit keiner derartigen Staatsverfassung anderwärts vergleichen, war doch sein Oberhaupt die Inkarnation von Chenresi (Avalokiteshvara), dem das ganze Volk Hunderte von Jahren hindurch höchste Verehrung zollte. Die Menschen spürten, daß es über all den kleinlichen Staatsbeamten eine höhere Instanz gab, eine Quelle der Gerechtigkeit, der sie absolut vertrauen konnten. Ganz undenkbar, daß ein Herrscher mit dem Herkommen, der Schulung und der göttlichen Begnadung eines Dalai Lama sich jemals zu einem ungerechten Tyrannen hätte entwickeln können.[1]

Der Glaube an die Reinkarnation wurzelt im buddhistischen Glauben, daß alle Menschen gefangen sind in einer endlosen Folge von Geburt, Tod und Wiedergeburt, bis sie das Nirwana, die Erleuchtung, erreicht haben. Zentrales Thema des Buddhismus ist die existentielle Vergänglichkeit alles Seienden: »Was immer auch eine zur Entstehung führende Gegebenheit hat, hat auch die zum Untergang führende Gegebenheit«[2], heißt es in einer buddhistischen Sutra. Letztlich führt dies immer wieder zu leid- und angstvollen Erfahrungen, weil die Menschen eine natürliche Neigung besitzen, diese Grundtatsache zu leugnen und ihrer Existenz und allen daraus resultierenden Beziehungen Ewigkeitscharakter zu verleihen. Das Anhaften an die Welt läßt so immer wieder diese Illusionen und damit Leid entstehen. Die allem zugrundeliegende Wahrheit ist die von Unbeständigkeit und Leid. Erst wenn der Mensch dies erkennt und sich aller Illusionen entledigt, hat er die Voraussetzung für den Übergang in eine andere Existenz geschaffen, in der es keine Bindung an vergängliche Dinge mehr gibt – der Zustand der Befreiung, das Nirwana, ist erreicht.

Der historische Buddha (etwa 560-480 v. Chr.) hat in seinen »vier edlen Wahrheiten« den Kern seiner Erlösungslehre formuliert, die die Grundlage aller buddhistischen Richtungen und Schulen bildet:

> Dies nun, o Mönche, ist die edle Wahrheit vom Leiden. Geburt ist Leiden, Alter ist Leiden, Krankheit ist Leiden, Sterben ist Leiden, Kummer, Wehklage, Schmerz, Unmut und Unrast sind Leiden; die Vereinigung mit Unliebem ist Leiden; die Trennung von Liebem ist Leiden; was man wünscht, nicht zu erlangen, ist Leiden; kurz gesagt, die fünf Arten des Festhaltens am Sein sind Leiden.
>
> Dies nun, o Mönche, ist die edle Wahrheit von der Leidensentstehung. Es ist dieser »Durst«, der zur Wiedergeburt führt, verbunden mit Vergnügen und Lust, an dem und jenem sich befriedigend, nämlich der Liebestrieb, der Selbsterhaltungstrieb, die Sucht nach Reichtum.

Lautet die erste edle Wahrheit, daß Leben Leid ist, so lehrt die zweite, daß die Ursache des Leidens in den menschlichen Begierden (»Durst«) liegen. Die dritte Wahrheit beinhaltet nun die Aufhebung des Leidens mittels Überwindung des sinnlichen Anhaftens an der Welt.

> Dies nun, o Mönche, ist die edle Wahrheit von der Aufhebung des Leidens. Es ist ebendieses Durstes Aufhebung durch seine restlose Vernichtung; es ist das Aufgeben des Durstes, der Verzicht auf ihn, die Loslösung von ihm, seine Beseitigung.

Die vierte der »edlen Wahrheit« zeigt, wie durch Beschreiten des »edlen achtfachen Pfades« das Leiden aufgehoben werden kann, nämlich durch:

> rechte Einsicht, rechten Entschluß, rechte Rede, rechte Tat, rechten Wandel, rechtes Streben, rechte Wachheit, rechte Versenkung. Dieses, o Mönche, ist dieser mittlere Pfad, der vom Vollendeten entdeckt worden ist und der Sehen bewirkt, zur Beruhigung, zur Einsicht, zur Erleuchtung, zum Erlöschen hinführt.[3]

Mit dem »Erlöschen« ist der Zustand des Nirwana erreicht und der Kreislauf der Wiedergeburten (Samsara) endgültig verlassen, jenes endlosen Kreislaufes von Geburt, Tod und Wiedergeburt, der sich – der traditionellen indischen Kosmologie entsprechend – in sechs Bereichen vollzieht: Hölle, hungrige Geister, Tiere, Menschen, Titanen und Götter. Die Ursachen für das Kreisen im Samsara sind nach buddhistischer Auffassung alle negativen geistigen Verfaßtheiten, die sich in den drei Begriffen Unwissenheit, Haß und Begierde zusammenfassen lassen und die immer wieder entsprechende Taten hervorrufen. Was die Lebewesen in den Kreislauf der Wiedergeburten, das Rad des Lebens, hineinzwängt, ist das Karma, das »Naturgesetz von Ursache und Wirkung. Alle äußeren ursächlichen Bedingungen, die ein Mensch in der Abfolge mehrerer Leben antrifft, sind das Resultat der Anhäufung von Karma, das heißt, der Frucht des Handelns der Individuen in der Vergangenheit. Wenn die karmische Kraft der vergangenen Handlungsweisen herangereift ist, erfährt ein Mensch entsprechend angenehme oder unangenehme Bewußtseinszustände. Diese sind nichts als die natürliche Konsequenz seiner vorhergehenden Handlungen.«[4] Karma ist eine Art moralisches Weltgesetz, das allen Handlungen der Lebewesen zugrunde liegt und das über die Art der Wiedergeburt entscheidet. Jeder Tibeter wächst mit dieser Lehre des Karma auf, so wie die Christen mit der Lehre von der Erbsünde. »Einiges von dem«, erinnert sich der Mönch Palden Gyatso an seine Kindheit,

> was er (sein Onkel, Anm. d. Verf.) sagte, machte uns angst. Er sprach von anderen Welten und Höllen, in denen die Menschen bei lebendigem Leibe gekocht wurden oder ewig darben mußten. Mein Onkel lehrte uns, daß nach unserem Tod unsere guten und schlechten Taten in Form von weißen und schwarzen Kieseln gegeneinander aufgewogen würden. Die weißen Kiesel seien die guten, die schwarzen die schlechten Taten. Neige sich die Waagschale mit den schwarzen Kieseln, komme man in die Hölle; neige sich die mit den weißen, gehe man in den Himmel

> ein. Mein Onkel beugte sich vor und hielt sein Antlitz dicht vor unsere Kindergesichter. »Wenn ihr nicht in die Hölle wollt, dürft ihr keine schwarzen Kiesel ansammeln.[5]

Schlechtes Karma zeigt schlechte Wirkung, gutes Karma führt zu positiver Wirkung und Glück. Das Karma hält die Lebewesen im Kreislauf der Wiedergeburten gefangen; ist es aufgebraucht, tritt die Erlösung ein. So lange Nichtwissen über diese grundlegenden Zusammenhänge und »Durst« dominieren, wird das Dasein im Geburtenkreislauf Samsara immer wieder erneuert, die Taten in der vorhergehenden Existenz bestimmen die jeweilige Wiedergeburt. Nur das Befolgen der Buddhistischen Lehre bietet die Voraussetzung, Einsicht in diese Zusammenhänge zu erlangen und durch Erreichen des Erlösungszustandes Nirwana den immer wieder leidvoll endenden und erfahrenen Zyklus der Wiedergeburten endgültig zu verlassen.

Auf der Basis dieser »vier edlen Wahrheiten«, dem zentralen Glaubensdogma aller Buddhisten, haben sich historisch zwei Hauptrichtungen (mit vielen Unterverzweigungen) entwickelt: der Hinayana-Buddhismus oder Buddhismus des kleinen Fahrzeuges und der Mahayana-Buddhismus oder Buddhismus des großen Fahrzeuges.

Der Mahayana-Buddhismus hatte sich im 1. Jahrhundert nach Christus aus dem Hinayana (auch unter dem Namen Theravada bekannt) und als Kritik an diesem entwickelt. Aus der Sicht der Mahayana-Buddhisten wollen die Anhänger des Hinayana letztlich das Nirwana, die Erlösung, um ihrer selbst willen erreichen, während die Anhänger des Mahayana die Stufe des Nirwana, die zugleich Erreichen von Buddhaschaft bedeutet, nicht um ihrer selbst willen erstreben, sondern ausschließlich in der altruistischen Motivation, damit allen anderen Lebewesen helfen zu können, den Weg der Erlösung zu beschreiten. Hinayana ist das »Kleine Fahrzeug«, in dem die individuelle Befreiung im Vordergrund steht. Der Mahayana-Buddhismus hingegen ist das »Große Fahrzeug«, das Mitleid und Liebe betont und allen Lebewesen helfen möchte, das Leid zu überwinden und zur Erleuchtung zu gelangen. Entsprechend unterscheiden sich beide Richtungen durch das zentrale, spirituelle Volkommenheitsideal: Im Hinayana ist es der Arhat, ein Heiliger, der ausschließlich auf seine eigene Erlösung bedacht ist, der durch strenge Disziplin und absolute Weltentsagung sich von allen Fesseln befreien und ins Nirwana eingehen möchte.

Im Mahayana ist es der Boddhisattva, ein Wesen, das die Erleuchtung ausschließlich zum Zwecke sucht, anderen den Weg aus dem als leidvoll erfahrenen Zyklus der Wiedergeburten zu weisen. Ein Lebewesen, das über diesen Erleuchtungsgeist Boddhicitta verfügt, wird zu einem Boddhisattva. Der Zustand der Buddhaschaft bedeutet von dieser Perspektive aus betrachtet, ausschließlich zum Wohle aller anderen da zu sein, bedeutet: in immer neuen Verkörperungen den leidenden Lebewesen zu helfen. Damit einher geht ein Erlösungsweg, der Mitleid und Weisheit als gleichrangig ansieht und ein System des allmählichen Aufstiegs zur Vervollkommnung entwickelt. Der Mahayana-Buddhismus schuf sich ein Pantheon von Gottheiten und entwickelte eine ontologische Lehre, die sich mit Problemen des Seins, der Soheit, der Leere Sunyata – der direkten, unmittelbaren Einsicht in die Nicht-Dualität und Relativität alles Existierenden – befaßt. Diese Weisheit, die nur in konzentrierter Meditation gewonnen werden kann, gilt als die höchste der sechs Eigenschaften eines Boddhisattva. Sie basiert auf den anderen fünf – Großzügigkeit, Ethik, Toleranz, Energie und Meditation. Buddhaschaft oder Erleuchtung bedeutet so die unendliche, unbegrenzte und spontane Fähigkeit, anderen wirksam helfen zu können.

Der Buddhismus kam nach Tibet als Mahayana-Buddhismus, dessen zentrales Thema Mitleid und Liebe sind. Besondere Verehrung findet entsprechend bis auf den heutigen Tag der Boddhisattva der Barmherzigkeit Avalokiteshvara (tibetisch: Chenresi; chinesisch: Guanyin), der erleuchtete Barmherzigkeit und Liebe verkörpert. Der tibetische König Srongtsan Gampo, unter dessen Herrschaft der Buddhismus erstmals nach Tibet kam, gilt ebenso als menschliche Emanation dieses Boddhisattva wie auch die Dalai Lamas.

Der Begründer des Gelugpa-Ordens Tsongkhapa (1327-1419) unterschied in Anlehnung an Atisha, der im Jahr 1042 von Indien aus nach Tibet gekommen war und die zweite Verbreitung des Buddhismus in Tibet einleitete, zwischen dem kleinen, mittleren und großen Menschen und entwickelte entsprechend einen Stufenweg der Erleuchtung. Das Leben des ersteren ist dabei geprägt von Furcht und Hoffnung, Furcht davor, durch schlechte Taten in einem niederen Daseinsbereich wiedergeboren zu werden, und der Hoffnung, durch gute Taten in diesem Leben eine gute Wiedergeburt zu erhalten. Sie suchen also ausschließlich danach, ihr eigenes

Glück in dieser Welt zu erlangen, und haben lediglich ihr eigenes Interesse im Auge. Zu diesem Zweck unterstützt der einfache Gläubige die Lamas und die Mönchsgemeinde, opfert und pilgert. Den mittleren Menschen sind über die Lehre Buddhas bereits die Ursachen all dieser Unsicherheiten und Unklarheiten der menschlichen Existenz gemäß der Lehre des historischen Buddha von der edlen Wahrheit des Leidens und dem von ihm gewiesenen Weg zur Aufhebung des Leidens klar geworden; sie versuchen Verdienste anzuhäufen, damit sie in der nach dem Tod folgenden Zwischenzeit des Bardo alle Illusionen, Ängste und Bedrohungen überwinden, um eine gute Wiedergeburt zu erlangen. Noch immer auf ihre eigenen Interessen bedacht, suchen sie ein tugendhaftes Leben zu führen und streben nach Läuterung. In ihnen ist die Sehnsucht bereits entstanden, aus dem Kreislauf der Wiedergeburten auszusteigen und Befreiung und Erlösung zu erlangen. Aus der Sicht des Mahayana-Buddhismus ist dieses Ideal aber beschränkt, geht es doch lediglich um die eigene Befreiung, ist also noch egoistisch. Der große Mensch muß weitergehen und sich schrittweise vervollkommnen, um ein Boddhisattva zu werden – dem Erlangen der Buddhawürde mit dem Zweck, allen Lebewesen zu helfen. So stehen auf dieser dritten und letzten Stufe diejenigen, denen die Erlösung aller am Herzen liegt. Entsprechend verschieden sind auch die Inhalte von Nirwana auf den verschiedenen Stufen; dem kleinen Mann ist es das Ende allen Elends und das Erreichen des Nichts, das Ausruhen im Nichts, dem mittleren ist es ein reiner Zustand jenseits der Dualität, dem höheren Menschen ist es die Erreichung der Buddhawürde und die Vereinigung mit allen Buddhas und die Erlangung ihrer Vollkommenheiten.

Der tibetische Buddhismus gehört zur Richtung des Mahayana, stellt aber innerhalb dessen eine eigenständige Richtung dar, da er tantrische Lehren integriert hat.

Der tibetische Buddhismus, bei uns wegen der herausragenden Stellung der Lamas auch als Lamaismus bekannt, stellt eine Synthese des Mahayana-Buddhismus und Tantrismus dar. Der Tantrismus begann sich zwischen dem 2. und 4. Jahrhundert in Indien und Ceylon zu entwickeln. Nach Tibet gelangte der Buddhismus im 7. Jahrhundert in seiner tantrischen Form, er wird von den Tibetern auch als Vajrayana bezeichnet. Tantra (das Wort hat viele Bedeutungen, die mehr oder weniger sich aus dem Begriff »Faden«, »Weben«, »Gewobenem« ableiten lassen) bezeichnet verschiedene Arten von Texten, Zusammenstellungen mystischer Lehren, Kult- und Meditationsanleitungen einschließlich ikonographischer Beschreibungen der Gottheiten sowie magischer Rituale. Zu jedem Tantra bzw. Tantrazyklus gehören Kommentare, Meditationsanleitungen (sadhanas) und Kulttexte. Von Lamas des Gelugpa-Ordens erwartet man, daß sie zwanzig Jahre auf Studien der Sutras und scholastische Gelehrsamkeit verwenden, ehe sie mit den Tantras beginnen. Das entgegengesetzte Extrem sind die Nyingmapas (eine der Rot-Mützen-Sekten), die früh in die Tantras eingeweiht werden und wenig Zeit auf andere heilige Studien verwenden.

Für die tibetischen Buddhisten stellt der tantrische Pfad des Buddhismus – der von ihnen auch als Vajrayana oder »Diamantfahrzeug« bezeichnet wird – die höchste Lehre dar. Diesem tantrischen Buddhismus zufolge ist es möglich, über esoterische tantrische Praktiken – und ausschließlich über diese – schon zu Lebzeiten Buddha zu werden, in den Besitz der übernatürlichen Kräfte Siddhis zu gelangen.

Dieser Verwandlungsprozeß geht in zwei Stufen vor sich. Zuerst muß man sich von konventionellen Ideen und Vorstellungen von sich selbst und von der Realität als solcher befreien. Auf dem tantrischen Weg wird dies dadurch erreicht, daß man sich selbst als Gottheit vorstellt und die Welt als deren Mandala. Die eigene Rede wird dann ebenfalls zur Mantra der Gottheit (die Gottheit, die man zu diesem Zweck wählt, heißt Yidam oder Schutzgottheit). In den ersten Übungen des Vajrayana macht man sich so lange systematisch mit dieser verwandelten Anschauungsweise vertraut, bis man sie in der Meditation ohne Ablenkung mehrere Stunden lang halten kann. Auf der zweiten Stufe bemüht sich der Übende, mit Hilfe seiner Imagination und Konzentration jene freien Energien, die die physische Grundlage unseres Seelenlebens bilden, zu befreien und umzuleiten. Dadurch findet er Zugang zur »Grundschicht« unserer Existenz, für die wir eine Reihe von beschreibenden Namen haben: »klares Licht«, »Ur-Buddha«, »dharmische Gegenwart« und andere.

Im Laufe eines normalen Menschenlebens erkennen wir dieses fundamentale »klare Licht« nur kurz nach dem klinischen Tod. Wenn wir uns aber nicht schon bei Lebzeiten geistig darauf vorbereitet haben, dann verbirgt es sich meist hinter einem Schleier.

Die Yoga-Techniken des Vajrayana führen uns zur Erfahrung dieses leuchtenden Grundes von Leben und Tod in der Meditation.

Die Tibeter besitzen noch andere Methoden der Meditation, die zur Erfahrung des klaren Lichtes führen, ohne die eben beschriebenen zwei Stufen der tantrischen Praxis zu beinhalten. Es sind dies die Praktiken der »Großen Geste« (Mahamudra) und der »Großen Vervollkommnung« (Dzogtschen). Diese Methoden bieten einen direkten Durchbruch zur letzten Natur von Sein und Bewußtsein.[6]

Die Umwandlung der Persönlichkeit ist Ziel der Praxis. Der Erleuchtungsvorgang ist selbst eine Art Initiation – das alte Ego stirbt, es erfolgt eine Wiedergeburt als Buddha. Im tantrischen Buddhismus gibt es denn auch Meditationsanleitungen, in denen nicht nur die Initiation, sondern die einzelnen Stufen des Meditationsvorganges selbst in Parallele zu Tod, Zwischenzustand und Wiedergeburt gesetzt werden; nicht zuletzt ist ja auch das berühmte »Tibetische Totenbuch« eigentlich eine Meditationsanleitung für Lebende, die nur dann, wenn sie im Leben praktiziert wurde, beim Sterben helfen kann.

Tantrismus läßt sich als nicht-doktrinär beschreiben. Er wendet Yogi- und Meditationsmethoden an, damit eine plötzliche und vollständige Transformation des Praktizierenden schon zu Lebzeiten erreicht werden kann. Zentral dafür ist die gewonnene Einsicht in der Einheit von Sunyata (Leere) und Karuna (Mitleid), von Weisheit und Liebe. Sunyata oder Leere meint letztlich nichts anderes, als daß alle Dinge, alle Lebewesen, da vergänglich, ohne Substanz sind, daß sie nicht in sich selbst abgeschlossen und von allen anderen getrennt sind; es sind unsere Projektionen auf diese Dinge, die uns daran hindern, diese so zu sehen, wie sie sind. Einsicht in Sunyata ist gleichbedeutend mit Überwindung jeglichen Dualismus.

Die Realisierung dieser grundlegenden Wahrheit, die zur Erleuchtung führt, muß letztlich in der Meditation, in der religiösen Übung erfahren werden und liegt jenseits kognitiver Methoden. Um die grundlegende Transformation zu erreichen, ist es für den Praktizierenden notwendig, seine physischen und geistigen Prozesse nutzbar zu machen.

Ein direktes Verstehen von Mitleid wird durch die Meditation erreicht. Dies ermöglicht die Einsicht in die transitorische Natur alles Lebens und Leidens. Die zweite Stufe umfaßt Übungen der Kontemplation und des Yoga mit spezifischen spirituellen Erfahrungen. Diese schließen ein spezifische Haltungen und Gesten (mudras), das Rezitieren heiliger Silben und Sätze (mantras) und das Benützen von Symbolen, etwa der bekannten Mandalas. Darüber lernt der Adept das Visualisieren und als Folge das Identifizieren mit bestimmten Gottheiten, die jeweils besondere kosmische Kräfte repräsentieren. So kommt er als Ergebnis zur Realisierung der essentiellen Wahrheit – daß jede Gottheit letztlich mit Leerheit gleichzusetzen ist. Dies erzeugt ein außergewöhnliches Bewußtsein, einen Zustand jenseits jeglicher Dualität, der den ewigen Segen verkörpert.

Der 14. Dalai Lama schreibt über den Tantrayana:

> Wie schon erklärt, gelten schlechte Karmas als verantwortlich für die verschiedenen Arten von Leiden, die wir erdulden. Diese schlechten Karmas entstehen durch Trug. Trug geht im wesentlichen auf einen ungeschulten Geist zurück. Der Geist sollte deshalb geschult und diszipliniert werden, um das Fließen bösen Denkens aufzuhalten. Durch Konzentration auf die physische Beschaffenheit des Körpers und die psychische Beschaffenheit des Geistes wird dieses Fließen bösen Denkens aufgehalten und der Geist von seinem Abschweifen und Pläneschmieden zur Ruhe gebracht. Der Geist kann auch auf äußere Objekte der Versenkung gerichtet werden. Dazu braucht man allerdings starke kontemplative Fähigkeiten, und es zeigt sich, daß die Bilder von Gottheiten die geeignetsten Hilfen sind. Aus diesem Grund gibt es im Tantrayana viele Götterbilder. Diese sind nicht willkürliche Schöpfungen. Bilder als Objekt der Kontemplation zur Reinigung von Körper, Geist und Sinnen müssen sowohl mit zornigen wie mit friedlichen Aspekten geschaffen werden, manchmal auch mit mehreren Köpfen und Händen, damit sie den körperlichen, geistigen und sinnlichen Befähigungen verschiedener Menschen für das Streben nach dem Endziel entsprechen.[7]

Der tantrische Buddhismus verfügt über ein großes, nahezu unüberschaubares Pantheon an Gottheiten. Vereinfacht gesagt liegt allem der Adi-Buddha zugrunde, aus dessen ewiger Meditation alle Erscheinungen der Welt entstehen. Der Adi-Buddha emaniert sich in fünf Buddha-Familien, an deren Spitze die fünf Dhyani-Buddhas mit ihren weiblichen Partnerinnen stehen, aus deren mystisch-geschlechtlicher Vereinigung die Boddhisattvas hervorgehen, denen jeweils wieder weibliche Entsprechungen zugeordnet sind. Daneben gibt es noch Dämonen, weibliche Gottheiten, Erdgottheiten usw. Viele Gottheiten – zum Beispiel Boddhisattvas – können sich sowohl in friedlicher, liebevoller und ermunternder wie auch in grimmiger, zorniger und furchterregender Form darstellen. Letztere

> drängen den Jünger, seine Hemmungen zu überwinden und sich auf den furchterregenden, leidenschaftlichen Tanz des befreiten Bewußtseins einzulassen. Die zahlreichen winkenden Hände halten Symbole für jene geistlichen Werkzeuge, die notwendig sind, um einen gewöhnlichen Menschen in einen erleuchteten zu verwandeln. Die stampfenden Füße trampeln auf jenen Hindernissen, die sich dem Menschen bei der Erfüllung seiner existentiellen Verantwortung in den Weg stellen.
> Die runden symmetrischen Mandalas, denen man oft begegnet, sind symbolische Beschreibungen der Gottheit im Rahmen ihrer Welt. In der Visualisierung bei Vajrayana-Übungen sind diese Mandalas keine ebenen Kreise, sondern dreidimensionale leuchtende Sphären, in deren Mitte die Gottheit thront, oft umgeben von den niedrigen Gottheiten ihres Gefolges. Das Mandala selbst symbolisiert die vollständige Umwandlung der Erfahrung durch Erleuchtung; diese Verwandlung verändert nicht nur das eigene Bewußtsein, sondern auch die Art und Weise, wie die Welt selbst erscheint.[8]

Die tantrischen Bräuche, dem Yoga entlehnt,

> sind in hohem Maße verfeinert worden und fußen in einer subtilen Physiologie, die mehr oder weniger eng der des Yoga angeglichen ist, sich jedoch stets einer »doppelsinnigen Sprache« mit sexuellen Anspielungen bedient. Die Betonung liegt dabei vor allem auf der Meditation an Hand von Mantras, die dem Schüler bei seiner Initiation (diksha) übermittelt werden, auf Körperhaltungen (mudras) und auf symbolischen Bildern (mandalas), auf vielfältigen Zeremonien (pujas) und schließlich auf sexuellen Techniken, die übrigens nicht immer die rituelle Paarung und auch nicht die Samenverhaltung voraussetzen.[9]

Was nun die wichtigste tantrische Schule des Buddhismus betrifft, den in Tibet dominierenden Vajrayana oder »Diamantfahrzeug«, so weist bereits sein Name (vajra = Phallus) auf ein sexuelles Symbol hin und kennzeichnet die signifikante Struktur des Tantrismus und seine auf verschiedene Ebenen bezogene »Geheimsprache«. In der Tat zeichnen sich die tantrischen Begriffe durch eben jene Eigenschaft aus, die auch der mythischen, sich in den Schwanz beißenden Schlange zugeschrieben wird, sich nämlich unablässig von einem ins andere verwandeln zu können, dergestalt, daß jeder Text stets doppelsinnig ist. Zum Beispiel ist bodhicitta, »Gedanke der Erleuchtung« im sexuellen Bereich zugleich die geheime Bezeichnung für Sperma, und die »Weib-Gnosis« (prajna) meint auch die konkrete oder erdachte Partnerin eines rituellen Sexualaktes und ferner die zentrale Leitung der Rückenmarksnerven. Demnach enthält jeder tantrische Text zwei mögliche Lesarten: eine, die sich auf ein geheimes Ritual bezieht, das im allgemeinen in einer sexuellen Vereinigung endet mit dem Ziel, der Erleuchtung teilhaftig zu werden, und eine zweite, die einen rein metaphysischen Bezug hat.[10]

Voraussetzung für tantrische Praxis ist die Initiation durch einen Lehrer/Lehrerin. Dazu gehören Gelübde, u. a. die Verpflichtung, über die erhaltene Geheimüberlieferung Schweigen zu bewahren. Erst die Initiation eröffnet den Zugang zu den Texten, Erläuterungen des Lehrers und zur Praxis. Jede Gottheit, jede Methode und Meditation hat ihre eigene Initiation. Die Übermittlung der tantrischen Lehren durch einen Lehrer (Lama = Guru) ist allen Schulen und Sekten gemeinsam, ob es sich nun um die in Zölibat lebenden Gelugpa handelt (im 14. Jahrhundert entstanden und seit dem 17. Jahrhundert in Tibet dominierend) oder um die Nyingmapas, der Schule der alten Lehre.

Im Kern buddhistisch-tantrischer Praxis steht das sogenannte Gottheits-Yoga. »Daß man über sich selbst«, erläutert der 14. Dalai Lama das Wesen des Tantra, »als untrennbar von seiner Gottheit meditiert, ist die spezifische Ursache für die Erlangung von Buddhaschaft. ... Es bedarf des Gottheit-Yoga, wenn man das Wirklich Gute der höchsten Verwirklichung, Buddhaschaft, erlangen will.«[11]

Zum besseren Verständnis möchten wir im folgenden beispielhaft eine tantrisch-buddhistische Meditation über den Boddhisattva Avalokiteshvara erläutern. Der buddhistische Tantrismus will mittels Yoga und Meditation eine vollständige Transformation des Bewußtseins beim Praktizierenden herbeiführen. Zu den Methoden zählen auch bestimmte Hand- und Fingerhaltungen (mudras), Mantras und Symbole, die für die Visualisierung mit bestimmten Gottheiten und der Identifizierung mit ihnen unerläßlich sind. Bei den Mantras, Silben oder Silbenfolgen, legt das Wort aus dem Sanskrit (mantra: man = denken, tra = Werkzeug) schon nahe, um was es geht: Es soll eine Interaktion mit inneren Kräften bewirkt werden. Jeder Ton erzeugt Vibrationen, die Empfindungen beeinflussen können. Die heilige Silbe Om (im Grunde wie A-U-M beim Ausatmen ausgesprochen) wird in der hinduistischen wie in der buddhistischen Meditationspraxis intoniert, auf der graphischen Ebene findet es als Sanskritzeichen (oder Zeichen des tibetischen Alphabets) seinen Ausdruck.

Der 14. Dalai Lama führte dazu aus:

> In der Übung des Mantra gibt es zwei Faktoren – den Stolz, selbst eine Gottheit zu sein, und die lebhafte Erscheinung dieser Gottheit. Der göttliche Stolz schützt vor Gewöhnlichkeit, und die lebhafte göttliche Erscheinung schützt vor gewöhnlichen Erscheinungen. Alles was den Sinnen erscheint, betrachtet man als das Spiel einer Gottheit. So werden zum Beispiel alle gesehenen Formen als die Hervorbringungen einer Gottheit gesehen, und jeder Ton, den man hört, wird als ihr Mantra betrachtet. Dies schützt vor gewöhnlichen Erscheinungen, und durch den Wandel der Einstellung entsteht der Stolz, eine Gottheit zu sein. Einen solchen Schutz des Geistes, zusammen mit den begleitenden Versprechen und Gelübden, nennt man die Übung des Mantra.
>
> Es wird auch gesagt, die Silbe »Man« in »Mantra« sei »Wissen von der Soheit« und »tra« wird abgeleitet von »traya«, was »Mitgefühl, das die Wanderer schützt« bedeutet. Diese Erklärung wird von allen vier Tantraklassen geteilt.[12]

Und:

> Um für das Wohl von allen fühlenden Wesen zu sorgen, wurden im Mantra die vier Klassen des Tantra gegeben. In diesen erkennt man zunächst, welche Art von Plagen es ist, die in einem vorherrscht. Ist es etwa Begierde, so läßt man sich selbst als Amitabha entstehen und tritt dann ein in ein Geist-Mandala, indem man (im Geist) ein Mantra wiederholt, in ein Rede-Mandala, indem man die Konsonanten und Vokale als Gottheiten entstehen läßt, sowie in ein Körper-Mandala der Meditation über einen unermeßlichen Palast mitsamt seinen Grundlagen. So werden für jede der drei Plagen insgesamt drei Weisen des Zugangs gegeben.[13]

Da Mantras im tibetischen Buddhismus eine zentrale Rolle spielen, wird häufig auch vom Weg des Mantra gesprochen. Eines der bekanntesten Mantras ist das des Boddhisattva Avalokiteshvara »Om Mane Padme Hum« – wörtlich übersetzt: »O du Juwel in der Lotosblüte«. Mit dieser Anrufung soll der Brückenschlag zwischen göttlichem und irdischem Bereich vollzogen werden. Jede Gottheit verfügt über ein eigenes Mantra und über eine eigene Keimsilbe (Bija). Wird diese ausgesprochen, erhält man die Macht, mit dieser Gottheit in Verbindung zu treten, über ihre Kräfte zu verfügen. Zentraler Bestandteil des tantrischen Buddhismus ist die Sadhana (wörtlich: Mittel zur Erreichung), eine spirituelle Meditationsübung, die häufig als Puja (rituelle Verehrung) abläuft. Bei einer Sadhana wird die Gottheit (Yidam oder Schutzgottheit) gewöhnlich mit ihrem Gefolge heraufbeschworen. Dies beinhaltet eine Visualisierung und ist damit auch Prozeß der Transformation.

Eine gängige, auf Lama T'angtang Gyelpo (15. Jahrhundert) zurückgehende Sadhana-Praxis ist die des Avalokiteshvara, in der – hier nur grob umrissen – die Verknüpfung von Visualisierung und Mantra deutlich wird. Zunächst wird mit der Standardformel Zuflucht bei Buddha, Dharma (= die buddhistische Lehre) und Sangha (= die buddhistische Mönchsgemeinde) genommen, anschließend wird über Gebete das Entstehen von Bodhicitta, dem altruistisch intendierten Erleuchtungsgeist, herbeigefleht. Es folgt die Visualisierung des Meditierenden selbst, umgeben von unzähligen Lebewesen, die den ganzen Raum erfüllen. Die Visualisierung begleiten bzw. beschreiben Verse. Jedes Lebewesen hat einen achtblättrigen Lotos über dem Kopf. Auf der Spitze des Lotos befindet sich eine horizontale Mondscheibe und über dieser die weiße Silbe »hrih«. Das »hrih« strahlt Licht durch das Universum und repräsentiert die Macht und das Mitgefühl der Buddhas. Dann verwandelt sich das »hrih« in einen leuchtend-weißen, mitfühlend lächelnden Avalokiteshvara. Aus ihm emanieren Lichtstrahlen in den fünf Farben des Regenbogens, die die Leiden der Wesen der sechs Bereiche der Wiedergeburt erlösen (Götter, Halbgötter, menschliche Wesen, Tiere, Hungergeister, Höllenwesen).

Avalokiteshvara hat vier Hände, zwei zusammengefügt im Gebet an der Brust, die beiden anderen halten einen weißen Lotos (links) und einen Kristall-Rosenkranz (rechts). Er ist mit den Seidengewändern und dem wertvollen Schmuck eines Boddhisattva geschmückt, über die linke Schulter hängt ihm auf die Brust ein Hirschfell, Mitgefühl symbolisierend. Er trägt eine Juwelenkrone mit einer kleinen Figur des Buddha Amitabha, dem Anführer der Lotos- oder Buddha-Familie, der Avalokiteshvara angehört. Hinter ihm ist eine weiße Mondscheibe. Er verkörpert die Essenz aller Buddhas.

Während die Visualisierung aufrechterhalten wird, rezitiert man mehrere Male einen kurzen Vers der Verehrung an Avalokiteshvara und stellt sich dabei vor, daß alle anderen Wesen in die Rezitation mit einstimmen. Die Gottheit ist von der Fürbitte bewegt, und Lichtstrahlen kommen aus ihrem Körper hervor. Sie beseitigen alle unreinen karmischen Erscheinungen und verworrenen Ideen. Die äußere Welt wird zum Sukhavati-Bereich (Westliches Paradies), und Körper, Rede und Geist aller lebenden Wesen werden zu Körper, Rede und Geist des Avalokiteshvara. Alle Ansichten, Klänge und Gedanken werden von Leerheit untrennbar.

Während diese Visualisierung aufrechterhalten bleibt, rezitiert man vielmals das sechssilbige Mantra des Avalokiteshvara Om Mane Padme Hum. Diese Rezitation des Mantra ist zentraler Teil der Meditation.

Dann löst man die ganze Visualisierung in die Leerheit auf und bleibt in der eigenen Natur, ohne Begriffe jeglicher Art.

Aus dem Zustand der Versunkenheit auftauchend sieht man die gesamte Realität als das Mandala des Avalokiteshvara. Man selbst und alle anderen Wesen haben die Form von Avalokiteshvara, alle Klänge sind die der sechs Silben des Mantra und alle Gedanken sind ein Ausdruck von Avalokiteshvaras Mitgefühl und Weisheit. Man rezitiert die Verse der Hingabe und des Teilens des Verdienstes, das durch die Praxis erzeugt worden ist: »Durch dieses Verdienst möge ich schnell Avalokiteshvara werden und dann alle Wesen ohne Ausnahme auf dieser Höhe ansiedeln.«[14]

Die wesentlichen Elemente dieser Sadhana sind das Zufluchtnehmen und das Erzeugen von Bodhicitta, die Auflösung der gewöhnlichen Realität in Sunyata oder Leerheit, das abschließende Widmen des Verdienstes. Zentral dabei ist das Rezitieren des sechssilbigen Mantras OM MANE PADME HUM, denn dieses Mantra soll die reale Präsenz von Avalokiteshvara, der das Mitgefühl Buddhas mit allen Lebewesen verkörpert, hervorrufen; jede Silbe korrespondiert mit einer der vollkommenen Tugenden eines Boddhisattva: Geben, moralische Disziplin, Ertragen, freudige

Anstrengung, meditative Sammlung und Weisheit. Da Avalokiteshvara nach tibetisch-buddhistischer Auffassung auch alle sechs Bereiche des Daseins befreien kann, erlösen entsprechend die einzelnen Silben seines Mantras jeweils einen davon: OM das Reich der Götter (Stolz), MA das Reich der Titanen (Neid), NE das Reich der Menschen (Ichsucht und Leidenschaft), PAD das Reich der Tiere (Stumpfheit), ME das Reich der Hungergeister (Habgier und Geiz), HUM das Reich der Hölle (Qualen, Zorn und Haß).

Das Rezitieren der Silben gewährt eine Wiedergeburt in einem höheren Bereich. Jede Silbe befreit von einer besonderen (karmischen) Verschmutzung und von der negativen Wiedergeburt, die mit Verschmutzung verbunden ist. So zieht das Rezitieren des Mantras zusammen mit der Visualisierung der Gottheit auf das gleiche Ziel – das durch Avalokiteshvara verkörperte Mitgefühl zu verstärken. Zum Schluß wird die visualisierte Gottheit wieder in Leere aufgelöst.

Die Tibeter unterscheiden gewöhnlich drei religiöse Traditionen: 1. das göttliche Dharma (lha chos) oder die Lehre des Buddhismus, 2. das Bön-Dharma (bön chos) oder die Lehre der Bön und 3. das Dharma der menschlichen Lebewesen (mi chos) oder Volksreligion. Diese Klassifizierung legt nahe, daß diese deutlich voneinander unterschieden sind, was aber realiter nur schwer feststellbar ist.

Zentral für alle Bereiche der tibetischen Religion sind, wie gesagt, die Lamas. Welche Bedeutung die Lamas im tibetischen Buddhismus haben, geht schon aus der tibetischen Version der buddhistischen Zufluchtsformel hervor: Ich nehme Zuflucht zum Buddha, zum Dharma, zum Sangha und zum Lama. In Tibet werden diejenigen, die buddhistische Religion praktizieren, Chöpa genannt. Die Chöpa gehören in der Regel einem der verschiedenen Orden oder Suborden des tibetischen Buddhismus an. Dabei ist es durchaus üblich, Lehren von Lamas verschiedener Orden zu erhalten. Jeder Unterorden verfügte in der vormodernen Zeit über ein oder mehrere Lehrzentren zusammen mit kleineren Gompas (Klöster), die über das ganze Land verbreitet waren. Mönche und nicht-zölibatäre Chöpa aus ganz Tibet suchten diese Zentren auf, um Unterricht in Ritualpraxis, Meditation und buddhistischer Philosophie zu erhalten. Nur eine Minderheit derjenigen, die sich solchen Lehren unterzogen, wurden selbst wiederum qualifizierte Lehrer und Ritualpraktiker, die in der Lage waren, die tantrischen Rituale und Praktiken durchzuführen. Diese sind die Lamas.

Das tibetische Wort »Lama« ist gleichbedeutend mit dem Sanskrit-Wort »Guru«, wörtliche »der Bedeutsame«, auch im Sinne von »spiritueller Meister« gebraucht, der bereits den Pfad zur »Befreiung« eingeschlagen hat und über die Qualifikationen verfügt, Schüler zum Ziel der Befreiung zu führen. Entsprechend dem tantrischen Fahrzeug soll ein Lama verschiedene Qualitäten zusätzlich zu denen eines Lehrers des allgemeinen Großen Fahrzeugs besitzen.

Lamas können Wiedergeburten verstorbener Lamas, sogenannte Trulkus, sein; nach der Ausbildung übernehmen sie die frühere Rolle im Establishment. Oder sie kommen aus einer Erb-Linie Dunggyüd und erben als solche die Gompa einer Familie, als Laie wie auch als Mönch. Lamas sind also ein Teil der Chöpas. Diese Chöpas umfassen Mönche, die in großen Gemeinschaften im Zölibat leben, und die verschiedenen Arten nicht-zölibatärer Chöpas.

Eine Konfusion gilt es zu vermeiden: Lamas sind nicht gleich Mönche. Mönche werden im Tibetischen als Trapa bezeichnet. Das weibliche Gegenstück sind die Nonnen Ani. Die Gelugpa-Mönche leben immer im Zölibat. Der Begriff Trapa umfaßt die verschiedenen Ordinationsstufen: Genyen ist die unterste Stufe, die alle Mönche haben. Die nächste Stufe ist die des Getsul, gefolgt von der höchsten Stufe des Gelong. Daneben gibt es in den Klöstern noch andere Unterteilungen der Mönche, je nach Aufgabe und Posten, sowohl religiöse wie auch verwaltungsmäßige. Dies betrifft insbesondere die größeren Gompas. Vor allem die Gelugpa verleihen noch akademische Grade, von denen der bekannteste der des Geshe ist (vergleichbar einem Doktortitel bei uns). Bei den Nonnen gibt es zwei Ordinationsstufen. Da alle Mönche mindestens die Ordination des Genyen haben, kann man sagen, daß der Begriff Trapa alle Arten von Mönchen umfaßt.

In den Klöstern wird nun unterschieden nach normalen Mönchen (Trapas) und Lamas – den spirituellen Führern oder der charismatischen Persönlichkeit der Gemeinschaft. Lamas können dabei sowohl im Zölibat leben oder auch nicht. Im Orden der Gelugpa müssen sie es sein, in den anderen Orden nicht notwendigerweise. Lamas können also sein

1. Gurus oder persönliche religiöse Lehrer
2. Vorsteher einer Gompa im Sinne des Hauptlehrers, um den sich die Gompa zentriert

3. Durchführer tantrischer Rituale.[15]

Lamas als Führer einer Gompa können qua ihrer Position auch bedeutende politische Führer sein, wie zum Beispiel der Dalai Lama, der Panchen Lama usw. Viele der bedeutenden Lamas sind sogenannte reinkarnierte Lamas, auf tibetisch Trulkus. Nicht jeder Lama ist ein reinkarnierter Lama.

Hoch verwirklichte Lamas sind durch ihr Boddhisattva-Gelübde daran gebunden, nicht bloß im Zustand der Befreiung zu verweilen, sondern wieder in der Welt zu erscheinen, um zum Wohle aller fühlenden Lebewesen zu wirken. Bevor diese hoch verwirklichten Lamas verscheiden, werden sie von ihren Schülern gebeten, wieder an anderer Stelle zu erscheinen, um auch weiterhin den Dharma zu lehren und die leidenden Wesen zu befreien. Wenn diese Lamas einen Nutzen darin sehen, an gleicher Stelle wiedergeboren zu werden, erscheinen sie konsequenterweise in der Form der Reinkarnationen. Solche wiedergeborenen Meister, die sorgfältig gesucht und anerkannt werden, bezeichnet man als reinkarnierte Lamas, selbst dann, wenn sie noch sehr jung sind.[16]

So läßt sich im tibetischen Buddhismus unterscheiden zwischen dem Konzept der erkannten Wiedergeburt (yangsid) und dem der Emanation. Tantrische Schüler betrachten normalerweise ihren Lama als Vajradhara, die tantrische Form des Buddha, und der Lama wird visualisiert in den Verehrungsritualen als dieser oder als eine andere tantrische Gottheit. Somit kommt dem Lama eine Stellung als tantrische Gottheit zu. Tantrische Schüler betrachten ihren persönlichen geistigen Lehrer – den »Wurzellama« – als tantrische Gottheit. Das Emanationskonzept, das den reinkarnierten Lamas, Trulkus, zugrunde liegt, geht darüber hinaus, denn es beinhaltet, daß einige Lamas Emanationen besonderer Gottheiten, meist Avalokiteshvara, Manjusri oder Vajrapani darstellen. Diese spielen eine zentrale Rolle innerhalb der tibetischen Kultur.

Grundlage dieser Lehre ist die Auffassung von den drei Kayas, der Mahayana-Doktrin von den drei Körpern eines Buddha:

1. Der Dharmakaya, der »Wahrheitskörper«. Dies ist die Daseinsebene der höchsten Realität, der absoluten Wirklichkeit, jenseits jeglicher Dualität, in der Leerheit (sunyata).
2. Ihm folgt auf der zweiten Stufe der Samboghakaya, der »Genußkörper«, eine eher phantastische Form eines Buddha, der ausschließlich im höchsten reinen Land lebt, geschmückt mit

32 Haupt- und acht Neben-Merkmalen, ewig die Mahayana-Lehren hochentwickelten Boddhisattvas unterrichtend. Dieser Genußkörper erscheint gewöhnlichen Wesen nicht. Viele tantrische Gottheiten sind in diesem Körper geschildert. Tantrische Praktiker können diese »feinstoffliche« Ebene wahrnehmen, wenn sie eine spezifische Ebene in ihrer Meditation erreicht haben.

3. Der dritte Körper ist der Nirmanakaya, der Emanationskörper (tib. trulku). In diesem Körper erscheint ein Buddha in der Welt, um den Dharma zu unterrichten. Diese Emanationskörper sind nicht gebunden an die Form des Buddha, sie können in allen Formen erscheinen, belebten oder unbelebten, die geeignet sind, um den leidenden Lebewesen zu helfen. Zum Beispiel gilt der historische Buddha Shakyamuni als ein solcher Trulku.

Dieser dritte Körper – der Emanationskörper – eines Buddha ist die Grundlage für die Auffassung von Reinkarnation in Tibet. Die Reinkarnation eines früheren großen Lehrers wird Trulku genannt, die tibetische Bezeichnung für Nirmanakaya. Damit ist impliziert ein grundlegender Unterschied, wie gewöhnliche Lebewesen wiedergeboren werden und wie inkarnierte Lamas in die Welt kommen. Für gewöhnliche Sterbliche ist ihre Wiedergeburt bestimmt durch das Karma. Dieser Prozeß ist für sie nicht kontrollierbar. Nach dem Tode werden sie in den Zwischenzustand Bardo geworfen, wo sie nach spätestens 49 Tagen in eine neue Lebenszeit geworfen werden. Dabei gibt es die Möglichkeit, in einem der sechs Bereiche wiedergeboren zu werden: die niederen Bereiche sind die der Tiere, hungrigen Geister und Höllenwesen, die höheren Bereiche sind die der Menschen, Halbgötter und Götter. Diesem Prozeß der Wiedergeburt stehen die Lebewesen machtlos gegenüber, er ist ein endloser Zyklus. Zu einem Ende kommt er nur durch das Befolgen des buddhistischen Weges und dem individuellen Erreichen von Befreiung und Erleuchtung.

Bei reinkarnierten Lamas liegt die Sachlage anders. Als »Emanationskörper« eines Buddha sind sie frei von den Fesseln des Karma, ihre Wiedergeburt ist vollkommen freiwillig, sie müssen nicht wiedergeboren werden, sondern entscheiden sich, in die Welt zurückzukehren aus Mitleid mit den anderen. Gewöhnliche Lebewesen müssen innerhalb von 49 Tagen wiedergeboren werden, inkarnierte Lamas unterliegen nicht solchen Zwängen. Die Wiedergeburt gewöhnlicher Lebewesen ist ausschließlich durch das

Karma bedingt, während die reinkarnierten Lamas die Art ihrer Wiedergeburt selbst vorherbestimmen können; in der Regel hinterlassen solche Trulkus vor ihrem Tode Anweisungen und Hinweise für ihre Schüler, wo die nächste Wiedergeburt gefunden werden kann.

Die Mehrzahl der Tibeter glaubt fest an diese Vorstellungen, sie verehren diese reinkarnierten Lamas als Emanationen von Buddhas, als »Götter«. Das Leben der Tibeter und ihre Kultur ist bis auf den heutigen Tag, trotz kommunistischer Herrschaft, fest bestimmt vom tibetischen Buddhismus und der damit zusammenhängenden Volksreligiosität. Die gesamte Landschaft Tibets war in der vormodernen Zeit – und ist es tibetischen Gläubigen auch heute oft noch – religiös definiert: viele Berge gelten als Wohnsitze und Zentren von Göttern, allen voran der Berg Kailash in West-Tibet. Diese werden – wie auch religiöse Zentren – umrundet, oft auch in der Prostration. Auch wenn der tibetisch-buddhistischen Philosophie nach die Götter letztendlich substanzlos, »leer« sind, halten die Gläubigen sie dennoch für real. Neben den Buddhas und Boddhisattvas gibt es noch eine Unmenge an lokalen Gottheiten, guten wie bösen, denen Opfer dargebracht werden müssen, um Glück zu erhalten bzw. Unheil abzuwehren. Astrologie und der Glaube an gute wie böse Omen sind weit verbreitet wie auch Amulette. Längere Pilgerfahrten zu Heiligtümern oder Teilnahme an Festen gehört ebenfalls untrennbar zum religiösen Leben der Tibeter. In den Klöstern spenden die Gläubigen immer Yak-Butter für die Butterlampen und Tsampa-Mehl als Nahrung für die Mönche – die Unterstützung der Mönchsgemeinden ist oberste religiöse Pflicht für alle gläubigen Buddhisten.

Heinrich Harrer beschreibt die tiefe Verankerung der buddhistischen Religion im tibetischen Volk, die er während der vierziger Jahre in Tibet erlebte, in seinem Buch »Sieben Jahre in Tibet«:

> Der Mittelpunkt des ganzen Staatsgebäudes ist die Religion. Tausend Strapazen nimmt der Pilger auf sich, aus dem fernen Tschangthang kommt der Nomade, um einmal im Jahr die glänzenden Manifestation seines Glaubens zu erleben, und er zehrt davon in der Einsamkeit seines harten Lebens. Der Tageslauf des Volkes wird vom Glauben diktiert …
>
> Ich habe in all den Jahren niemanden getroffen, der auch nur den leisesten Zweifel an der Lehre Buddhas geäußert hätte. Wohl gibt es viele Sekten – aber ihre Unterschiede bestehen nur

in Äußerlichkeiten. Der gläubigen Inbrunst, die alle ausstrahlen, kann man sich kaum verschließen. Schon nach kurzem Aufenthalt war es uns nicht mehr möglich, gedankenlos eine Fliege zu töten. Und in Gesellschaft eines Tibeters hätte ich es nie gewagt, nach einem Insekt zu schlagen, nur weil es mir lästig war.[17]

1. Die Reinkarnationen von Dalai Lama, Panchen Lama und Karmapa

Als chinesische Truppen 1949 in Tibet einmarschierten, war das tibetisch-buddhistische Glaubens- und Wertesystem unangefochten; die tibetische Theokratie, an deren Spitze der Dalai Lama als religiöser und politischer Führer stand und die auf den großen Gelugpa-Klöstern basierte, regierte uneingeschränkt. An der Spitze wurde der Gelugpa-Orden zusammengehalten durch die reinkarnierten Lamas. Dieses Konzept hatten die Gelugpa, wie bereits erwähnt, von den Kagyüpa übernommen, im 15. und 16. Jahrhundert ausgebaut und zur Grundlage ihrer monastischen Organisation gemacht. In inneren Kämpfen – vor allem gegen die rivalisiernden Kagyüpa – setzten sich die Gelugpas Ende des 16., Anfang des 17. Jahrhunderts mit Hilfe der Mongolen durch und begründeten unter dem fünften Dalai Lama die bis in die fünfziger Jahre hinein herrschende tibetische Theokratie. Anders als bei den Shakypa herrscht bei den Gelugpa ausschließlich die Nachfolge mittels Reinkarnation, worüber sowohl der religiöse wie auch der politische und wirtschaftliche Zusammenhalt der Klöster des Ordens ermöglicht wird. Die jeweiligen Reinkarnationen müssen nach einem bestimmten System aufgesucht und von führenden Lamas bestätigt werden. Auch wenn dieses System Manipulationen Tür und Tor öffnete, wurde es als ganzes gesehen nicht in Frage gestellt. Eine zentrale Schwäche dieses Systems: Während der Übergangszeit vom Tode des verstorbenen Lama bis zum Mündigwerden der gefunden Reinkarnation müssen Regenten die Funktionen übernehmen. Der verstorbene Lama kann nur in einem Körper emanieren, der nach seinem Tod geboren worden ist. So beträgt diese Übergangszeit in der Regel 15-20 Jahre. Beispiele aus der tibetischen Geschichte über politische Manipulationen und Intrigen zu solchen Zeiten sind bekannt.

Der Aufstieg der Gelugpa zum dominierenden Orden in Tibet war nur über eine militärisch starke Schutzmacht möglich geworden. So hatten die religiösen Konflikte zwischen den Kagyüpa und den Gelugpa zunächst die Qoshot-Mongolen, dann die Dzungar-Mongolen und schließlich die mandschurische Qing-Dynastie zu Oberherren über Tibet gemacht. Letztere blieben dies bis 1911. Nachdem die Qing im 18. Jahrhundert mehrmals Truppen zur Unterstützung nach Tibet geschickt hatten, zuletzt um nepalesische Invasoren aus Tibet wieder zu verdrängen, verhängten die Qing über Tibet im Jahre 1792 Bestimmungen, die die tibetische Theokratie wegen ihrer schwachen Führungsqualitäten fest an die Zentrale in Peking anband und dieser unterstellte. Dieses vom Qing-Kaiserhof Tibet auferlegte Reformpaket sah unter anderem vor:

a) die Gleichstellung der politischen Autorität der Ambane, der Repräsentanten des Kaisers, mit den Dalai Lamas in wichtigen administrativen Angelegenheiten, Ernennungen etc.,
b) Einschränkung des Mißbrauchs von Fronarbeit,
c) Verbot, daß Verwandte der Dalai Lamas und Panchen Lamas während deren Regentschaft hohe Beamtenposten innehatten,
d) Stationierung von Truppen,
e) Auswahl der höchsten Inkarnationen durch ein Losverfahren in einer goldenen Urne, mit dem Ziel, die Manipulation der Reinkarnationsauswahl durch reiche und mächtige Laienfamilien auszuschließen.

Diese Maßnahmen verknüpften die Herrschaft der Dalai Lamas eng mit der Herrschaft des chinesischen Kaisers. Die wichtigsten der Reinkarnationslinien waren die der beiden führenden Lamas des Gelugpa-Ordens, der Dalai und der Panchen Lama, und des obersten Lamas des Kagyüpa-Ordens. Im folgenden werden sie genauer betrachtet. Im religiösen Glauben wurzelnd, waren sie immer eng mit politischer Macht und den entsprechenden Problemen verknüpft.

Die Dalai Lamas

Die Reinkarnationskette der Dalai Lamas beginnt mit dem ersten Führer des Ordens der Gelugpa, Gedundrup (1391-1474), einem Neffen Tsong Khapas, der das Kloster Tashilhunpo in Shigatse gründete. Nach dem Beispiel der Karmapa verkündete er, daß er in

Tibet wiedergeboren werden würde, und gab entsprechende Hinweise für seine Auffindung. Sein Nachfolger wurde Gedun Gyatso (1476-1542), der Abt des Klosters Drepung bei Lhasa. Die nächste Reinkarnation des Führers des Gelugpa-Ordens wurde Sonam Gyatso (1543-1588), der von Altan Khan, einem Nachfahren von Dschingis Khan, zu sich eingeladen wurde. Altan Khan verlieh ihm den Titel »Ta Le«, »Ozean« auf Mongolisch, eine Anspielung darauf, daß sein Wissen so groß und weit wie der Ozean sei. So entstand der Titel des Dalai Lama. Da Sonam Gyatso der Dritte in dieser Reinkarnationslinie war, gilt er als der dritte Dalai Lama. Später wurde der Titel postum seinen beiden Vorgängern als erster bzw. zweiter Dalai Lama verliehen. Zum vierten Dalai Lama wurde ein Mongole, ein Urenkel Altan Khans, wodurch die Gelugpas eng mit den Mongolen assoziiert wurden. Die nächste Reinkarnation ist eine der großen Figuren der tibetischen Geschichte, Lobsang Gyatso, der fünfte Dalai Lama, auch »der große Fünfte« genannt. Aus einer Familie stammend, die traditionelle Verbindungen mit den Sakyapa und den Nyingmapa aufwies, wurde er bald als Reinkarnation des vierten Dalai Lama anerkannt. Mit Hilfe der Mongolen des Gushri Khan gelang es ihm, die rivalisierende Sekte der Kagyüpa weitgehend politisch auszuschalten, erstmals Tibet seit dem 8. Jahrhundert wieder zu vereinen und die Macht der Zentralregierung zu stärken. 1642 siegreich mit Unterstützung der Mongolen aus allen Kämpfen hervorgegangen, wurde er als Regent von Tibet eingesetzt. Nach dem Tode Gushri Khans, dessen Nachfolger wenig Interesse an Tibet zeigten, wurde er im Jahre 1656 absoluter Herrscher über Tibet, in dessen Händen weltliche und religiöse Macht vereint waren. Der fünfte Dalai Lama hatte ein gutes Umfeld für die Praxis des tibetischen Buddhismus geschaffen, insbesondere für die Gelugpa. Er errichtete eine Anzahl neuer Klöster und reorganisierte das ökonomische Unterstützungssystem für andere Klöster, indem er den Gelugpa-Klöstern große Ländereien mit vielen Leibeigenen zuwies. Für die Klöster wurde eine Oberzahl von Mönchen festgelegt; sie erhieten das Recht, Kinder ihrer Leibeigenen als Mönche einzuziehen, falls deren Zahl sich stark rückläufig entwickle. Gleichzeitig wurde der Staat angewiesen, den Klöstern ohne große Ländereien Hilfsgüter zukommen zu lassen und Fonds für die großen religiösen Feste einzurichten. Auf diese Zeit geht das spezifische tibetische Regierungssystem zurück, das politische und religiöse Macht miteinander verbindet. Der fünfte Dalai Lama gilt als weiser und toleranter Herrscher, der Tibet ein Gefühl nationaler Stärke und Einheit verlieh. Die Größe des Potala-Palastes ist ein heute noch sichtbares Zeichen seiner Herrschaft. Umstritten ist in der Geschichtsschreibung der Besuch des fünften Dalai Lama auf Einladung des Qing-Kaisers Shunzhi 1652 in Peking (er kam dort 1656 an). Der sinokommunistischen Geschichtsschreibung zufolge hat der Qing-Hof ihm als Ehrentitel den Titel »Dalai Lama« und ein gold-eingebundenes Album und goldene Siegel als Zeichen seiner Autorität verliehen. Auf diese Weise sei der Status des Dalai Lama vom Qing-Hof bestätigt worden, was zugleich bedeutete, daß seitdem alle Dalai Lamas von der Zentralregierung bestätigt werden müssen.[18] Der amerikanische Tibetologe M. C. Goldstein hingegen kommt zum Schluß, daß der Qing-Kaiser den tibetischen Prälaten mit großer Höflichkeit und Achtung behandelt habe. Nichts habe es in diesem Treffen gegeben, was auf eine politische Unterordnung seitens des Dalai Lama hinweise. Mit der Armee der Qoshot-Mongolen im Hintergrund und der Unterstützung vieler mongolischer Stämme – von denen viele eine Bedrohung für die Qing selbst darstellten – war der Dalai Lama niemand, mit dem man hätte leichtfertig und nach Belieben umgehen können.[19]

Mit dem Tode des fünften Dalai Lama endete die Phase der Stabilität; die dem System der Nachfolge durch Reinkarnationen innewohnenden Schwächen machten sich bald bemerkbar. Der Regent verheimlichte lange Jahre dessen Tod mit dem Vorwand, der Dalai Lama habe sich in tiefe Meditation zurückgezogen. Tsangyang Gyatso, der sechste Dalai Lama, erwies sich als religiöser und politischer Führer ungeeignet – die Nachfolger werden nicht nach Fähigkeiten, sondern nach Umständen bei der Geburt ausgewählt – und interessierte sich für Dichtkunst und die Freuden des weltlichen Lebens – was im Rahmen des Tantrismus als das freie Verhalten eines tantrischen Yogi erklärt werden kann. Lhabsang Khan hatte den Regenten in Lhasa ausgeschaltet, die Herrschaft in Tibet übernommen, gleichzeitig wurde er in dieser Rolle vom Qing-Kaiserhof anerkannt. Lhabsang Khan erkannte die Reinkarnation des sechsten Dalai Lama nicht an und schickte ihn mit Einverständnis des Qing-Hofes nach Peking ins Exil. Der Großteil der Mönche und der Bevölkerung hielten aber an der Richtigkeit der Reinkarnation des sechsten Dalai Lama fest. Dieser starb unterwegs. Er hat etliche schöne Gedichte hinterlassen; nach seinem

Tode verbreitete sich in Tibet rasch das Gerücht, er habe sich in einem neuen Körper in Litang (Provinz Kham) emaniert, entsprechend einer Vorahnung in einem seiner Gedichte:

Weißer Kranich,
leih mir deine Schwingen!
Ich gehe nicht weit fort.
Habe ich Li Thang umkreist,
kehre ich zu dir zurück.[20]

Truppen der Qing-Dynastie bereiteten den Versuchen mongolischer Truppen, Tibet unter ihre Kontrolle zu bringen, ein Ende. 1720 brachten Qing-Truppen den siebten Dalai Lama – die in Li Thang gefundene Reinkarnation – mit nach Lhasa und errichteten ein zunächst loses Protektorat über Tibet. Die politische Macht lag in Händen einer Laien-Aristokraten-Familie. Auch unter dem achten Dalai Lama änderte sich dies nicht substantiell; als die Qing 1792 den Tibetern zu Hilfe eilten, um nepalesische Gurkhas aus Tibet zu vertreiben, bestätigten die Qing in ihren Bestimmungen aus dem gleichen Jahr die Herrschaft des Dalai Lama und des Gelugpa-Ordens, dem sie nun zwei Ambane – Vertreter des Kaisers in Tibet – gleichberechtigt zur Seite stellten.

Dieses System dauerte nominell bis 1911, auch wenn die Ambane ihren größten Einfluß sicherlich zur Anfangszeit hatten. Denn mit der Schwächung des Qing-Kaiserhofes im 19. Jahrhundert, insbesondere seit dem Ersten Opiumkrieg von 1840 bis 1842, ging auch die Macht der Ambane in Tibet zurück. Die vier folgenden Dalai Lamas – vom neunten bis zum zwölften – starben alle vor Erreichung der Volljährigkeit; ob sie ermordet wurden oder eines natürlichen Todes starben, ist noch immer ungewiß. Die Regierung lag in der Hand von Regenten und war von deren jeweiligen Eigenschaften bestimmt.

Mit dem 13. Dalai Lama betritt eine dynamische Persönlichkeit die Bühne der Geschichte, unter dessen Herrschaft Tibet die ersten Schritte in Richtung Modernisierung zu unternehmen versucht. Gleichzeitig mußte Tibets Status zwischen China einerseits und England bzw. dessen Kolonie Indien andererseits (bis zum Ersten Weltkrieg war auch der russische Zarismus mit von der Partie) geklärt werden.

Der 13. Dalai Lama betrachtete Tibet definitiv als von China unabhängig. Er wurde nicht durch das von den Qing-Kaisern den Tibetern auferlegte Losverfahren mittels der Goldenen Urne ausgewählt. Dies bestätigt auch die chinesische Geschichtsschreibung, so etwa Ya Hanzhang, der in seiner Biographie der Dalai Lamas darlegt, die Reinkarnation sei erst von hohen tibetischen Würdenträgern – einschließlich des neunten Panchen Lama – anerkannt worden. Erst im Anschluß daran habe man sich an den Qing-Kaiser mit Bitte um Bestätigung gewandt, der ihr entsprach.[21] Mit der Übernahme der offiziellen Regentschaft im Jahre 1895 beendete er de facto die schon seit Jahrzehnten schwächer werdende kaiserliche Macht der Qing, repräsentiert durch die Ambane. Zwei Jahre nach der Übernahme der offiziellen Regentschaft, im Jahre 1897, ernannte er direkt Beamte unter Umgehung der in den Bestimmungen von 1792 vorgeschriebenen Konsultation der Ambane – die Mandschus mußten dem machtlos zusehen. Seine Herrschaft wurde mehrmals intern und extern in Frage gestellt; zweimal war er gezwungen, ins Exil zu gehen, einmal 1904, als britische Truppen Lhasa besetzten, das andere Mal 1910, als die Mandschus in einem letzten Kraftakt Tibet zu einer Provinz Chinas machen wollten. 1913 kehrte er nach Lhasa zurück und erklärte Tibets Unabhängigkeit.

Während seiner Lebenszeit entwickelte sich Tibets Status von einer Dependence des Qing-Reiches zu einem faktisch unabhängigen Staat. Der Dalai Lama beabsichtigte, politische Einheit und Unabhängigkeit für Tibet durch Modernisierung und Zentralisierung einer mittelalterlich strukturierten inneren Verwaltung zu erreichen. Zugleich strebte er eine Änderung der Beziehungen Tibets zu China an. Die Briten sollten der neue Patron gegen die Ambitionen Chinas sein, dessen symbolische Oberherrschaft über Tibet er auflösen wollte – Tibet hätte die volle Souveränität erhalten. Gleichzeitig fiel in seine Regentschaft, ausgelöst durch die Zentralisierungs- und Modernisierungsbemühungen, der Bruch mit dem Panchen Lama, der in den zwanziger Jahren in China Zuflucht suchte. Seine Modernisierungsbemühungen stießen auf Widerstand großer Teile der konservativen Lama-Aristokratie. Der 13. Dalai Lama starb am 17. Dezember 1933. Er hinterließ ein prophetisches Testament, das vor den drohenden Gefahren durch den Kommunismus warnte.

Testament des 13. Dalai Lama[22]
(Auszug)

Nachdem ich die Pflichten der geistlichen und weltlichen Herrschaft auf mich genommen hatte, gab es für mich keine Muße und keine Vergnügungen mehr. Tag und Nacht habe ich mich mit den Problemen von Religion und Staat auseinandergesetzt, um entscheiden zu können, wie beides am besten gedeihe. Ich hatte zu erwägen, wie das Wohlergehen der bäuerlichen Bevölkerung gehoben, ihre Nöte beseitigt und die drei Tore von Bereitwilligkeit, Unparteilichkeit und Gerechtigkeit geöffnet werden. ...

Im besonderen müssen wir uns hüten vor den barbarischen roten Kommunisten, die Terror und Zerstörung mit sich bringen, wohin sie auch kommen. Sie sind die Schlimmsten der Schlimmsten. Schon haben sie einen Großteil der Mongolei eingenommen, wo sie die Suche nach der Reinkarnation von Jetsun Dampa, der Verkörperung der Führung des Landes, verboten haben. Sie haben die Klöster ausgeraubt und zerstört und die Mönche gezwungen, in ihre Armee einzutreten; weigerten sie sich, wurden sie getötet. Sie haben die Religion zerstört, wo immer sie sie vorfanden, nicht einmal der Name des Buddha Dharma darf ihrer Weisung nach nunmehr erwähnt werden. Sicherlich habt Ihr die Berichte aus Urga und den anderen Orten gehört.

Es wird nicht mehr lange dauern, bis die Roten auch gegen unsere Vordertür anstürmen. Es ist nur eine Frage der Zeit bis zu einer direkten Konfrontation, entweder aus unseren eigenen Reihen oder als Bedrohung einer auswärtigen Macht.

Der heute im indischen Exil lebende 14. Dalai Lama, 1935, zwei Jahre nach dem Tode des 13. Dalai Lama, geboren, berichtete 1962 in seinem Buch »Mein Leben und mein Volk«, daß 1933 tiefe Trauer das Volk ergriff, als sich die Nachricht vom Tode des 13. Dalai Lama, dem Tibet eine langwährende Periode des Friedens und des Wohlstandes zu verdanken hatte, verbreitete, aber »unverzüglich die Suche nach seiner Reinkarnation« begann,

denn jeder Dalai Lama ist eine Wiedergeburt seines Vorgängers. Der erste, der im Jahr 1391 christlicher Zeitrechnung geboren wurde, war eine Inkarnation von Chenresi, dem Boddhisattva (werdenden Buddha) der Gnade, der gelobt hatte, alle lebenden Geschöpfe zu beschützen.

Zunächst mußte von der Nationalversammlung ein Regent ernannt werden, der das Volk zu führen hatte, bis die neue Reinkarnation erschienen, aufgefunden und herangewachsen war. Dann wurden, den altehrwürdigen Gebräuchen und Überlieferungen folgend, die staatlichen Orakel und gelehrten Lamas konsultiert, um als erstes festzustellen, an welchem Ort die Reinkarnation vor sich gegangen sei. Im Nordosten Lhasas hatte man seltsame Wolkenbildungen gesichtet. Man erinnerte sich daran, daß der Körper des Dalai Lama nach seinem Tod auf einen Thron im Norbulingka, seiner Sommerresidenz in Lhasa, mit dem Gesicht nach Süden gesetzt worden war; einige Tage später jedoch entdeckte man, daß sich sein Antlitz nach Osten gewendet hatte. Und auf einem hölzernem Pfeiler an der Nordostseite des Schreins für den toten Dalai Lama zeigte sich plötzlich ein sternförmiger Schwamm. All dies und andere Erscheinungen wiesen die Richtung, in der man nach dem neuen Dalai Lama zu suchen hatte.

Als nächstes pilgerte der Regent im Jahr 1935 – es war nach dem tibetischen Kalender das Holz-Schwein-Jahr – an den heiligen See von Lhamoi Latso in Chokhorgyal, ungefähr neunzig Meilen südöstlich von Lhasa. Nach tibetischem Glauben vermag man in den Wassern dieses Sees die Zukunft zu erblicken. Es gibt viele solcher heiligen Seen in Tibet, aber Lhamoi Latso ist der berühmteste. Manchmal sollen die Visionen in Form von Schriftzeichen erscheinen, manchmal als Bilder von Orten und zukünftigen Ereignissen. Einige Tage wurden in Gebet und Meditation zugebracht, dann hatte der Regent die Vision von drei tibetischen Schriftzeichen, »ah«, »ka« und »ma«, gefolgt von dem Bild eines Mönchsklosters mit jadegrünen und goldenen Dächern und einem Haus mit türkisfarbenen Ziegeln. Eine detaillierte Beschreibung dieser Geschichte wurde aufgezeichnet und streng geheimgehalten. Im folgenden Jahr wurden hohe Lamas und Würdenträger, denen das Geheimnis bekannt war, in alle Teile Tibets ausgesandt, um den Ort zu suchen, den der Regent im Wasser des heiligen Sees gesehen hatte.

Die weisen Männer, die ostwärts gewandert waren, kamen im Winter nach Dokham. Bald entdeckten sie die grünen und goldenen Dächer des Klosters von Kumbum. Im Dorf Taktser stießen sie auf ein Haus mit türkisfarbenen Ziegeln. Ihr Anführer erkundigte sich, ob die Familie, die dieses Haus bewohnte, etwa Kinder habe, und man sagte ihm, daß zu ihr ein Knabe gehöre, der nahezu zwei Jahre alt sei.

Bis zu jenem Zeitpunkt hatten mein Vater und meine Mutter noch keine Ahnung von dem wahren Auftrag der Reisenden, die sie bei sich aufgenommen hatten. Aber einige Tage später kam die ganze Suchkommission der älteren Lamas und hohen Würdenträger gemeinsam in unser Haus in Taktser. Beim Anblick der großen Gruppe vornehmer Besucher begriffen meine Eltern, daß ich eine Reinkarnation sein müsse, denn es gibt viele wiederverkörperte Lamas in Tibet; auch mein älterer Bruder hatte sich bereits als solcher erwiesen. Ein verkörperter Lama war kurz zuvor im Kloster Kumbum gestorben, und deshalb vermuteten meine Eltern, daß die Besucher nach seiner Reinkarnation forschten. Daß ich die Reinkarnation des Dalai Lama selbst sein könnte – daran dachten meine Eltern nicht im Traum.

Bei kleinen Kindern, die Reinkarnationen sind, ist es üblich, daß sie sich an Gegenstände und Personen aus ihrem vorigen Leben erinnern. Einige können auch heilige Schriften zitieren, ohne daß man es sie gelehrt hat. Durch alles, was ich gesagt hatte, war der Lama zu der Überzeugung gekommen, daß er möglicherweise die gesuchte Reinkarnation entdeckt habe. Nun war die ganze Gruppe erschienen, um mich weiter zu prüfen. So hatten die Würdenträger zwei völlig gleiche schwarze Rosenkränze bei sich, von denen der eine aus dem persönlichen Besitz des Dreizehnten Dalai Lama stammte. Als sie mir beide darboten, ergriff ich denjenigen, der ihm gehört hatte, und legte ihn mir – wie man mir später erzählte – um den Hals. Derselbe Versuch wurde mit zwei gelben Rosenkränzen unternommen. Darauf hielten sie mir zwei Trommeln hin, eine kleine, die der Dalai Lama dazu verwendet hatte, sein Gefolge zusammenzurufen, und eine größere, viel reicher geschmückte Trommel mit goldenen Beschlägen. Ich wählte die kleine und begann sie so zu bearbeiten, wie man es während des Betens tut. Zuletzt wiesen sie mir zwei Wanderstäbe. Ich faßte den falschen an, hielt dann inne und betrachtete ihn eine Weile; schließlich nahm ich den anderen, der dem Dalai Lama gehört hatte, und behielt ihn in der Hand. Über mein Zögern verwundert, fand man später heraus, daß auch der erste Wanderstab eine Zeitlang vom Dalai Lama benutzt worden war. Er hatte ihn später einem Lama verehrt, der ihn wiederum an Kewang Rinpoche weiterverschenkt hatte.

Alle diese Versuche bestärkten die Abgesandten in der Überzeugung, daß die Reinkarnation gefunden war; auch die Vision der drei Schriftzeichen, die der Regent im See erblickt hatte, sprach für ihre Ansicht. Denn sie meinten, daß das erste Schriftzeichen, die der Regent im See erblickt hatte – »ah« – Amdo bedeute. Und Amdo ist der Name unseres Bezirks. »ka« mochte auf Kumbum hinweisen, eines der größten Mönchsklöster der Gegend, das überdies dem Regenten in seiner Vision erschienen war. Auch konnte mit den zwei Schriftzeichen »ka« und »ma« das Mönchskloster Karma Rolpai Dorje am Berg oberhalb unseres Dorfes gemeint sein.

Nun bekam der Umstand Bedeutung, daß der Dreizehnte Dalai Lama einige Jahre zuvor auf seinem Rückweg von China im Kloster Karma Rolpai Dorje geweilt hatte. Er war vom verkörperten Lama des Klosters willkommen geheißen worden und hatte die Huldigungen der Dorfbewohner entgegengenommen, unter denen sich auch mein Vater – damals neun Jahre alt – befand. Man erinnerte sich jetzt daran, daß ein paar Stiefel des Dalai Lama – sie heißen bei uns »jachhen« – im Kloster zurückgeblieben waren. Auch hatte der Dalai Lama eine Zeitlang mein Geburtshaus betrachtet und dabei geäußert, dies sei ein wunderschöner Ort.

Durch das Zusammentreffen all dieser Umstände kam die Suchkommission vollends zu der Überzeugung, daß die Reinkarnation gefunden war, und kabelte alle Einzelheiten nach Lhasa. Die einzige Telegraphenlinie Tibets verlief von Lhasa nach Indien; deshalb mußte die verschlüsselte Nachricht von Sining durch China und Indien nach Lhasa geschickt werden. Auf demselben Weg kam die Anweisung zurück, mich unverzüglich in die heilige Stadt zu bringen.[23]

Bis die neugefundene Inkarnation nach Lhasa gebracht werden konnte, gingen noch einige Jahre ins Land. Der semi-autonome Moslem-Gouverneur von Xikang/Qinghai, Ma Pufang, verlangte Lösegeld für die Freigabe der gefundenen Reinkarnation. Erst 1939 war es soweit. Noch unterwegs auf dem Weg nach Lhasa fand die Proklamierung des aufgefundenen Jungen zum 14. Dalai Lama und dessen Bestätigung durch die tibetische Nationalversammlung statt. Die chinesische Nationalregierung wurde vorher nicht gefragt, die gewählte Reinkarnation offiziell zu bestätigen. Am 22. Februar 1940 fand die Inthronisierungszeremonie statt. Anwesend waren Gesandte aus Bhutan, Sikkim, Nepal und Britisch-Indien; die chinesische Nationalregierung von Tschiang Kaishek war vertreten durch den Gesandten Wu Zhongxin.[24]

Der Name des 14. Dalai Lama steht für erste grundlegende Reformversuche des lamaistisch-theokratischen Staates. Geprägt wurde sein Leben von der kommunistischen Bedrohung Tibets, der Besetzung seines Landes 1950/1951, den politischen Auseinandersetzungen mit China bis zum Aufstand von 1959, der ihn zwang, ins Exil nach Indien zu fliehen, wo unter seiner Führung eine in Ansätzen strukturierte demokratische Exilregierung entstand. Der 14. Dalai Lama – seine höchsten Weihen hatte er 1951 erhalten, die Prüfung zum Geshe absolvierte er 1959 – gilt als einer der großen buddhistischen Gelehrten. Maßgeblich seiner Persönlichkeit ist es zu verdanken, daß der tibetische Buddhismus im Westen einen anhaltenden Aufschwung erlebt. Er hat den tantrischen Buddhismus mit modernen Konzeptionen von Demokratie, Ökologie und Toleranz in Einklang gebracht. Für seine Bemühungen, das Tibet-Problem, basierend auf den Grundlagen der buddhistischen Lehre, gewaltfrei zu lösen, erhielt er 1989 den Friedensnobelpreis. Aufgrund der harten Linie der kommunistischen Regierung in Peking seit Anfang der neunziger Jahre – jeglicher Dialog mit dem Dalai Lama wird abgelehnt – scheinen aber seine Bemühungen in Frage gestellt.

Der 14. Dalai Lama ist die unangefochtene Autorität der Tibeter, sowohl religiös wie auch politisch, auch wenn seine Politik des gewaltfreien mittleren Weges nicht bei allen Tibetern auf Gegenliebe stößt und manche seine große Autorität als Hindernis auf dem Wege zu einer demokratischen Gesellschaft sehen. Eine junge, modern ausgebildete tibetische Ärztin in Shigatse brachte die Haltung der überwiegenden Mehrzahl der Tibeter auf den Punkt: »Der Dalai Lama ist nicht nur unser Vater, sondern auch unsere Mutter. Er wird für immer in unserem Herzen sein.«

Eine Passage aus seiner Nobelpreisrede vom 11. Dezember 1989 verdeutlicht seine grundlegende Auffassung:

> Materieller Fortschritt ist natürlich wichtig für den Fortschritt der Menschheit. In Tibet haben wir der technologischen und wirtschaftlichen Entwicklung zu wenig Beachtung geschenkt, und heute wird uns bewußt, daß dies ein Fehler war. Gleichzeitig aber kann auch materielle Entwicklung ohne spirituelle Entwicklung ernsthafte Probleme mit sich bringen. In einigen Ländern wird Äußerlichkeiten zuviel Aufmerksamkeit geschenkt und der geistigen Entwicklung nur wenig Bedeutung beigemessen. Ich halte beide für wichtig; beide müssen sich nebeneinan-

der entwickeln, damit ein gutes Gleichgewicht zwischen den beiden Aspekten erreicht wird. Die Tibeter werden von ausländischen Besuchern stets als glückliche, heitere Menschen geschildert. Dies ist Teil unseres nationalen Charakters, der auf der Grundlage kultureller und religiöser Werte geformt wird; diese Werte heben die Bedeutung des inneren Friedens hervor, der sich durch Liebe und Freundlichkeit gegenüber allen anderen lebenden, fühlenden Wesen, sowohl Mensch als auch Tier, einstellt.[25]

Die Panchen Lamas

Die Reinkarnationskette der Panchen Lamas beginnt mit dem neunten Abt des Klosters Tashilhunpo in Shigatse, Lhobsang Chökyi Gyaltsen. Bereits zuvor hatten die Äbte des Klosters Tashilhunpo den Titel »Panchen« verliehen bekommen, und zwar zuerst dem ersten Dalai Lama Gedun Drup, dem Gründer des Klosters. Das Wort Panchen ist aus zwei Silben zusammengezogen, »Pandita«, ein Sanskritwort, das »Gelehrter« bedeutet, und »Chenpo«, ein tibetisches Wort, das »groß« bedeutet. Alle Gedun Drub folgenden Äbte des Klosters trugen diesen Titel. Mit dem neunten Abt endete das System gewählter Äbte in diesem Kloster. Dieser war bereits ein inkarnierter Lama, bevor er Abt in diesem Kloster wurde. Lobsang Chökyi Gyaltsen, der u. a. im Krieg zwischen den Herrschern von Tsang und den Mongolen vermittelt hatte, führte die Suche nach der Reinkarnation des verstorbenen vierten Dalai Lama durch und erklärte 1617 den in Chongya geborenen Jungen als die wahre Reinkarnation des fünften Dalai Lama. Er gab ihm die volle Ordination und unterrichtete diesen in Sutras und Tantras. Aus Dankbarkeit übergab ihm der fünfte Dalai Lama, nachdem er Herrscher über ganz Tibet geworden war, das Tashilhunpo-Kloster in Shigatse. Seit damals werden die Reinkarnationen des Panchen anerkannt. Während der fünfte Dalai Lama als Reinkarnation des Boddhisattva Chenresi gilt, so der Panchen Lama als der des Buddha Amithaba. Der Buddha Amithaba, der Buddha des »Unermeßlichen Lichts«, ist einer der fünf Dhyani-Buddhas, er weilt im Reinen Land von Sukhavati und ist die Personifikation aller Buddha-Energien. Er stellt die Lotus-Energie dar, welche Leidenschaft in spirituelle Reinheit verwandelt. Zu seiner

Emanationsfamilie gehören Avalokiteshvara, tibetisch Chenresi, der Boddhisattva des Mitleides. So gibt es eine enge religiöse Beziehung zwischen den beiden führenden Lamas des Gelugpa-Ordens.

Der folgende Panchen Lama wurde vom fünften Dalai Lama als Reinkarnation anerkannt. Dieser wiederum war Lehrer des sechsten und siebten Dalai Lama. 67 Jahre lang war er der Kopf des Tashilhunpo-Klosters. Vom Mandschu-Kaiser Kangxi erhielt er den Titel »Panchen Erdeni« und ein goldenes Siegel.

Der zehnte Panchen Lama nahm in den folgenden Jahren bis zu seinem Tode eine »patriotische« Haltung ein, soll heißen, er anerkannte die Rechtmäßigkeit der Souveränität Chinas über Tibet. Diese prokommunistische Haltung hindert ihn aber nicht daran, immer wieder sich kritisch und offen gegen die konkrete Politik der chinesischen KP gegenüber den Tibetern auszusprechen. In einem 70 000 Zeichen umfassenden Geheimbericht an die Parteiführung der KP China kritisierte er 1962 scharf die der Niederschlagung des Aufstandes von 1959 folgende Politik. 1964 wurde er dafür mehrere Wochen scharf kritisiert, 1966 im Minderheiteninstitut zu Peking öffentlich von Rotgardisten gedemütigt; während der Kulturrevolution verbrachte er neun Jahre und acht Monate in einem Gefängnis bei Peking. Nach seiner Freilassung setzte er sich in den achtziger Jahren weiterhin für die konkreten Belange der Tibeter ein und spielte eine vermittelnde Rolle, auch im Dialog mit dem im Exil befindlichen Dalai Lama. Auch wenn er spirituell gesehen in seiner Bedeutung nicht an den 14. Dalai Lama herankam, so hat er sich doch immer intensiven religiösen Studien gewidmet und ist für eine umfassende Verbesserung der religiösen Ausbildung in Tibets Klöstern eingetreten.

Der Panchen Lama starb plötzlich am 28. Januar 1989 in Shigatse. Die Suche nach der neuen Reinkarnation des Panchen Lama wurde in den folgenden Jahren ein Politikum ersten Ranges. Die atheistische kommunistische Regierung stimmte einer Auswahl eines neuen Panchen Lama gemäß traditioneller tibetischer Methoden zu, beanspruchte aber zugleich, daß der neue Panchen Lama in China gefunden werde. So wurde ein Suchteam gebildet, und aus den gefundenen Kandidaten sollte mittels des »Losverfahrens der Goldenen Urne« dann die endgültige Reinkarnation bestimmt werden.

Dieses Losverfahren der Goldenen Urne geht auf das Jahr 1792 zurück, als die Mandschu-Kaiser die Führungselite der Klöster einer umfassenden kaiserlichen Kontrolle unterwarfen. Den Zweck dieser Urnenwahl erläuterte Fu Kang'an, einer der Ambane, folgendermaßen:

> Gemäß dem kaiserlichen Befehl wird nun zur Bestimmung der Reinkarnation eine goldene Urne eingerichtet, um dadurch dem Wohl der Gelben Sekte zu dienen. Wie ermittelt wurde, sind der Dalai Lama und der Panchen Lama die Ahnen der Gelben Sekte, deren Lehre aus der Zeit Tsongkhapas bis in die Gegenwart überliefert ist. Immer wenn ein Dalai Lama oder Panchen Lama entrückt wird, bleibt sein ursprüngliches Wesen nicht verborgen, sondern kommt in einer Reinkarnation wieder in die irdische Welt und verbreitet seine Lehre. ...
>
> (Nun) obliegt es dem Kaiser, zum Wohle der Gelben Sekte beizutragen, indem er (die Aufstellung) einer goldenen Urne verkündet. Der Kaiser befiehlt, daß die Namen der von den vier Orakelpriestern bestimmten Reinkarnationen mit ihren Geburtsdaten jeweils auf einen Zettel geschrieben werden und in die Urne gelegt werden. Die Auslosung erfolgt dann in aller Öffentlichkeit. Dadurch kann wahrlich jegliche Korruption vermieden werden, und das Volk ist zufrieden.[26]

Dieses Losverfahren stellt bis auf den heutigen Tag ein Politikum dar, damit wird die Unterordnung der hohen reinkarnierten Lamas, allen voran der Dalai Lamas, unter die Zentralregierung in Peking begründet. Von den beiden großen Parteien und Kontrahenten des chinesischen Nationalismus, der Guomindang und der KP Chinas, wurde es als Legitimation ihrer Souveränität über Tibet herangezogen. Allerdings verlor das Losverfahren wegen der Schwäche der Pekinger Zentrale seit Mitte des 19. Jahrhunderts seine praktische Bedeutung – bei der Ermittlung des 13. und 14. Dalai Lama wurde es nicht angewandt.

Kernproblem war, daß die Reinkarnation des verstorbenen zehnten Panchen Lama vom Dalai Lama anerkannt werden mußte, während Peking für diesen keine Rolle vorsah. Zwar wurden offizielle Kontakte diesbezüglich mit dem Dalai Lama abgelehnt, aber über den Leiter des Suchteams – Lama Chadrel Rinpoche vom Kloster Tashilhunpo – wurden von chinesischer Seite geduldete Kontakte zum Dalai Lama aufgenommen. Ende 1994 hatte der Suchtrupp einige Kandidaten gefunden, die Chadrel Rinpoche in einem Brief mit Photos auch dem Dalai Lama vorstellte. Er informierte den Dalai Lama auch darüber, daß alle Zeichen darauf hindeuten, daß einer der 25 Jungen die wahre Reinkarnation sei. Durch Orakelbefragung und andere traditionell tibetische Methoden wurde der Vorschlag von Chadrel Rinpoche angenommen: Im Februar 1995 wurde Chadrel Rinpoche benachrichtigt, der Dalai Lama habe den Jungen Gendun Chökyi Nyima anerkannt. Daraufhin versuchte Chadrel Rinpoche, die chinesische Regierung dazu zu bewegen, auf das Verfahren der Auslosung durch die Goldene Urne zu verzichten. Am 14. Mai proklamierte der Dalai Lama öffentlich die Anerkennung der neuen Reinkarnation – bis dato war der Öffentlichkeit von den Vorgängen noch nichts bekannt. Dadurch offensichtlich sich brüskiert fühlend – vom Exil aus hatte der Dalai Lama den Auswahlprozeß der Reinkarnation bestimmt, ein Gesichtsverlust sondergleichen für die chinesischen Kommunisten –, warfen die chinesischen Kommunisten Chadrel Rinpoche wegen Verrats von Staatsgeheimnissen und Spaltung der Nation für sechs Jahre ins Gefängnis. Einige Monate später sprachen sie dem vom Dalai Lama anerkannten Gendun Chökyi Nyima die Qualitäten der neuen Reinkarnation ab und setzten im November 1995 selbst den Prozeß der Auswahl durch die Goldene Urne in Gang.[27]

Während die Mandschu-Kaiser immerhin noch gläubige Lamaisten gewesen waren, geriet das Auswahlverfahren durch die Goldene Urne seitens der chinesischen Kommunisten zur Farce und drückte lediglich ihre imperialen Ansprüche Tibet gegenüber aus. Zwei chinesische Autoren und Augenzeugen schilderten in einem Artikel der März-Ausgabe 1996 der Hongkonger Zeitschrift Jiushi Niandai die sino-kommunistische Version des Losverfahrens[28]:

> Über 70 lebende Buddhas, Kloster-Verwaltungschefs, Provinzführer einiger Provinzen wie Parteisekretäre und Provinzgouverneure sowie Leiter des Amtes für Einheitsfront beim ZK und der Leiter des Religionsamtes beim ZK waren im Hotel Jingxibinguan Peking zusammengekommen, um die 3. Versammlung über die Suche nach der Reinkarnation des 10. Panchen Lama durchzuführen. Dies war eine Konferenz von entscheidendem Charakter und zugleich die letzte, die in Peking abgehalten wurde, um den Seelenjungen des 11. Panchen Lama zu bestimmen.

Einer »militärischen Aktion« gleich fand diese von der Abteilung für Einheitsfront beim ZK einberufene Konferenz unter höchster

Geheimstufe statt. Während der Konferenz durften die Teilnehmer weder vor die Tür gehen noch telefonieren, untersagt war ihnen jeglicher Kontakt zu Personen außerhalb, die wiederum nicht Personen im Hotel Jingxi Binguan besuchen durften.

Die Konferenz hatte sich drei Ziele gesetzt:

1. Kritik am Dalai Lama und dem Lebenden Buddha Chadrel (dem Führer der Gruppe zur Suche der Reinkarnation des Panchen Lama),
2. Ablehnung der vom Dalai Lama bestimmten Reinkarnation,
3. Unterstützung der Konferenzteilnehmer für das Los-Verfahren mittels der Goldenen Urne gewinnen.

Um die anvisierten Ziele zu erreichen, wurde während der Konferenz von Anbeginn an mit den verschiedensten Methoden Druck auf die an der Konferenz teilnehmenden lebenden Buddhas ausgeübt, auf alle Fälle den gesetzten Konferenzzielen zuzustimmen. Am Versammlungsort standen alle lebenden Buddhas aus den einzelnen Provinzen und Autonomen Regionen unter ständiger Überwachung, u. a. durch Videokameras und Abhöranlagen. Wo hätte in einer solchen Atmosphäre, wo der politische Druck wie Pistolen auf die Brust gerichtet lag, sich jemand zu widersetzen gewagt? Es blieb nur, den Konferenzzielen und dem Losverfahren nach der Goldenen Urne zuzustimmen.

Trotzdem verlangten einige lebenden Buddhas und Mönche die Freilassung von Chadrel und die Anerkennung von Gendun Chökyi Nyima. Aber dies alles wurde abgelehnt, und im Gegenzug mußten sie noch Erziehungsmaßnahmen in Sachen »Patriotismus und Religion« über sich ergehen lassen.

Einige zu der Konferenz geladene Lamas erfuhren erst in Peking, daß die Konferenz die neue Reinkarnation des Panchen Lama bestimmen solle; sie empfanden dies als eine schwere Aufgabe und konnten nachts nicht schlafen. Einige Lamas sprachen in ihren Reden auf der Konferenz die Hoffnung aus, daß es keine »zwei Panchen Lamas« geben möge und der Name des vom Dalai Lama anerkannten Seelenjungen mit in die Goldene Urne gegeben werde. Dies wurde sofort heftig kritisiert; der Leiter des Amtes für Einheitsfront kritisierte die Führer aus den Provinzen, die Lamas nicht gut bearbeitet zu haben; nicht kooperationswillige Lamas seien von der Teilnahme ausgeschlossen.

Vor der Verkündung des Panchen-Seelenjungen durch den Dalai Lama hatten das Amt für Einheitsfront und Chadrel sich auf drei

Kandidaten geeinigt, von denen einer der vom Dalai Lama anerkannte Seelenjunge war. Fünf bis sechs Jahre hatte Chödrel aufgewandt, um mittels traditioneller tibetisch-buddhistischer Methoden die Seelenkinder zu suchen.

Aber die kommunistischen Behörden erkannten diese nicht an; sie entfernten, ohne auf die Meinungen der hohen Lamas Rücksicht zu nehmen, aus politischen Gründen den vom Dalai anerkannten Seelenjungen von der Namensliste für die Wahl.

Obwohl die Versammlung geheim war, sind doch Nachrichten darüber durchgesickert, einschließlich der Rede von Politbüro-Mitglied Li Ruihan. Die kommunistischen Behörden hielten diese Versammlung deswegen hochgradig geheim, da sie befürchteten, die Tibeter würden gewaltsame Unruhen organisieren.

Nach dieser Konferenz wurde vielen hohen Mönchen mitgeteilt, sich jederzeit abrufbereit zu halten, um an der Wahl mittels der Goldenen Urne teilnehmen zu können. Damals befanden sich einige Lamas im Krankenhaus, aus Krankheitsgründen wollten sie nicht teilnehmen, aber man zwang sie, das Krankenhaus zu verlassen. Ein alter Lama sagte: »Wir Tibeter sind sehr zu bedauern, nicht einmal die Freiheit, unsere eigenen Führer zu wählen, haben wir. Was die Wahl eines der wichtigsten Führer der Tibeter betrifft, so haben wir nicht einmal das Recht, etwas dazu zu sagen. Die KP China ist zu diktatorisch, sie macht alles selbst, ohne uns.«

Am 27. November 1995 brach im Namen des Staatsrates eine von Luo Gan (Generalsekretär des Staatsrats, Anm. d. Verf.) geführte Delegation von Peking aus mit einer Sondermaschine nach Lhasa auf. Ihr gehörten u. a. Lamas der Einheitsfrontabteilung, des Religionsamtes sowie zu der Zeit in Peking weilende Lamas an.

Als das Flugzeug auf dem Flughafen von Gongkar ankam, wurden sie von Führern der Partei und der Regierung und eines Teils der lebenden Buddhas der Autonomen Region abgeholt. Auf dem Weg vom Flughafen nach Lhasa waren an allen Straßenkreuzungen und Brücken sowie in den großen Straßen und Gassen von Lhasa Soldaten postiert. An wichtigen Stellen waren die Soldaten in voller Bewaffnung. Schwer bewacht, sah Lhasa so aus, als ob ein großer Feind im Anmarsch sei. Die Armee der ganzen Autonomen Region war mobilisiert worden, zusätzlich waren Truppen von Chengdu aus hochgeflogen worden; in Qinghai, Sichuan und Gansu waren Armee-Einheiten ebenfalls in Alarmbereitschaft versetzt worden.

Am 29. November – Buddhas Geburtstag nach dem traditionellen tibetischen Kalender – wurden die Teilnehmer früh um vier Uhr geweckt, um zur Teilnahme an der Auslosung der Goldenen Urne in den Jokhang zu fahren. Vom Tibet-Hotel bis zum Jokhang befanden sich links und rechts der Straße überall bewaffnete Polizisten. Die örtlichen Behörden hatten sich schon früh darauf vorbereitet, sie fürchteten, unzufriedene Tibeter würden in Demonstrationen ihre Ablehnung zeigen. Die überwiegende Mehrzahl der Lhasaer stand der Festsetzung der Reinkarnation des Panchen Lama durch die KP gleichgültig gegenüber. Im Jokhang-Tempel gab es einige Vertreter der Mönche, Lebenden Buddhas und Laien, im Tempel waren alle Bilder des Dalai Lama entfernt worden, das ursprüngliche Aufsichtspersonal des Jokhang war durch fremde Mönche ersetzt worden. Im Tempel waren nördlich der Statue Shakyamunis Lebende Buddhas aus allen Gegenden postiert, südlich Beamte der Autonomen Region, im Zentrum saßen auf erhöhten Sitzen Luo Gan, der Sonderbeauftragte Ai Xiaowen (Leiter des Amtes für Religion beim Staatsrat) und Jiang Can Luo Bu, Gouverneur der Autonomen Region. Die Mönche leiteten mit dem Singen von Sutren das Losverfahren mittels der Goldenen Urne ein. In einer so wichtigen Zeremonie erhöht vor der Buddhastatue und den Mönchen zu sitzen ist nicht sehr respektvoll den buddhistischen Bräuchen gegenüber, es ist Ausdruck von Verachtung. Die anwesenden Lamas waren alle äußerst unzufrieden, denn dies glich überhaupt nicht einer buddhistischen Zeremonie, sondern gänzlich einem politischen Spektakel.

Am spannendsten war das Losverfahren der Goldenen Urne selbst. Von offizieller Seite hoffte man natürlich, den von ihnen gewollten Kandidaten herauszuziehen. Gutinformierten Personen zufolge hatten die örtlichen Behörden Manipulationen vorgenommen, so daß das gewünschte Stäbchen etwas herausragte und so leicht herauszufinden war.

Andere sagten, nachdem der Dalai Lama den Seelenjungen des Panchen Lama proklamiert hatte, habe die chinesische Regierung die drei vom Lebenden Buddha Chadrel ausgesuchten Kinder ins Landesinnere gebracht, darunter auch den vom Dalai Lama anerkannten Seelenjungen. Bis zur Abhaltung des Losverfahrens der Goldenen Urne waren nur noch zwei Kinder übrig, die von der Armee im Xinggong-Palast des Panchen Lama vor seinem Tode bewacht wurden. Die kommunistischen Behörden haben absichtlich den vom Dalai Lama bestimmten Seelenjungen entfernt und durch den Namen eines anderen Jungen ersetzt; da dessen Vater aber krank war, wohnte er im Armee-Krankenhaus.

Die Inthronisation fand im Kloster des Panchen Lama in Shigatse statt. Diejenigen, die an der Zeremonie teilnahmen, brachen um 5.30 Uhr von Lhasa nach Shigatse auf; entlang der ungefähr 280 Kilometer langen Strecke waren überall bewaffnete Polizeieinheiten als Wachen postiert. Traditionell ist es üblich, überall unterwegs Empfangsstationen für den Panchen Lama zu errichten, aber diesmal gab es nur eine, mit strengen Sicherheitsvorkehrungen. Zusätzlich zu den bewaffneten Polizeieinheiten entlang des Weges und am Zelt waren auf einem südlich gelegenen kleinen Berggipfel noch Truppenkontingente stationiert. Nachdem die über 10 Mönche im Zelt eine kurze Zeremonie abgehalten hatten, fuhr der Panchen-Seelenjunge weiter in der gelb drapierten Limousine nach Shigatse, vorneweg sieben Motorradwagen, hinten gefolgt von vielen Polizeiautos. Zum Empfang in Shigatse fanden sich nur wenige ein, die Menschen sahen nicht fröhlich drein, gar nicht zu vergleichen mit der Atmosphäre, wenn früher der Panchen zu Besuch kam.

Die offizielle Inthronisation sollte eigentlich die Freude und den Respekt der Tibeter gegenüber ihrem Führer widerspiegeln. Traditionsgemäß entsenden alle großen Klöster Vertreter zur Panchen-Inthronisation, darüber hinaus nehmen noch Zehntausende von Tibetern teil. ... Aber die diesmalige Zeremonie fand nicht in der traditionell freudigen Atmosphäre statt, sondern große Truppen waren aufgeboten, als ob man einen großen Gegner erwartete.

Im Palast des Panchen verfolgten die Lamas des Tashilhunpo-Klosters alles mit Ärger. Niemand verbeugte sich zur Verehrung, ganz zu schweigen, daß Hatas um den Hals gelegt wurden. Aber es gab niemanden, der sich widersetzte. Später war zu erfahren, daß während des Longtang-Festes die große Buddha-Thangka ausgerollt werden sollte. Wegen der Kritik am lebenden Buddha Chadrel gab es damals Konflikte zwischen dem Kloster Tashilhunpo und der Autonomen Region und der Regierung von Shigatse: das Kloster forderte die Freilassung von Chadrel, andernfalls würde das »Große Buddha-Bild« nicht ausgerollt.

Vor der Inthronisierungs-Zeremonie hat die Regierung des Klosters Tashilhunpo gewarnt: niemand dürfe sich dem neuen Seelenjungen widersetzen, andernfalls würde man nicht freundlich sein.

So blieb den Mönchen nichts als ihr Ärger, zu widersprechen wagte niemand.

Die Inthronisierungszeremonie fand am frühen Morgen statt, um die meisten Tibeter davon fernzuhalten und um zu vermeiden, daß sie aus Unzufriedenheit Unannehmlichkeiten bereiteten. Lediglich Li Tieying, Mitglied des Staatsrates, und 13 weitere Personen nahmen dran teil. Li Tieying war am 6. Dezember mit einer Sondermaschine nach Tibet gekommen; die Zeremonie fand am 8. Dezember statt. Während der Zeremonie wurde das »Goldene Buch und Goldene Siegel« sowie eine Inschrift Jiang Zemins »Das Vaterland verteidigen und dem Volk dienen« überreicht.

Das Überreichen des Siegels bedeutet kaiserliche Anweisung, der kleine Seelenjunge stand zur Rechten, Li Tieying stand oben und verkündete den Inhalt des »Goldenen Buches«. An der Überreichung des Siegels im »Miguang-Palast« nahmen über 18 Personen teil. Die Glückwunsch-Versammlung fand im Duo Jia Yuan statt, dabei waren die Führer der Zentrale nicht dabei.

Für Auslosung, Inthronisation, Siegelübergabe und Beglückwünschung wurden insgesamt acht Stunden benötigt. Außer dem Absingen und Rezitieren einiger buddhistischer Sutren und Mantras gab es nichts Buddhistisches, es handelte sich im wesentlichen eine politische Veranstaltung.

So gibt es gegenwärtig zwei Reinkarnationen des Panchen Lama, eine von Gnaden der KP Chinas, die andere vom Dalai Lama anerkannt. Letzterer befindet sich an einem unbekannten Ort unter chinesischer Überwachung – der jüngste Gefangene der Welt. Der heute 59 Jahre alte Chadrel Rinpoche selbst, der frühere Abt des Tashilhunpo-Klosters und offiziell seitens der chinesischen Regierung mit der Suche nach der Reinkarnation des Panchen Lama und mit der Kontaktaufnahme zum Dalai Lama beauftragt gewesen, erhielt nach einem Geheimprozeß im April 1997 in Shigatse zwei Jahre wegen Weitergabe von Staatsgeheimnissen und fünf Jahre wegen des Versuchs, das »Vaterland« zu spalten. Beide Strafen wurden zu einer sechsjährigen Gesamtstrafe zusammengezogen. Im Zusammenhang mit der Auseinandersetzung um die Reinkarnation des Panchen Lama sind über 50 Mönche zeitweise inhaftiert und/oder bestraft worden. Noch im Oktober 1994 hatte Chadrel Rinpoche, der auch Mitglied der nationalen Politischen Konsultativkonferenz gewesen war, einen Preis der Regierung der Autonomen Region erhalten, weil er das Tashilhunpo-

Kloster zu einem patriotischen Modell der Einheit des Vaterlandes gemacht habe. In Wirklichkeit habe er, so die neue kommunistische Erkenntnis, das Tashilhunpo-Kloster für seinen Patriotismus gehaßt.

Die Karmapas

1992 berichtete das Department for Information and International Relations und das Department of Religion and Culture aus Dharamsala, daß der Dalai Lama im Juni 1992 die Reinkarnation des 16. Gjälwa Karmapa, Oberhaupt der tibetisch-buddhistischen Kagyü-Tradition, anerkannt habe. Dieser war am 6. November 1981 verstorben. Der Name des jungen Tulkus ist Ugan Thinley. Er wurde in dem Dorf Bakor im Distrikt Lhatok in der Provinz Kham (Ost-Tibet) aufgefunden, wo er am 26. Juni 1985 als Sohn einer Nomadenfamilie geboren wurde. Zur Zeit lebt er im Kloster Tsurphu in Tibet.

Die Karmapas hinterlassen traditionell einen Brief mit einer Prophezeiung über ihre nächste Inkarnation. Anfang 1992, während seiner Reise nach Brasilien, wurde der 14. Dalai Lama von einem solchen Brief in Kenntnis gesetzt. Zuvor, am 19. März 1992, waren dieser geheime Brief und die Interpretation der darin enthaltenen Anzeichen in einer Vorstandssitzung im Kloster Rumtek (Sitz des Karmapa im Exil) von den leitenden vier Regenten anerkannt worden. Nachdem der Dalai Lama den Brief studiert und weitere Informationen über den Jungen erhalten hatte, bestätigte er ihn am 7. Juni 1992 zunächst informell von Brasilien aus als den 17. Karmapa. Kurz nach seiner Rückkehr aus Südamerika, am 29. Juni 1992, nahmen die drei Regenten des Klosters Rumtek – Schamar Rinpoche, Tai Situ Rinpoche und Gyjaltsab Rinpoche Kontakt mit Seiner Heiligkeit auf (der vierte Regent, Jamgön Kongtrul Rinpoche war kurze Zeit vorher bei einem Autounfall ums Leben gekommen). Die drei Regenten unterrichteten Seine Heiligkeit – getrennt voneinander in zwei Gesprächen – persönlich über Details, woraufhin Seine Heiligkeit am 30. Juni 1992 den formalen Bestätigungsbrief ausstellte. In diesem Brief heißt es: »Der Junge, der Karma Dondup und Loga im Holzochsen-Jahr (des tibetischen Kalenders) geboren wurde, identifiziert mit Hilfe des (vom früheren Karmapa hinterlassenen) Prophezeiungsbriefes ist hiermit als Reinkarnation des 16. Karmapa anerkannt. Mit Gebeten für sein Wohl und für den Erfolg seiner Aktivitäten. Der Dalai Lama.«[29]

Traditioneller Sitz der Karmapas, der »Meister des erleuchteten Tuns«, ist das Kloster Tsurphu in Zentraltibet nahe der Hauptstadt Lhasa. Die Linie der Karmapas beginnt mit dem berühmtesten Schüler des indischen Lehrmeister Gampopa und führt sich direkt zurück auf die Ahnen des tibetischen Buddhismus wie Naropa, Marpa und Milarepa. Wie die anderen Reinkarnationen werden den Karmapas Wundertaten zugeschrieben, Zeichen ihrer Erleuchtung. Zeitweilig gewannen die Karmapas unter der neunten und zehnten Reinkarnation (Wangchuk Dorje, 1556-1603; Choying Dorje, 1604-1674) politische Macht, der das Bündnis des fünften Dalai Lama mit den Mongolen ein Ende bereitete. Im Jahre 1959 floh der 16. Karmapa vor den chinesischen Kommunisten nach Sikkim, in das zu ihrem Orden gehörende Kloster Rumtek. Von dort aus verbreitete die Karma-Kagyü-Schule ihre Lehre gen Westen und wurde zu der am weitesten verbreiteten Schule im Westen. 1981 starb der 16. Karmapa im Alter von 58 Jahren in Chicago. Bis zur Entdeckung der Wiedergeburt übernahmen vier Rinpoches die Regentschaft. Eine Suche nach der Reinkarnation wird eingeleitet. Bevollmächtigte mit einer Kopie des Briefes werden nach Tsurphu geschickt. In der Ortschaft Lhatog, nördlich von Chamdo, entdecken sie einen siebenjährigen Mönch, dessen Geburt von Wunderzeichen begleitet gewesen war. Der Suchtrupp kam zum Schluß, daß es sich um den 17. Karmapa handeln müsse. Von den beiden opponierenden Rinpoches kam einer bei einem Autounfall in Tibet ums Leben, der andere wird bei der Suche weitgehend ausgeschaltet. »Am 12. Juni verkünden Situ Rinpoche und Gyaltsab Rinpoche in Rumek offiziell, daß der 17. Karmapa gefunden sei. Sie laden auch Sharma Rinpoche nach Rumtek ein. Der aber fühlt sich bedroht und erscheint mit einer Leibwache bewaffneter Soldaten in Rumtek. Das ruft bei den Anhängern von Situ und Gyaltsab Rinpoche Empörung hervor, es kommt auf dem Klostergelände zu einem Handgemenge, der Sharmapa zieht sich zurück.«[30] Die gefundene Inkarnation wurde offiziell von der chinesischen Regierung bestätigt. Begründung: Seit der Yuan-Dynastie (1271-1368) hätten die Karmapas vom jeweiligen Kaiser einen Ehrentitel erhalten.[31]

2. Die Orden/Schulen des tibetischen Buddhismus

Je nach der aus Indien vermittelten Überlieferung der einzelnen buddhistischen Lehren und Tantras entwickelten sich in Tibet unterschiedliche Schulen, mit jeweils bestimmten Texten im Mittelpunkt ihrer Lehrausführung. Es werden zwei hauptsächliche Formen des Tantrismus unterschieden: das Tantra der rechten Hand (mit läuterndem Ritual, spiritueller Disziplin) und das Tantra der linken Hand (bei welchem vertreten wird, daß spiritueller Fortschritt nur erreicht wird, wenn Sehnsüchte und Leidenschaften in orgiastischen Handlungen sublimiert und zu Vehikeln der Erlösung werden).

Der Buddhismus hat sich von Indien aus zwischen dem 7. und 11. Jahrhundert in mehreren Wellen auf dem Dach der Welt verbreitet. Die tibetische Geschichtsschreibung unterteilt dabei in eine erste Verbreitung des Buddhismus unter den drei religiösen Königen Srongtsan Gampo (ca. 617-650), Tritsong Detsen (742-797) und Ralpachen (806-838). Auf diese Zeit gehen zum Beispiel die ersten Tempelgründungen Tibets zurück, etwa der Jokhang-Tempel in Lhasa oder das Kloster Samye. Das Vordringen des Buddhismus in Tibet war begleitet von einem Zurückdrängen der einheimischen Bön-Religion, einer schamanistisch-animistischen Religion. Die Bön gewannen unter Langdarma erneut die Oberhand; die Buddhisten wurden in den Untergrund gedrängt, bis im 11. Jahrhundert die zweite Verbreitung des Buddhismus wiederum von Indien aus einsetzte; ab dem 15. Jahrhundert wurde er die dominierende Religion, die er bis auf den heutigen Tag bleiben sollte. Dabei bildeten sich bis zum 14. Jahrhundert vier Hauptsekten oder Hauptschulen heraus, die es bis auf den heutigen Tag gibt.

Generell werden vier tibetische Orden aufgelistet: Nyingmapa, Kagyüpa, Sakyapa und Gelugpa. Als fünften Orden könnte man die Bönpo hinzunehmen, Vertreter der eigentlichen vorbuddhistischen, schamanistischen tibetischen Religion. Die heutigen Bön sind stark buddhistisch beeinflußt.

Die Orden unterscheiden sich nach Lehrinhalten, Tantras, Gottheiten, Schutzgottheiten, Deutung des Adi-Buddha, nach Meditationspraktiken, Kleidung, der monastischen Organisation und der Befolgung bzw. Nichtbefolgung des Zölibats.

Nach einer in der Mongolei und China üblichen Gewohnheit

werden sie nach der Farbe der Zeremonialmützen, die die Mönche tragen, unterschieden, wobei die Gelugpa als Gelbmützen-Sekte bezeichnet wird, die anderen sogenannten nicht-refomierten Sekten als Rotmützen-Sekte. Alle Orden des tibetischen Buddhismus halten die monastische Disziplin des Vinaya aufrecht, des weiteren allmähliche, stufenweise spirituelle Praktiken und philosophische Systeme, die auf den Sutras und ihren Kommentaren, den Shastras, basieren; ihre esoterische Praxis zentriert sich um die Tantras. Die verschiedenen Schulen entwickelten sich zu verschiedenen Zeiten der tibetischen Geschichte; eine jede leitet sich ab von unterschiedlichen Traditionen des indischen Buddhismus ab, mit Ausnahme der Bön.

Bönpa

Die Tibeter bezeichnen sich selbst als Bödpa, »das Volk, das in der Böd-Region lebt«. Schon im 7. Jahrhundert nannten sich einige Tibeter so. Der Name Böd leitet sich vermutlich von Bön ab, dem Namen der animistisch-schamanistischen Religion, der die Tibeter damals folgten.

Wahrscheinlich ist die Bön-Religion von Persien aus auf das tibetische Hochland gekommen, zunächst über das Zhangzhung-Königreich im Äußersten Westen Tibets und dann nach Zentraltibet, wo es sich in drei voneinander verschiedenen Phasen entwikkelte. Während die Buddhisten das Tibet vor dem 7. Jahrhundert eher als moralisch dekadent betrachten, sehen die Bön eine geistige Beziehung zu jener Zeit, deren Glanz durch das Aufkommen des Buddhismus beendet wurde. Die schamanistischen Bön-Priester waren zuständig am Hofe für Grabriten und Verehrung des Raumes. Die frühesten Könige von Tibet sollen Unsterbliche gewesen sein, die vom Himmel an einem Seil herabstiegen und an diesem wieder in den Himmel hinaufstiegen. Da aber späteren Königen dies unmöglich wurde, spielten die Bön-Priester eine zunehmend wichtige Rolle, denn ihre Riten sicherten den Königen das Ankommen in dem jenseitigen Himmel. Kennzeichnend für Praxis des frühen Bön waren die großen Tieropfer, die mit Aufkommen des Buddhismus beendet wurden. Mit diesem ursprünglichen Bön-Glauben hat aber der heutige nur wenig gemein. Der endgültige Triumph des Buddhismus in Tibet ließ jene Bön-Priester verschwinden, der Name blieb, und die sich als Bön bezeichneten, verstanden sich in der Tradition der einheimischen tibetischen Religion. Während die frühen Bön-Richtungen sich noch auf Rituale aus der Zeit vor dem 7. Jahrhundert beziehen, ist der heutige Bön-Glaube eine Synthese, die auf die Einführung des Buddhismus im 11. Jahrhundert in Tibet erfolgte. Die Praktiken dieser Bönpo seit dieser Zeit unterscheiden sich kaum von den buddhistischen Schulen und umfassen einen voll ausgearbeiteten Weg zur Erleuchtung, der in der Befreiung von Wiedergeburt und in der Buddhaschaft endet.

Anders als die Buddhistischen betrachten die Bönpo nicht den historischen Buddha Shakyamuni als ihren Buddha, sondern ihr großer Lehrer ist Shenrab aus dem Land Tasik (wahrscheinlich Persien und/oder Tadschikistan). Für die Bönpos brachte Shenrab ihre Religion schon vor Ankunft indischer Buddhisten auf das Dach der Welt. Im Unterschied zum historischen Buddha Shakyamuni war Shenrab von Geburt an erleuchtet und lebte das Leben eines Laien. Spätere Bön behaupteten, Shakyamuni sei eine Emanation Shenrabs. Ähnlich wie die Nyingmapas haben Bönpos unablässig Schatztexte entdeckt, die während der Zeit der Verfolgung durch König Tri Songdetesen versteckt worden waren. Die Bön haben ein eigenes exoterisches und esoterisches Lehrsystem entwickelt, wohl unter dem Druck des Buddhismus, wobei ihre höchste esoterische Lehre – ähnlich wie bei den Nyingmapas – die Lehre von der großen Vollendung Dzogchen ist.

Im Gegensatz zu den Buddhisten umrunden die Bönpos ihre Heiligtümer, Berge usw. entgegen dem Uhrzeigersinn; dies gilt auch für das Drehen der Gebetsmühlen.

Seit dem 19. Jahrhundert gibt es zwei große Lager bei den Bön, die einen weisen alle Kontakte mit anderen buddhistischen Schulen zurück, die anderen, die Modernisten, folgen der ökumenischen Rimed-Bewegung, die im 19. Jahrhundert in Ost-Tibet begann und eine Synthese aller Nicht-Gelugpa-Schulen anstrebt. Die Tradition der Bön ist in einigen Landesteilen noch stark, vor allem im Gebiet Menri um das Shang-Tal in West-Tibet, dem Gebiet Bonri in Kongpo, den Jangtang-Salzseen, dem Gebiet Tangchen von Kham, den Gebieten Ngawa und Zungcha in Amdo, und Garong. Viele Bön-Praktiken spielen eine große Rolle in der Volksreligion.

Nyingmapa

Die Nyingmapa als älteste Schule des tibetischen Buddhismus (Nyingmapa = die Alten) wurde während der ersten Verbreitung des Buddhismus in Tibet gegründet, sie geht auf den aus dem heutigen Afghanistan stammenden Tantriker Padmasambhava zurück, der im 8. Jahrhundert nach Tibet kam, das erste Kloster Samye begründete und von den Nyingmapa als zweiter Buddha verehrt wird. Bekannt sind die Nyingmapas vor allem durch die Betonung der »wiederentdeckten« Texte, der »termas«, die angeblich während der Zeit der Verfolgung des Buddhismus im 9. Jahrhundert an ganz besonderen Plätzen und Stätten verborgen worden sind. Hunderte Jahre später wurden sie von bekannten Nyingmapa-Lamas, den sogenannten Tertöns (»Text-Entdeckern«) wieder entdeckt, eine Praxis, die auch heute noch anhält. Die esoterische Lehre der Nyingmapas gilt als Offenbarung des Adibuddha Samanthabadra. Sie teilen ihre Lehre in neun Abteilungen ein, wobei die ersten drei auf den Sutras und die anderen sechs auf Tantras basieren. Dieser Meditationsweg wird Dzogchen (»große Vollendung«) genannt, ein stufenweise beschleunigendes Meditationsprogramm, das zur »Erleuchtung« in relativ kurzer Zeit führen soll. Auf die Nyingmapa geht auch das tibetische Totenbuch zurück, das die Lehre vom Zwischenzustand Bardo nach dem Tode beinhaltet, eine Lehre, die von allen Schulen akzeptiert wird und die Basis der Reinkarnationsauffassung bildet.

Die Nyingma-Mönche sind oft verheiratet; der Nyingmapa-Orden gilt neben den Bönpo als der schamanistischste, am wenigsten zentralisierte und hierarchisierte Orden des tibetischen Buddhismus. Oft leben die Mönche in kleinen Dorf-Gemeinschaften oder in abgelegenen Höhlen. Dieses Muster kleiner nicht-zölibatärer religiöser Zentren geht auf die Zeit der ersten Verbreitung des Buddhismus zurück. Einer der sichtbarsten Praktiker der Nyingmapas ist der wandernde Ngakpa (Yogi) mit seinen langen Haaren, der sich selbst unterhält durch die Leistung diverser Dienste (Regenmachen, Exorzismus, Wahrsagen). Aber es gab auch einige größere Nyingmapa-Klöster, die sechs Hauptklöster der Nyingmapa, von denen jedes wieder Hunderte von Zweigstellen im ganzen Land hatte, sind: Katok, gegründet 1159, Dorje Drak, gegründet 1632, Mindroling, gegründet 1670, Pelyul, gegründet 1665, Dzogchen, gegründet 1685 und Zhechen, gegründet 1735. Besonders stark sind die Nyingmapa in Lhoka, Derge und Golok-Sertal.

Sakyapa

Dieser Orden wurde benannt nach seinem Hauptkloster, das während der zweiten Verbreitung des Buddhismus von Khön Chögyal Pho (1034-1102), einem Schüler des tibetischen Übersetzers Dogmi, gegründet worden ist. Die Mitglieder dieser Khön-Familie waren Buddhisten seit der Zeit Padmasambavas im 9. Jahrhundert. Die systematisch organisierten Lehren dieses Ordens leiten sich von dem indischen Tantriker Virupa ab. Diese neuen Tantras wurden von Dogmi nach Tibet gebracht, unter anderem das Hevajara Tantra, ein Basistext der Sakyapa. Die Sakyapas integrierten aber auch die sogenannten Alten Tantras in ihr Lehrsystem. Eines der zentralen Lehrsysteme ist das Lamdre (Weg und Frucht) aus dem 9. Jahrhundert, das Sutra- und Tantrasysteme miteinander verbindet, um die Buddhaschaft in einem einzigen Leben zu erreichen.

Ein besonderes Merkmal des Sakya-Ordens ist die Erblichkeit der Institution des Abtes; dieser Posten geht entweder auf den ältesten Sohn über oder auf den Neffen des Vorgängers.

Die Sakyapa spielten eine wichtige politische Rolle im 13. und 14. Jahrhundert, als sie sich mit der mongolischen – der Yuan-Dynastie – in China verbanden und Tibet rund 100 Jahre lang regierten. Sie begründeten die Patron-Priester-Beziehung, die grundlegend für das Verhältnis zum chinesischen Kaiserreich wurde: Während die tibetischen Lamas religiöse Dienste leisteten, verlieh der jeweilige Patron, damals der mongolische Khan, ihnen Titel und gewährte ihnen Schutz. Zugleich stellten die Lamas auch Regenten, über die Tibet von den Mongolen regiert wurde, das heißt, die Herrschaft über Tibet wurde einem bestimmten Orden übertragen. Die Mandschu-Kaiser, die von 1644 bis 1911 China beherrschten, übernahmen dieses System.

Mit dem Niedergang der mongolischen Yuan-Dynastie schwand auch der Einfluß der Sakyapa, die sich in mehrere Untersekten unterteilt hatte. Besonders starken Einfluß hatten die Sakyapa neben ihrem Stammkloster in Zentraltibet, in Derge und Jyekundo, ausgeübt.

Kagyüpa

Der Name Kagyüpa bedeutet »mündlich überlieferte Unterweisungen«; die Schule legt – wie ihr Name schon aussagt – besonderen Wert auf die direkte, geheime Überlieferung vom Lehrer auf den Schüler. Die Richtung, die auf den Buddha zurückreicht, der sie als Adibuddha Vajradahara offenbart hat, nahm ihren Anfang mit dem indischen Meister Tilopa. Von diesem ging sie weiter auf Naropa und Marpa – dieser begründete den Orden – und Tibets größten Dichter Milarepa. Auf dessen Schüler gehen die beiden einflußreichen Untersekten von Densatil und Tsurphu (Zentrum der Schwarzmützen-Kagyüs) zurück. Neben diesen beiden Klöstern gibt es noch drei weitere bis auf den heutigen Tag aktive Zentren: Drgungtil, Taklang und Ralung. Die Kagyüpa gelten als nichtreformiert, sie halten an der Heirat der Mönche fest.

Hauptmeditationsweg der Kagyüpa ist das »mahamudra«, »Großes Siegel« – eine esoterische tantrische Tradition. Die Kagyüpa halten an den sechs Yoga-Praktiken des Naro Chödug fest: 1. Mystische Wärme, 2. Scheinkörper, 3. Traumzustand, 4. Klares Licht, 5. Bewußtseinsübertragung, 6. Nachtodzustand.

Die Kagyüpa hatten über 100 Jahre die weltliche Macht über Tibet inne, bis sie im 17. Jahrhundert von den Gelugpa mit Hilfe der Mongolen verdrängt wurden.

Gelugpa

Die Gelugpa sind der jüngste der tibetischen Orden. Sie gehen zurück auf den Mönchsgelehrten Tsongkhapa (1357-1419), der eine Reformation des tibetischen Buddhismus einleitete, um Mißbräuche in den Klöstern einzudämmen und diese auf eine neue moralische Grundlage zu stellen. Gelugpa bedeutet auf Deutsch »diejenigen, die den tugendhaften Weg gehen«. Der aus Tsongkhapas Reformbewegung hervorgegangene Orden wird auch Gelbmützensekte genannt. Von Tsongkhapa wurde diese Kopfbedeckung mit Rekurs auf die ursprüngliche Farbe des Mönchsgewandes, wie sie von Buddha vorgesehen war, eingeführt und um sich damit auch sichtbar von den anderen, oft nicht im Zölibat lebenden Sekten zu unterscheiden. Bevor Tsongkhapa seine neue Sekte begründete, erhielt er Unterweisungen in der Tradition der Sakyapa, Kadampa und Kagyüpa. Seine wesentlichen Lehren sind eine Fortsetzung der von Atisha begründeten Kadampa-Tradition. Die Kadampa betonten das Bedürfnis einer sparsamen monastischen Disziplin und Hingabe an einen Lehrer, bevor man mit der tantrischen Praxis beginnt. Zuvor mußten erst die Mahayana-Sutren studiert werden. Auf die Kadampa gehen einige wichtige Klostergründungen zurück, zum Beispiel das Kloster Reting bei Lhasa. Die Anhänger/Adepten der Kadampa mußten einige zentrale Regeln beachten: Zölibat, Enthaltsamkeit von Rauschmitteln, Verbot von Reisen und Geldgeschäften. Die zentrale Praxis war die Reinigung des Geistes, die Reinigung von allen intellektuellen und moralischen Mängeln. Die Kadampa wurden im 15. Jahrhundert in die Gelugpa integriert. Ganz im Sinne der Kadampas betonte Tsongkhapa den Monastizismus und das Zölibat. Seine Lehre war zum großen Teil eine Reaktion auf die moralische Laxheit seiner Zeit und die seiner Meinung nach religiösen Abweichungen in der Interpretation der Tantras. Er betonte die traditionellen Regeln des Vinaya (der Vorschriften für das klösterliche Leben); die Studenten mußten besonderen Nachdruck auf das Studium von Dogmatik und Logik legen. Verpflichtend waren das Studium von Texten und die methodische Praxis gemäß der Tradition des ebenfalls auf Atisha zurückgehenden Lamrim Chenmo, des »Großen stufenweisen Weges«.

Auf jene frühe Gelugpa-Zeit gehen drei bedeutende Leistungen des tibetischen Buddhismus zurück: die Kodifizierung einer kanonischen Literatur in zwei großen Sammlungen, dem Kanjur und dem Tanjur; die Schöpfung einer umfangreichen tibetischen Literatur, das heißt Handbücher, Kommentare, Geschichtsschreibung, aber auch Fabeln etc.; die Verwurzelung der buddhistischen Religion im Leben des Volkes.[32]

Tsongkhapas Reformbewegung, die in der Gründung des Gelugpa-Ordens mündete, gewann rasch an Bedeutung und Anhängern. Auf Tsongkhapa und seine Schüler gehen die großen Klostergründungen des Gelugpa-Ordens zurück: Ganden, das Stammkloster (1409), Drepung (1416), Sera (1419), Tashilhunpo (1447). Zusammen mit den großen Klöstern Kumbum Jambaling und Labrang Tashikyil in Amdo bilden sie die sechs Kernklöster der Gelugpas. Die Gelugpa haben das von den Kagyüpa begründete Reinkarnationssystem übernommen und zur Grundlage ihres Ordens und der tibetischen Theokratie gemacht. Durch ihre Gelehrsamkeit und Disziplin gewann der Orden Achtung und Unterstützung in Tibet wie auch im Ausland, vor allem bei den Mongolen; 1573 lud Altan Khan den dritten Dalai Lama in die Mongolei zur Unterrichtung des Buddhismus ein; 1586 erfolgte eine zweite Missionsreise. Der fünfte Dalai Lama fand in Gusri Khan einen großen Bewunderer und Helfer gegen die Opposition aus den Reihen der Unreformierten in Tibet.

Ab 1642 dominierten die Gelugpas insbesondere Zentraltibet; die Herrschaft der Dalai Lamas dauerte – mit wenigen Unterbrechungen – bis zum Jahre 1959. Die Oberhäupter des Gelugpa-Ordens sind die Reinkarnationen des Dalai Lama und des Panchen Lama.

Besonders starken Einfluß haben die Gelugpas in Zentraltibet, in Chamdo und in Tsongka, verfügen aber auch über große Klosterzentren in Amdo.

3. Klöster und Gesellschaft im buddhistischen Tibet von 1910 bis 1951

Ein Land der Mönche und der Klöster war das buddhistische Tibet auch in der ersten Hälfte des zwanzigsten Jahrhunderts.[33] Ein Viertel der Bevölkerung waren Mönche und Nonnen und lebten in einem der über sechstausend Klöster des Landes. Üblich war es, daß die Familien eines ihrer Kinder im Alter von sieben bis zehn Jahren in die Klöster schickten. Dafür mag es verschiedene Gründe gegeben haben, aber der wichtigste war der tiefe religiöse Glaube, daß ein Dasein vor allem als Mönch ein großes Privileg und eine hohe Ehre darstellte.

Hier ist bereits der unverändert aktuelle Kern dessen getroffen, was bis heute von der chinesischen Regierung zur Rechtfertigung und zur propagandistischen Darstellung aller politischen Maßnahmen gegenüber und in Tibet wiederholt wird, nämlich der angebliche Wunsch des tibetischen Volkes und die Notwendigkeit, es von seinen »Ausbeutern« zu »befreien«. Noch im Juni 1998 stellte Ye Xiaowin, der Direktor des Amtes für religiöse Angelegenheiten in Peking, anläßlich des Besuches des amerikanischen Präsidenten Clinton die Frage: »Sollen wir Tibet zurückschicken in die feudale Sklaverei, so dunkel, so wild, so grausam?«[34]

Nicht eben vorteilhaft beleumundet waren die tibetischen Mönche und ihre Klöster allerdings auch in älteren deutschen Darstellungen. Auf Unwissenheit zurückführen und heute als eher komisch wirkend belächeln mag man, was Meyer's Großes Konversationslexikon anno 1910 dem Interessierten mitzuteilen wußte: »... leider übt die Welt- und Klostergeistlichkeit beider Geschlechter keinen guten Einfluß auf die Sittlichkeit des Volkes aus.« Doch immerhin wird zugute gehalten, daß »wissenschaftliche Bildung in den zahlreichen Klöstern eine anerkennenswerte Pflege« finde.

Die religiösen Gebräuche dagegen »unterstützen den Aberglauben«, wie man überhaupt »den Lama als Geisterbeschwörer« bei jedem Anlaß braucht, der »dabei große Fertigkeit in höherer Gaukelei bekundet«. Vor allem ist der »eigentliche Gottesdienst durch Gepränge, Musik und Weihrauch geistverwirrend«. Die lexikalische Lektüre läßt ohnehin nicht befürchten, daß dem »Charakter des Tibeters« dadurch noch Schaden zugefügt werden kann, »kennzeichnet« diesen doch »kriechende Unterwürfigkeit gegen Mächtige, Übermut gegen Niedrige.« Einen gewissen vorteilhaften Eindruck hinterlassen die Klöster, »weitläufige Gebäude (zuweilen eine ganze, von Ringmauern umgebene Stadt) und reich mit liegenden Gründen bedacht«.[35]

Was hier dem bürgerlichen deutschen Lexikon trotz seinen sonstigen Bedenken noch, weil solide, eines schmalen Lobes wert erschien, wird vom frischgebackenen Nachrichtenmagazin »Der Spiegel« im Jahr 1948 – kurz vor dem Einmarsch der Chinesen in Tibet – aufs Korn genommen:

> Die meisten Tibeter leben ... von den Tibetern: nämlich innerhalb eines verzwickten, kastenreichen Feudalsystems, in dem Priester, Mönche, Ritter und Adlige den Letzten beißen. Der Letzte ist der Bauer, der weit in der Minderzahl ist und die Mehrzahl mit seiner Arbeit zu erhalten hat.[36]

Die chinesischen Kommunisten rühmen sich später, das tibetische Volk »vom feudalen Sklavenhaltersystem befreit« zu haben, das durch seine Klöster und Tempel als »Festung[en] der Konterrevolution« herrschte. War es anfangs, wie Mao Tsetung sich ausdrückte, noch die Religion selbst, die »Tibet und die Mongolei vergiftet« hatte, so richteten sich später die Attacken besonders gegen ihre Vertreter.

In einer offiziellen Abhandlung über Fragen der »nationalen Minderheiten« aus dem Jahr 1995 ist vom »Vorbefreiungs-Lamaismus« die Rede, der »so eng mit dem feudalen System der Ausbeutung und der Unterdrückung verbunden war«. »Nur natürlich« sei es deshalb, »daß das vom Lamaismus praktizierte Feudalsystem abzuschaffen sei zur Befriedigung sowohl der Gläubigen als auch der Nichtgläubigen.«[37]

Im Juli 1997 ging das kommunistische Parteisekretariat in Tibet nun in seinen religiösen Betrachtungen soweit, daß es den Buddhismus nunmehr zu einer »fremden Kultur« erklärte![38]

Ohne Gehör bei den Chinesen ist damit bis heute der Panchen Lama, der ansonsten Reformen durchaus befürwortete, geblieben. Er versuchte, wie 1996 erst bekannt wurde, der damaligen Führung der kommunistischen Partei Chinas mit seiner »70 000-Zeichen-Petition« schon im Jahr 1962 nahezubringen:

> Seit etwa 1300 Jahren glauben wir Tibeter an den Buddhismus; da die buddhistische Kultur außerordentlich hoch entwickelt ist, hat die Religion Einstellung, Ansichten und Kenntnisse der Tibeter stark geprägt. So werden alle Dinge bei der Beurteilung, ob sie gut oder schlecht sind, immer von den religiösen Auffassungen und Kenntnissen her betrachtet. Gleichzeitig können alle Ereignisse ... in einem kleinen Gebiet oder der großen Region nicht von den religiösen Auffassungen getrennt werden.[39]

Tatsächlich hat das offenbar vollkommen fehlende Verständnis der chinesischen Führung für den religiösen Aspekt ihr bis heute den Blick für die wirkliche Situation in Tibet verstellt, sofern nicht ausschließlich Machtgier die Grundlage ihrer Politik war. Der »Spiegel« bescheinigte 1987 den Chinesen, sich in Tibet mit »zivilisatorischem Dünkel« wie »Kolonialisten« zu gebärden.[40]

Für die meisten Menschen in China mag aber gelten, was der chinesische Menschenrechtler amerikanischer Nationalität Harry Wu – er verbrachte 19 Jahre in chinesischen Gefängnissen und Straflagern – in einem Interview auf der Frankfurter Buchmesse 1995 auf die Frage antwortete, ob er gewußt habe, daß es ein »Tibetproblem« gebe:

> Überhaupt nicht. Lediglich 1959 ... hörte ich von einem Aufstand in Tibet. Damals gab es in Peking eine Ausstellung, mit der man den Leuten vermitteln wollte, in Tibet habe ein ganz schreckliches politisches System geherrscht. Unsere Aufgabe sei es gewesen, die Tibeter von diesem archaischen Sklavensystem zu befreien.[41]

In Wirklichkeit waren die Klöster keineswegs der Schrecken der Tibeter. Vor der chinesischen Invasion hatte jeder Zutritt zu den Klöstern, konnte dort auch »Wissenswertes über unsere Lebensweise erfahren«, berichtet Jetsun Pema, die Schwester des Dalai Lama.[42] Ihr Bruder selbst findet offensichtlich breiteste Zustimmung seiner Landsleute, wenn er meint, daß Tibet »trotz aller Mängel seiner Staatsform und trotz seines rauhen Klimas eines der glücklichsten Länder der Erde gewesen ist.«[43]

In mehrerer Hinsicht hatten die Klöster besonderes Gewicht:
- Zum einen waren sie die Horte der Religion und die Stätten der Bildung und stellten als solche die Eliten des Landes.
- Darüber hinaus bildeten sie in ganz Tibet das, was man heute ein verbindendes Netzwerk nennen würde.
- Schließlich nahmen sie als Herbergen eines großen Teils der gesamten Bevölkerung auf die Produktion und Versorgung des Landes mit Nahrungsmitteln überaus bedeutenden Einfluß.

Über die Klostermauern hinaus muß sich die Betrachtung daher den allgemeinen Verhältnissen in Tibet zuwenden: Dieses – äußerst dünn besiedelte – Gebiet umfaßte neben Zentraltibet mit seinen Provinzen Ü und Tsang noch die Provinz Kham im Osten und Amdo im Nordosten und hatte damit eine Ausdehnung von der Fläche ganz Westeuropas. Es bildete alles andere als eine einheitliche soziale und politische Gemeinschaft: Die einzelnen Regionen hatten sich unterschiedlich entwickelt; nur mit Mühe verstanden die Kambas, Amdowas, die Bewohner von Lhasa oder gar tibetische Gemeinschaften in Nepal, Ladakh und Bhutan die jeweiligen anderen Dialekte. Die tibetische Kultur reichte an ihren Rändern noch über dieses großtibetische Gebiet hinaus, das heute innerhalb der Volksrepublik China liegt. Will man nach einem gemeinsamen Merkmal suchen, nach dem sich Tibeter bestimmen lassen, so kann man auf einen Vorschlag des bekannten Lama Chogyam Trungpa zurückgreifen. Er meint, daß sich die Tibeter neben ihrer Sprache durch ihren buddhistischen Glauben und durch das Merkmal bestimmen lassen, daß sie alle Tsampa (geröstetes Gerstenmehl) essen. Einen Anteil von schätzungsweise einem Drittel hatten hieran die Bauern und von zwei Dritteln die Viehzüchter-Nomaden. Große Viehzuchtgebiete sind – bis heute – etwa die Changtang-Hochebene im Norden und in Süd- und West-Amdo (heutige chinesische Provinz Qinghai), etwa um den Kokonor-See. Zuchttiere waren Yaks, Yak-Mischlinge, Pferde, Schafe und Ziegen.

Für den Ackerbau waren hauptsächlich die großen Flußtäler geeignet, etwa der Oberlauf des Tsangpo (Brahmaputra), auch des

Kyishu, an dem Lhasa liegt, ebenso die Oberläufe von Salween und Mekong. Angebaut wurden verschiedene Getreidesorten und Gemüse, hauptsächlich aber die Hochlandgerste. Aus ihr gewannen die Tibeter ihre Hauptspeise Tsampa, das bereits erwähnte geröstete Gerstenmehl, mit gebuttertem Tee. Der Tee wurde früher über die Fern-Handelsrouten von Yak-Karawanen aus China auf das Hochland gebracht. Salz wiederum, das nomadische Viehzüchter sammelten, wurde früher in großen Mengen als Hauptexportgut nach Indien transportiert. Tibet war also angewiesen auf die Handelsrouten, die das Land durchzogen und dieses auch mit Indien, Nepal, Ost-Turkestan und China verbanden.

Reisen war und ist beschwerlich in Tibet. Nicht nur liegen die niedrigsten Siedlungen bei zwei- bis dreitausend Metern über dem Meeresspiegel und die höchsten bei vier- bis fünftausend Metern Höhe, sondern oft sind unterwegs hohe Pässe zu überwinden – und das bei einem unberechenbaren Klima. Dennoch waren der Handelsverkehr und das Reisen auf diesen Routen ein untrennbarer Bestandteil des buddhistischen Tibet – und eines kam hinzu: das von den Tibetern ausgiebig praktizierte Pilgern zu ihren zentralen Heiligtümern. Viele Mönche aus entlegenen Regionen unternahmen lange Reisen zu den großen Klöstern, um dort bei bekannten Lamas zu studieren. Die Fern- und Handelsrouten verbanden also zum einen die bevölkerungsreichsten Gegenden Tibets miteinander, die in den fruchtbaren Teilen entlang der Hauptflüsse lagen, vor allem von den Ackerbauzentren der zentraltibetischen Provinzen Ü und Tsang einerseits zu den landwirtschaftlichen Gebieten in den unteren Teilen der vier Hauptflußtäler von Kham im Osten und in den nordöstlichen Regionen von Amdo. Die Routen verbanden gleichzeitig auch die städtischen Zentren Tibets: Lhasa, Gyantse, Shigatse, Kangding, Chamdo und Ganze mit ihren Handels- und Handwerksgemeinschaften.

Die Bevölkerungsstrukturen in den Regionen unterschieden sich erheblich: Während in Zentraltibet die politische Zentralisierung am stärksten ausgeprägt war, lebten etwa die nomadischen Golok oder die Nomaden in Kham in fast »staatenlosen« Stammesgemeinschaften.

Zentraltibet

In Zentraltibet mit seinen Provinzen Ü und Tsang war die Sozialstruktur durch die großen Landgüter geprägt. Sie befanden sich entweder im Besitz von Adelsfamilien, von Klöstern, von einzelnen Lamas oder im Besitz der Zentralregierung in Lhasa. Es wird geschätzt, daß etwa drei Fünftel des bebaubaren Landes solche Güter waren.

Die Landgüter waren erblich und die Hauptquelle des Reichtums. An die Güter waren landwirtschaftliche Familien gebunden, die in der Form einer gebundenen Arbeitskraft das Land zu bebauen hatten. Diese Bindung wird auch als Leibeigenschaft bezeichnet und war die Grundlage des wirtschaftlichen, politischen und klösterlichen Systems. Hieran knüpft die kommunistische Partei Chinas an, wenn sie nicht müde wird, es als äußerst ungerecht und ausbeuterisch, als die schon erwähnte Sklavenhaltergesellschaft zu bezeichnen und es seit der Niederschlagung des Volksaufstandes von 1959 gar das »allerbarbarischste System« zu nennen.

Tatsächlich hatten die an die Landgüter gebundenen Bauern einerseits erhebliche Verpflichtungen, andererseits aber beachtliche wirtschaftliche Möglichkeiten. Denn neben ihrer gebundenen Tätigkeit auf den Guts-Domänen konnten sie einen Teil der Felder von den Gutsherren pachten und, was ausschlaggebend war, diese Flachen selbständig bewirtschaften:

Im allgemeinen waren die Hälfte bis zwei Drittel der anbaufähigen Felder eines Landgutes Domänen, von denen der Gutsherr den gesamten Ertrag erhielt. Auf diesen Domänen hatten die gebundenen Bauern alle Arbeiten ohne Lohn und ohne Verköstigung zu erbringen. Nur Saat und die Werkzeuge wurden ihnen unentgeltlich zur Verfügung gestellt. Sie hatten zudem oft noch andere Arbeiten zu übernehmen, so etwa Reparaturen an den Gebäuden, Getreidetransporte, Sammeln von Feuerholz und ähnliches.

Häufig mußten sie auch Zahlungen in Naturalien leisten. Darüber hinaus wurden Leibeigene schon als Kinder für lebenslange Verpflichtungen als Soldaten, Mönche, Nonnen oder Hausbedienstete ausgewählt.

Die Haushalte der gebundenen Bauern waren in Zentraltibet die Grundeinheit der Dorfgemeinschaften. Alle Vollmitglieder dieser Dorfgemeinschaften, die sogenannten Drongpa, gehörten – im

Gegensatz zu den noch zu erwähnenden Düdch'ung (zu deutsch: kleiner Rauch) – zu einem dieser Haushalte und trugen deren Namen.

Diese Drongpa wurden auch Trelpa genannt, »Steuerzahler«, denn sie hielten einen sogenannten treten, eine Steuerbasis, waren also dem ausgesetzt, was dem nicht eben populären Begriff der »Besteuerungsgrundlage« im amtlichen Deutsch verdächtig nahekommt. Diese bestand aus ihrem Erbrecht an den Pachtfeldern, aus denen sie ihren Lebensunterhalt zogen. Über diese Pachtfelder hatten sie die freie Verfügungsgewalt, ausgenommen das Recht auf Verkauf. Vor allem konnten sie dort anbauen, was sie wollten, die vollen Erträge daraus behalten, und sie konnten auch Felder hinzupachten. Die Drongpa waren also frei darin, ihre Pachtfelder nach eigenem Gutdünken und eigenverantwortlich zu bewirtschaften.

Der Rang der Haushalte kam bei religiösen Festlichkeiten durchaus zum Ausdruck, und zwar im Rahmen der Sitzordnung. In vielen Dörfern nahmen die Haushalte aber eine gleiche Stellung ein.

Nicht alle Dorfbewohner hatten den Status eines Drongpa, eines vollen Haushaltsmitglieds. Neben diesen gab es noch die schon erwähnten Düdch'ung. Sie verfügten über einen niedrigeren Status, vor allem über keine permanenten Landrechte und lebten als Pächter auf den Drongpa-Farmen oder als Wanderarbeiter. Auch waren ihre Steuerverpflichtungen gegenüber dem jeweiligen Landgut nicht so drückend wie die der regulären Steuerzahler.

Schließlich gab es in den kleinen Städten noch Händler und Familien, die auf religiöse Dienstleistungen spezialisiert waren. Der tibetische Oberbegriff für alle diese »arbeitenden« Personen war Miser, der von den einen mit »Bürger«, von den anderen mit »Leibeigene« übersetzt wird. In solch abweichenden Übersetzungen finden offenbar unterschiedliche Bewertungen des früheren Wirtschaftssystems in Tibet ihren Niederschlag.

Die Haushalte eines bestimmten Dorfes gehörten normalerweise zum selben Landgut, von dem sie jeweils Land zugewiesen bekamen und demgegenüber sie andererseits verschiedene Steuer- und Arbeitsverpflichtungen hatten.

Für die Dörfer kam etwa die Verpflichtung hinzu, Soldaten abzustellen und vor allem unbezahlte Spanndienste zu leisten. Dies Ula genannte System, dessen Wurzeln bis in das 13. Jahrhundert zurückreichten, als die mongolische Yuan-Dynastie über Tibet herrschte, bildete das Rückgrat der Verwaltung Tibets durch die Zentralregierung. Tibet war aufgeteilt in Hauptrouten und diese waren wieder unterteilt in Stationen, die ungefähr in einem halben Tag zu Fuß von den Bauern erreicht werden konnten.

Die Zentralregierung teilte ihren Beamten Erlaubnisscheine aus, die den Inhaber berechtigten, sich an den einzelnen Stationen von den gebundenen Bauern mit Transportmitteln und Pferden ausstatten zu lassen.

Die Inhaber der Erlaubnisscheine waren auch berechtigt, an den einzelnen Stationen Unterkunft und Verpflegung entweder kostenlos oder doch sehr billig zu erhalten. Da nie vorauszusehen war, wann ein Inhaber solcher Erlaubnisscheine kommen würde, war es erforderlich, stets Tiere und Futter an den Stationen oder bei den Haushalten bereitzuhalten. Dieses System ermöglichte es der Zentralregierung, nahezu ohne Kosten und ohne daß Beamte in den einzelnen Dörfern beschäftigt werden mußten, Personen und Güter effektiv durch das riesige Land zu bewegen. Ein weiterer Grund, daß die Zentralregierung in den ländlichen Gebieten nahezu ohne Polizei und Verwaltungskräfte in den Dörfern auskam, lag darin, daß beträchtliche Regierungsbefugnisse den Herren der Güter überlassen blieben.

Die Dorfbewohner leisteten ihre Steuer- und Arbeitsverpflichtungen entweder an die Herren der Landgüter, nämlich die Aristokraten, die Klöster oder an die Zentralregierung in Lhasa selbst, wohl je zu einem Drittel.

Auf der anderen Seite oblagen den Gutsherren beachtliche Verpflichtungen gegenüber den »Miser«. Vor allem mußten sie ihnen genügend Land zum Lebensunterhalt zur Verfügung stellen und sie im Falle von Hunger unterstützen. Etliche der »Miser«-Familien waren sogar wohlhabend bis reich. Insbesondere waren manche Drongpa-Familien reicher als Aristokraten-Familien. Außerdem war es Tradition, daß die Herren der Landgüter sich nicht in das Dorfleben einmischten, solange die Miser ihren Verpflichtungen nachkamen.

Wie alle Beziehungen im alten Tibet waren die zu leistenden Abgaben und Arbeitsleistungen durch Gewohnheitsrechte festgelegt. Praktisch bedeutsam war der Umstand, daß permanent ein Mangel an Arbeitskräften herrschte, was den Bauern immer die Möglichkeit eröffnete, wegzulaufen. Der Brite H. Richardson, der sich jahrelang in Tibet aufhielt, kommentiert die Arbeitsbelastung der Tibeter aus damaliger europäischer Sicht: »Allem Anschein nach waren die Arbeitsbedingungen leicht. Der Tibeter macht nicht den Eindruck – obwohl er bestimmt kein Faulpelz war –, mit Arbeit oder Sorge überlastet zu sein.«[44]

Der Dalai Lama weist darauf hin, daß es sogar irreführend sei, die tibetischen Bauern als Pächter zu bezeichnen. Denn »es war reine Theorie, daß das Land dem Staat gehörte. Der bäuerliche Grundbesitz war erblich, konnte an andere verpachtet oder verpfändet werden, ja sogar das Recht auf ihn war verkäuflich.«[45] Der Dalai Lama betont, daß trotzdem das Recht auf Land nur selten verkauft wurde. Denn es sei immer der oberste Grundsatz eines jeden Bauern gewesen, den Grundbesitz ungeschmälert an die nächste Generation weiterzugehen. Zur Position der tibetischen Bauern erläutert der Dalai Lama weiter: »Enteignet konnte nur werden, wer seinen Verpflichtungen an Lieferungen oder Hand- und Spanndiensten nicht nachkam – und diese Verpflichtungen waren nicht übermäßig drückend. Auf diese Weise verfügte der tibetische Bauer praktisch über alle Rechte eines freien Grundbesitzers, und seine Schuldigkeit dem Staat gegenüber war eher eine in Naturalien zu leistende Grundsteuer als eine Pacht.«[46]

Zu erwähnen bleibt noch eine unterste soziale Gruppe, die als »unrein« betrachteten Yawa. Zu ihnen gehörten zum Beispiel die Metzger, bei denen es sich oft um Moslems handelte.

Lhasa – Klöster und Regierung

Zentrum von Ü war Lhasa, bereits Hauptstadt der tibetischen Könige zwischen dem 7. und 9. Jahrhundert. Dort regierten vom siebzehnten Jahrhundert bis 1959 die Dalai Lamas. Andere Zentren in Ü waren beträchtlich kleiner als Lhasa. Die Provinz Tsang verfügte über zwei große städtische Zentren, Gyantse und Shigatse, mit früher 10 000 bis 15 000 Einwohnern.

In Lhasa liegt der Jokhang-Tempel, der das Hauptheiligtum Tibets, das berühmte Bild des 12jährigen Buddha Shakyamuni beherbergt. Hier in Lhasa befinden sich auch die Hauptresidenzen des Dalai Lama, der Potala-Palast und der Sommerpalast Norbulingkha.

Von Lhasa aus regierte seit dem 17. Jahrhundert – wenn auch mit Unterbrechungen – der Mönchsorden der Gelugpa. Die Klöster waren die Basis ihrer Herrschaft; die großen Klöster um Lhasa unterhielten viele Tochterklöster in ganz Tibet. Über diese Verbindungen übten sie einen zentralen Einfluß aus. Anschaulich beschreibt der Dalai Lama:

> Zweifelsohne war das bemerkenswerteste an Tibet die enorme Anzahl von Klöstern. Es gibt zwar keine genauen Angaben, wahrscheinlich aber waren 10 Prozent der Gesamtbevölkerung Mönche oder Nonnen. Dieser Umstand verlieh unserem ganzen Gesellschaftssystem seine dualistische Struktur. Faktisch war nur in meiner Position, der des Dalai Lama, die Autorität von Laie und Mönch vereint. Schon das Amt des Premierministers war doppelt besetzt von einem Mönch und von einem Laien, und bei den meisten staatlichen Behörden bis zu den unteren Ämtern war es nicht anders.[47]

Das Bekenntnis zu Tibet als einem religiösen Staat und zur Universalität der Religion spiegelte sich in bestimmten Begriffen und Wendungen wider. Zum Beispiel in dem Begriff »chösi nyitril«, der »Verbindung von religiösen mit politischen Angelegenheiten«. Die Mönche der drei Kernklöster des Gelugpa-Ordens formulierten dies folgendermaßen: »Ganden photrang (die tibetische Regierung) ist der Kopf des Staates und der Patron der Religion.«[48]

Drepung, das größte der drei auch »Dinsasum, die drei Sitze« genannten Gelugpa-Klöster in der Nähe von Lhasa hatte 1951 offiziell 7700 Mönche, tatsächlich lebten dort aber um die 10000 Mönche. In Sera lebten 5500 bzw. 7000 Mönche und in Ganden 3300 bzw. 5000 Mönche. Die Bedeutung dieser Klöster wird sofort augenfällig, wenn man berücksichtigt, daß die Hauptstadt Lhasa selbst damals 20000 bis 30000 Einwohner zählte. Ebenso bemerkenswert ist der Vergleich mit der normalerweise in Lhasa präsenten Armee, die nicht mehr als 1500 Mann umfaßte. Eine Besonderheit in den »drei Sitzen« waren die sogenannte Doplos, nämlich Kampfmönche, die Kampfkünste und athletische Wettbewerbe pflegten. Ihre Sache war der Schutz der Klöster, aber nicht nur dieser. Zu bestimmten Anlässen, zum Beispiel beim Mönlam-Fest, übernahmen sie in Lhasa Polizeifunktionen. Heinrich Harrer beschreibt denn auch, daß die Mönchspolizei ausgesprochen robust wirkte und handfest für Ordnung zu sorgen pflegte. Es liegt auf der Hand, daß die drei großen Gelugpa-Klöster mit zusammen etwa 20000 Mönchen und mit ihren landesweiten Vernetzungen einen beträchtlichen politischen Einfluß gegenüber der Regierung ausübten. Hinzu kam eine herausragende wirtschaftliche Bedeutung. Vom Kloster Drepung ist zum Beispiel bekannt, daß es 185 Landgüter besaß, auf denen etwa 20 000 Leibeigene tätig waren, und 300 Viehweiden, für deren Bewirtschaftung etwa 16 000 Nomaden tätig waren. Mit den Erträgen aus den Besitztümern wurden die Mönche unterhalten, die so ihren religiösen Pflichten und Übungen nachgehen konnten, aber auch nachzugehen hatten.

Bei den Mönchen selbst waren im wesentlichen zwei Gruppen zu unterscheiden. Die einen betrieben ihre Studien und wurden Gelehrte. Sie konnten über ein Prüfungssystem höhere Mönchsgrade erreichen. Die anderen waren einfache Praktizierende, die für das Kloster arbeiteten, meistens nur ihre Gebetstexte lesen, rezitieren und singen konnten, und ansonsten einfach von den täglichen Essens- und Teezuteilungen lebten, die das Kloster während der gemeinsamen Gebetssitzungen gewährte. Es wird geschätzt, daß etwa zwei Drittel der Mönche zu dieser einfacheren Kategorie gehörten.

Die großen Klöster waren sozusagen Städte in sich. Sie setzten sich zusammen aus Einheiten mit einer gewissen Selbständigkeit, die Tratsang hießen, was man mit Kolleg bezeichnen könnte. Über ihre Mitgliedschaft in einem Kolleg gehörten die Mönche zu einem bestimmten Kloster. Die Leitung der Klöster lag in den Händen einer Art ständigen Komitees, das aus den Vorstehern oder Äbten der einzelnen Kollegs gebildet wurde. Die Kollegs wiederum hatten ihre eigenen Verwaltungen und Ressourcen. Kloster Drepung z. B. wurde ursprünglich aus sieben großen Kollegs gebildet, von denen im 20. Jahrhundert noch vier übrig waren. Die einzelnen Kollegs unterschieden sich beträchtlich nach Zahl, Reichtum und Bedeutung. Es gab große Kollegs, die wiederum unterteilt waren in sogenannte Khamtsen. Das größte Kolleg von Drepung verfügte z. B. über 23 Khamtsen, während das kleinste Kolleg kein Khamtsen hatte. Innerhalb der Khamtsen lebten die Mönche entweder allein, in Haushalten mit anderen Mönchen oder in sogenannten Shagtsang, dies könnte man beschreiben als eine Art Haushalt, der über eigene Gebäude und Güter sowie Dienstmönche verfügte. Die einzelnen Kollegs waren meist landsmannschaftlich zusammengesetzt, noch mehr aber die einzelnen Khamtsen. Ihre führenden Mönche waren oft mit reichen aristokratischen Laienfamilien verbunden. Vor allem die Führer der Shagtsang konnten oft einen beträchtlichen Einfluß in religiösen und weltlichen Angelegenheiten ausüben; häufig stellten ihre Anführer die Mönchsbeamten der Regierung. Die führenden Mönche der einzelnen Kollegs setzten sich zusammen aus solchen, die verantwortlich für religiöse Tätigkeiten waren, und aus solchen, die die Verwaltungs- und Wirtschaftsaktivitäten leiteten. Das Kloster als ganzes besaß ebenfalls umfangreiche Landgüter, hatte eigene Beamte und finanzierte religiöse Aktivitäten. Die obersten Leiter der Klöster wurden von den einzelnen Kollegs auf einer Rotationsbasis gewählt.

Innerhalb der Klöster gab es noch besondere Einheiten, die sogenannten Labrangs. Diese waren Tulkus – erkannte Lama-Reinkarnationen – vorbehalten, waren mit eigenem Besitz, eigenem Einkommen und eigenem Mönchspersonal ausgestattet. Die Labrangs gingen nach dem Tod eines Tulku auf dessen Nachfolger über. Die großen Gelugpa-Klöster waren gleichzeitig auch große Universitäten. Hierher kamen Mönche – oft aus ihren weit entfernten Heimatklöstern – für Jahre, um sich in buddhistischer Philosophie und Logik und dem esoterischen Tantrismus ausbilden zu lassen. Daneben gab es noch Fakultäten für Medizin.

Die Mönchsbeamten waren oftmals nur »symbolische« Mönche. Sie mußten zwar im Zölibat leben, aber nicht ständig im Kloster. Oft waren sie Söhne von Familien der Mittelschicht von Lhasa oder Mitglieder bereits existierender Mönchsfamilien, die in den Shagtsang-Einheiten lebten. Ihre Nachfolge wurde zumeist dadurch gesichert, daß nahe Verwandte adoptiert wurden. Im 20. Jahrhundert wurde die Zahl der vom Dalai Lama ernannten Mönchsbeamten auf mehrere Hundert ausgedehnt, die religiöse und klösterliche wie auch weltliche Angelegenheiten regelten. In der Zeit zwischen 1931 und 1951 gab es insgesamt 400 bis 500 Mönchs- und Laienbeamte, die Zentraltibet mit ungefähr einer Million Einwohner und der Fläche Westeuropas verwalteten.

Es gab sieben formale Beamtenränge. Den ersten Rang bildeten die vier Kabinettsminister oder Kalön (Shape) der Kashag. Die Amtsposten waren in der Regel »paarweise« besetzt, nämlich jeweils mit einem Mönchsbeamten und einem Laienbeamten. Die Laienbeamten, das weltliche Gegenstück der Mönchsbeamten, stammten zumeist aus der Landgüter besitzenden erblichen Laienaristokratie, die etwa 150 bis 200 Familien umfaßte, davon eine Gruppe von 30 Familien mit höherem Status. Diese Erbaristokratie wurde immer wieder dadurch aufgefrischt, daß neue Familien geadelt wurden, so zum Beispiel die Familie eines jeden neuen Dalai Lama. Jede Aristokratenfamilie stellte einen Regierungsbeamten. Es handelte sich also um eine erbliche landbesitzende Elite, die politisch der Regierung untergeordnet war. Die Laienbürokratie konnte trotzdem die Rekrutierung ihres Nachwuchses selber kontrollieren.

An der Spitze der zentralen Regierungsverwaltung stand der Dalai Lama. Er hatte letzte Autorität über alle Entscheidungen und Ernennungen und – zumindest theoretisch – alle Handlungsempfehlungen zu billigen. Er war gleichzeitig weltliches und religiöses Oberhaupt. Nach dem Tode eines Dalai Lama und bis zur Zeit des Erwachsenwerdens seiner neuen Reinkarnation wurde das Land von einem Regenten geleitet. Solche Regenten kamen meist aus einem der großen Klöster um Lhasa.

Dem Dalai Lama direkt unterstanden die beiden Premierminister. Die höchste Regierungsinstitution war die Kashag, die im 18. Jahrhundert eingerichtet worden war. Sie bestand aus vier Shapes, einem Mönchsbeamten und drei Laienbeamten. Dieser Ministerrat war die administrative Spitze Tibets. Hier liefen alle Fäden zusammen, alle wichtigen säkularen Angelegenheiten wurden hier entschieden oder an den Dalai Lama weitergereicht. Im Ministerrat führte der Mönchsbeamte den Vorsitz; der Sitz war im Jokhang-Tempel in Lhasa. Der Kashag unterstanden verschiedene Büros, die für die verschiedenen Ressorts zuständig waren, z. B. Finanzen, auswärtige Beziehungen etc. Bezeichnend war aber, daß die Kashag nicht zuständig war für die Mönchsbeamten und für religiöse Angelegenheiten. Diese wurden vielmehr von einem eigenen Verwaltungsapparat, einer Art Staatssekretariat, bearbeitet, das ausschließlich dem Dalai Lama rechenschaftspflichtig war und nur aus Mönchsbeamten bestand. Der oberste Mönchsbeamte dieses Verwaltungsapparates leitete zugleich die gesamte Belegschaft des Dalai Lama.

Normale Tagesgeschäfte entschied die Kashag selbst, während wichtige Fragen dem Dalai Lama vorgelegt und bedeutende Staatsfragen erst in der Nationalversammlung beraten wurden. Dieses beratende Gremium konnte bei besonders wichtigen Fragen in Form einer Vollversammlung mit 400 Vertretern aller Stände einberufen werden.

In der ersten Hälfte des 20. Jahrhunderts nahm die Regierung in Lhasa die wesentlichen Aufgaben einer selbständigen Regierung wahr. Sie kontrollierte die Armee, sie kontrollierte das Transportnetz durch das ganze Land, sie gab Geldmünzen aus, druckte Briefmarken und kontrollierte die Beziehungen zu ausländischen Mächten. Die Regierung in Lhasa konnte Gesetze erlassen, die bindend waren für die ihr untergeordneten Einheiten.

Vor allem der 13. Dalai Lama versuchte in den zwanziger Jahren, einen zentralistischen Staat zu schaffen. Er war besorgt über die Entwicklung in China und bemüht, eine ständige Armee einzurichten, das Land durch die Einführung westlicher Erziehung etwas zu modernisieren und eine größere Kontrolle über die Klöster durch verschiedene Maßnahmen zu erlangen.

Eine effektive Kontrolle übte die Zentralregierung jedenfalls in Zentraltibet, also in den Provinzen Ü und Tsang aus. Zu ihrem direkten Einflußbereich gehörte auch die Hochebene Changtang und der westlich des Jangtse gelegene Teil von Kham mit seinem Verwaltungszentrum in der Stadt Chamdo. Der Einfluß des Gelugpa-Ordens ging darüber noch weit hinaus. Es bestanden große klösterliche Zentren in Labrang (Ost-Amdo) und Kumbum (Amdo, nahe der Stadt Xining). Dabei handelte die Zentralregierung in Lhasa durch das sogenannte Dzong-System. Dzong waren ursprünglich befestigte Burgen an hohen Plätzen, von denen es etwa 120 gab. Diese lokalen Verwaltungszentren wurden jeweils von lokalen Beamten, den sogenannten Dzongpön, geleitet, und zwar wiederum »im Paar«, also einem Mönch und einem Laien. Es erstaunt nicht, daß sie um so autonomer waren, je weiter sie von Lhasa entfernt lagen. Ihre Macht war aber beschränkt durch die quasi-autonomen großen aristokratischen und klösterlichen Landgüter, wie zum Beispiel das Kloster Tashilhunpo des Panchen-Lama oder die Güter des Sakya-Klosters.

Kham

Anders sah es in den östlich des Jangtse gelegenen Gebieten von Kham aus. Dort hatte die Zentralregierung kaum Einfluß. Kham war durchzogen von wichtigen Handelsrouten, an denen städtische Zentren lagen. Im Osten grenzte Kham an chinesisches Territorium. Die dort liegende Stadt Kangding war von 1927 bis 1950 Verwaltungszentrum der chinesischen Provinz Xikang. Spätestens seit Anfang der dreißiger Jahre hatte Lhasa dort keinen Einfluß mehr. Die Verhältnisse in Ost-Kham waren, vor allem in den besonders entlegenen Gebieten, unübersichtlich. In einigen Viehzüchtergebieten herrschten ausschließlich die örtlichen Stammesrechte. Einige anderen Gegenden wird man als politisches Ödland bezeichnen können. Die Bewohner von Kham hatten jedenfalls in Zentraltibet den Ruf, unabhängig, anmaßend und aggressiv – fast wild – zu sein. Der Dalai Lama beschreibt:

> In Tibet lebten viele Nomaden; die meisten waren durchaus friedlich gesinnt, doch gab es unter ihnen auch räuberische Stämme. Infolgedessen mußten die Bodenständigen in bestimmten Gegenden darauf sehen, Wehr und Waffen zu haben, und Reisende begaben sich in solchen Gebieten gern unter den Schutz großer Karawanen.
>
> Doch der Geist des Glaubens wehte selbst in den unwirtlichsten Gegenden und erfüllte noch die kriegerischsten Herzen; selbst in vielen der armseligsten Nomadenzelte war ein Symbol anzutreffen: der Altar mit der Buddhalampe davor.[49]

Amdo

Über Nord-Ost-Tibet, die Provinz Amdo, hatte die Zentralregierung in Lhasa zwar keine direkte politische Kontrolle. Dennoch war durch die vielen großen Klöster des Gelugpa-Ordens in Amdo zeitweise ein beträchtlicher Einfluß vorhanden. In der ersten Hälfte des 20. Jahrhunderts waren diese aber weitgehend autonom, allen voran die großen Klöster Kum bei Xining und Labrang in Ost-Amdo.

Die meisten Tibeter, die in der Region lebten, waren viehzüchtende Nomaden, vor allem um den Kokonor-See herum. Hinzu kamen mongolische Viehzüchter. Ferner gab es vor allem am Ostrand des tibetischen Plateaus feste tibetische Ackerbausiedlungen, die in engem Kontakt mit anderen Bevölkerungsgruppen, vor allem Han-Chinesen, Hui-Moslems, Salar und Tu lebten. Viele der Orte östlich und südöstlich des Kokonor-Sees waren mit Mauern umgeben und hatten chinesische Garnisonen. Auch in den Viehzüchtergebieten gab es Handelsposten mit chinesischen Händlern. Größte Stadt der Region war Xining, ein im wesentlichen chinesisches Verwaltungszentrum. Im Leben der dortigen Nomaden spielten die Klöster und Lamas eine hervorragende Rolle. Die Nomaden unterstützten die Klöster ihrerseits wirtschaftlich. Vielleicht dank der gemischten Bevölkerung in Amdo galten und gelten viele Lamas – auch des Gelugpa-Ordens – für offener als diejenigen in Zentraltibet.

Nach der chinesischen Revolution von 1911 waren die Moslems sogar zur dominierenden Kraft in der Region geworden; 1915 wurde in Xining ein Moslem-General von der republikanischen Regierung anerkannt. 1925 entstand westlich des Klosters Labrang die chinesische Provinz Qinghai, während das Kloster Labrang selbst bei der chinesischen Provinz Gansu blieb. Bemerkenswert ist, daß noch bis 1949 von Xining aus – weitgehend unabhängig von der chinesischen Zentralregierung – der muslimische General Ma Bufeng herrschte.

Insgesamt ist festzustellen, daß am Vorabend der chinesischen Invasion die Mehrzahl der Tibeter außerhalb Zentraltibets lebte. Sie lebte vor allem in Kham im Osten und in Amdo im Nordosten. Auch wenn man von einer direkten Kontrolle der Zentralregierung in Lhasa dort nicht sprechen kann, so waren die Tibeter aber über ihre gemeinsame Kultur und vor allem durch ihre Religion eng miteinander verbunden.

Der 14. Dalai Lama übernahm sein Amt im Alter von nur fünfzehn Jahren angesichts der drohenden chinesischen Invasion vorfristig am 17. November 1950. Als er heranwuchs, bemerkte er, daß manches an dem tibetischen Staatswesen, wie er schreibt, »unzulänglich war. Die ungleiche Verteilung materieller Güter stimmte keineswegs mit der Lehre Buddhas überein. Zwar war ich nur wenige Jahre tatsächlich an der Macht, doch gelang es mir in dieser Zeit, einige grundlegende Reformen durchzuführen.«[50] Der Dalai Lama setzte ein eigenes Komitee ein, sowie einen kleinen Untersuchungsausschuß. Dieser »sollte prüfen, welche Verbesserungen nötig waren, worauf er zunächst dem größeren Komitee und in letzter Instanz mir Bericht zu erstatten hatte.«[51] Beabsichtigt waren Reformen des Steuerwesens, des Eigentums- und Pachtsystems und die Befreiung der Bauern aus der Schuldknechtschaft. Kern der beabsichtigten Maßnahmen war es, die großen Latifundien der aristokratischen Familien gegen angemessene Entschädigung weitgehend zu verstaatlichen und den Grund und Boden an die Bauern aufzuteilen. Diesen Absichten setzte jedoch die Invasion der chinesischen Kommunisten ein jähes Ende:

> Ehe wir jedoch unsere Reformen so wie beabsichtigt vorantreiben konnten, hatten sich die Chinesen unseres Landes bemächtigt. Von nun an konnten wir keine derart weitreichenden Änderungen mehr ohne ihre Zustimmung durchführen. Die Chinesen brachten jedoch ihre eigenen, nämlichen die

kommunistischen Vorstellungen von einer Bodenreform mit, und diese behagten den tibetischen Bauern ganz und gar nicht.[52]

Der Einmarsch der Chinesen in Tibet sollte weit schlimmere Folgen haben.

Die oben zitierte Frage des chinesischen Offiziellen vom Juni 1998 kann sehr einfach mit wenigen Gegenfragen eines anderen Chinesen, des Lyrikers und Journalisten Duo Duo beantwortet werden, der 1987 dienstlich nach Lhasa reiste:

> Womit hat es das tibetische Volk verdient, daß die Kulturrevolution bis nach Tibet reichte?
> Warum mußten die Tibeter ihre Tempel und ihre Religion zerstören und Klassenkampf treiben?
> Woher nehmen wir uns das Recht, über die wirtschaftliche Entwicklung Tibets zu entscheiden?

Und vor allem:

> Warum sollen die Tibeter sich nicht selbst für ihre Zukunft entscheiden dürfen?[53]

III.
Die tibetisch-chinesischen Beziehungen in der ersten Hälfte des 20. Jahrhunderts (bis 1951)

Für Tibet waren der Verlust der Souveränität im Jahr 1951 nach dem Einmarsch der Chinesischen Volksarmee und die Flucht des 14. Dalai Lama sowie die Niederschlagung des Volksaufstandes im Jahr 1959 die einschneidendsten Ereignisse in seiner modernen Geschichte. Wie immer bei spektakulären historischen Ereignissen ist es aufschlußreich, die ihnen vorausgegangenen Entwicklungen zu betrachten, hier also einen Blick zurückzuwerfen auf die Beziehungen Tibets und Chinas in der ersten Hälfte des 20. Jahrhunderts. Stark vereinfacht können im Überblick drei Phasen festgestellt werden:

- Tibet und die Qing-Dynastie (bis 1911)
- Tibet und die Phase der chinesischen Bürgerkriege (1912 bis 1948)
- Tibet und das Vordringen der chinesischen Kommunisten (1949 bis 1951)

1. Tibet und die chinesische Qing-Dynastie

1895 war der 13. Dalai Lama inthronisiert worden. In China herrschte die kaiserliche Qing-Dynastie. Zwischen ihr und dem Dalai Lama bestand noch zu Beginn des 20. Jahrhunderts das alte Band des »Patrons und seines Priesters«. Es war Ausfluß einer jahrhundertealten Tradition, daß die tibetischen Lamas religiöse Dienste leisteten, während ihnen der jeweilige Patron, vormals der mongolische Khan, Titel verlieh und Schutz gewährte. Wenn auch nicht klar definiert, war die Natur der Beziehung der Qing-Dynastie zu Tibet diejenige zwischen Staaten geblieben oder diejenige eines Reiches mit einem halb-unabhängigen Randstaat. Jedenfalls war es aber nicht die Beziehung zwischen einer zentralen Regierung und einem äußeren Teil desselben Staates. Als ständiger Repräsentant des chinesischen Kaisers war der sogenannte Amban in Lhasa anwesend.

Ohnehin entsprachen damals die Begriffe »Nation« und »Nationalstaat« im europäischen Sinne nicht dem Denken von Chinesen und Tibetern. Sie orientierten sich an der Vorstellung von Zivilisationen, knüpften also nicht vorrangig an das uns geläufige Gebilde des fest abgegrenzten Staatsgebietes an.

Auf das unzugängliche und traditionell abgeschlossene Tibet begannen nun jedoch seine Nachbarn, zu denen damals auch die in Indien präsente Kolonialmacht England zählte, begehrliche Blicke zu werfen. Die günstige geographische Situation und die strategische Lage des Hochlandes stach ins Auge, so daß Tibet zum Gegenstand rivalisierender Interessen in Zentralasien zwischen Rußland, England und China wurde. Rußland strebte danach, ein Protektorat über alle lamaistischen Völker zu errichten. Die Briten versuchten von Indien aus, Fuß in Tibet zu fassen: Im Jahr 1904 drang eine britische Expedition unter Führung von Sir Francis Younghusband bis nach Lhasa vor; der Dalai Lama floh nach Norden in die Mongolei. Während er von Lhasa abwesend war, schickten die Chinesen ihrerseits ein Expeditionsheer in die ost-tibetische Provinz Kham und versuchten, diesen Teil Tibets in eine chinesische Provinz namens »Xikang« umzuwandeln. Der Dalai Lama reiste nach Peking, akzeptierte eine Einschränkung seines Status und kehrte 1909 nach Lhasa zurück.

Im Jahr 1910 versuchte die chinesische Qing-Dynastie als Reaktion auf das britische Vorgehen, Tibet militärisch unter Kontrolle zu bringen. Die chinesischen Truppen erreichten Lhasa, und der Dalai Lama floh erneut, diesmal nach Indien. Einen guten Eindruck davon, wie sich die britische Regierung zu den Ereignissen und zur Person des Dalai Lama stellte, vermitteln die Debattenprotokolle des britischen Oberhauses. Der damalige Staatssekretär für Indien, Viscount Morley of Blackburn, beantwortete am 24. Februar 1910 eine Anfrage im Londoner Oberhaus zur Flucht des Dalai Lama: »Der britische Handelsagent telegrafierte an diesem Tag (17. 2.), daß vierzig Mann berittener chinesischer Infanterie am 12. in Lhasa angekommen waren, daß der Rest der chinesischen Armee nahe der Stadt war, und daß der Dalai Lama in der gleichen Nacht in Richtung Indien geflohen war.«[1] Man erwarte den Dalai Lama am 27. Februar 1910 in Darjiling in Britisch-Indien. Der Staatssekretär betonte dazu:

> Bei seiner Ankunft in Darjiling wird der Dalai Lama eingeladen werden, Hastings House in Kalkutta zu beziehen, bis andere Arrangements getroffen werden können. Strikte Neutralität wird weiter eingehalten werden, aber er wird mit der Höflichkeit und dem Respekt empfangen werden, die einem Herrscher

von hoher spiritueller Autorität, der ein Objekt der Verehrung von vielen Millionen von indischen Untertanen seiner Majestät ist, geschuldet werden.

Zum Verhalten seiner Regierung gegenüber China fährt der Staatssekretär fort:

Die Regierung seiner Majestät zu Hause befindet sich in Kommunikation mit der chinesischen Regierung bezüglich der unerwarteten Situation, die sich daraus ergeben hat. Sie hat keine Erkenntnisse über die sehr dürftigen Informationen hinaus, die ich dem Haus geben konnte ...[2]

Das zwar nicht klar definierte und flexible, aber alte Band zwischen dem kaiserlichen chinesischen »Schutzherrn und seinem Priester« war durch das Vorgehen der Chinesen zerrissen. 1911 hatte die Qing-Dynastie ihre Macht so weit ausgedehnt, daß Tibet möglicherweise damals aufgehört hätte, als selbständiges politisches Gebilde zu existieren, und statt dessen in eine Provinz Chinas umgewandelt worden wäre. Doch die Entwicklung in China selbst kam Tibet zu Hilfe: Noch im Jahr 1911 wurde die Qing-Dynastie in Peking gestürzt; das Kaisertum in China wurde durch die republikanische Revolution beendet. Die chinesischen Truppen wurden aus Tibet entfernt, der Dalai Lama kehrte 1912 im Triumph zurück und zog im Januar 1913 in Lhasa ein, nachdem der letzte Chinese Tibet verlassen hatte. Es sollten nun Jahrzehnte folgen, in denen China mit sich selbst zu tun hatte und faktisch keinen Einfluß auf Tibet ausübte.

2. Tibet und die Phase der chinesischen Bürgerkriege

Für die tibetisch-chinesischen Beziehungen begann nun eine neue Epoche. Einerseits hatte die umfassende nationalstaatliche Idee in China an Boden gewonnen. In der Abdankungsurkunde des letzten mandschurischen Qing-Kaisers Pu Yi vom 12. Februar 1912 kommt der Wunsch zum Ausdruck, daß »die fünf Rassen der Chinesen, Mandschu, Mongolen, Mohammedaner und Tibeter einen einzigen großen Staat mit dem Namen Republik China bilden« mögen.[3] Andererseits wurde durch den Wegfall der kaiserlichen Monarchie in Peking vollends die persönliche und religiöse Substanz der früheren Verbindung zwischen dem chinesischen Kaiser und dem tibetischen Dalai Lama beseitigt: »Der Präsident einer modernen Republik konnte nicht die Stelle des Himmelssohnes als des Schutzherrn des Dalai Lama einnehmen.«[4]

Zwar war die Dynastie in China gestürzt, aber es trat keine neue stabile politische Ordnung an ihre Stelle. Der Wunsch nach Frieden erfüllte sich in China nicht. Im Gegenteil, Krieg und innere Zerrissenheit sollten das Geschehen noch jahrzehntelang beherrschen. Trotzdem blieb China nunmehr immer dabei, seinem Nationalstaatsprinzip zu folgen und seine Souveränitätsansprüche über mehrere Randgebiete, vor allem über Tibet, in politischen Verlautbarungen anzumelden. So erklärte der neue chinesische Präsident der Nationalversammlung, Yuan Shikai, in einer Proklamation am 12. April 1912, daß seine Regierung Tibet, die Mongolei und Xinjang auf derselben Basis wie die chinesischen Provinzen behandeln werde und als Bestandteile der Republik ansehe.[5] In der Nationalversammlung wurden dementsprechend Sitze für Tibeter bereitgehalten, und es wurde eine fünffarbige Flagge eingeführt, deren schwarzes Band Tibet repräsentieren sollte. Anläßlich der Rückkehr des 13. Dalai Lama nach Lhasa kam es im folgenden Jahr 1913 zu einer bemerkenswerten Korrespondenz. Präsident Yuan Shikai schickte ihm ein »Wiedereinsetzungs«-Telegramm, in dem es hieß:

> Jetzt, da die Republik fest errichtet und die fünf Rassen (Han, Tibeter, Mandschu, Mongolen, Muslime, Anm. d. Verf.) tief in einer Familie vereinigt sind, ist der Dalai Lama natürlich bewegt von einer tiefen Bindung zum Mutterland. Unter diesen Umständen sollten seine früheren Fehler übersehen werden, sein Titel eines loyalen und unterwürfigen Vizeregenten, großen und guten und selbst-existierenden Buddha ist hiermit wiedergegeben, in der Hoffnung, daß er sich als Unterstützung für die gelbe Kirche und als Hilfe für die Republik erweisen möge.[6]

Überaus nüchtern antwortete der 13. Dalai Lama, er habe die chinesische Regierung nicht um einen Rang oder Titel ersucht und er beabsichtige, »sowohl die weltliche als auch die religiöse Herrschaft in Tibet auszuüben«.[7] Er bekräftigte 22 Tage nach seiner Rückkehr nach Lhasa die förmliche Unabhängigkeit Tibets in einer feierlichen Proklamation. Allerdings wurde diese Unabhängigkeitserklärung nirgends zur Kenntnis genommen. Wie der amerikanische Tibetologe Melvyn Goldstein meint, sei damals »die Tibet-Frage in ihrer modernen Inkarnation geboren worden«.[8]

Tibet war jedenfalls seit 1911 praktisch unabhängig. Die chinesische Zentralregierung spielte so gut wie keine Rolle mehr in Tibet und übte keine Macht mehr aus. Trotzdem hielten die Chinesen ihre Souveränitätsansprüche über Tibet aufrecht. Die Briten luden deshalb Tibet und China zu einer Dreiparteienkonferenz 1913 – 1914 nach Simla in Indien ein. Sie versuchten, ihre Vorstellung von der »Suzeränität« Chinas über Tibet durchzusetzen und dabei eine administrative Aufteilung Tibets zu regeln, ferner die Grenzziehung zwischen Indien und China/Tibet, Details des Grenzverkehrs, der Steuereinziehung und der gegenseitigen diplomatischen Vertretung. Bis heute ist allerdings einigermaßen unklar, was der Begriff der »Suzeränität« konkret bedeuten sollte. Es hat den Anschein, daß den Briten in der Tat eher daran gelegen war, den Wohlklang der westlichen diplomatischen Formel über der Konferenz schweben zu lassen und Details zum Status Tibets nicht näher zu berühren. Mit erfrischender Offenheit hat sich der frühere britische Repräsentant in Lhasa, Hugh Richardson, in einem Bericht 1945 zu dem Thema geäußert. Er bestimmt Suzeränität zunächst als »nominelle Souveränität über einen halb-unabhängigen oder intern autonomen Staat«.[9] In der Praxis »sei der Begriff niemals definiert worden und erscheine in der Tat als undefinierbar«. H. Richardson erwähnt in seinem Buch »Tibet – Geschichte und Schicksal« weitergehend, daß

> Spezialisten des internationalen Rechts der Meinung sind, daß Suzeränität keinesfalls dasselbe wie Souveränität bedeutet und daß ein autonomer Staat unter der Suzeränität eines anderen nicht davon ausgeschlossen ist, eine Eigenständigkeit im internationalen Leben zu haben. Durch den Gebrauch dieser vagen Ausdrücke aus dem politischen Vokabular des Westens scheint die britische Regierung das beabsichtigt zu haben, was nach ihrer Meinung eine praktische Lösung des Problems war, ohne viel Gedanken darauf zu verschwenden, was die Tibeter davon hielten.[10]

Als praktische Lösung war jedenfalls vorgesehen, daß die tibetische Autonomie unter chinesischer Oberhoheit anerkannt werden sollte, daß Nord- und Ost-Tibet vom »Äußeren Tibet« getrennt und als »Inneres Tibet« direkter chinesischer Verwaltung zugeschlagen werden sollten. Beide Tibets –»Inneres« und »Äußeres« jeweils von Peking her gesehen – sollten chinesischer Suzeränität unterstehen, aber China sollte im »Äußeren Tibet« keine Truppen stationieren. Gleichzeitig wurde auf der Konferenz die MacMahon-Linie als indisch-chinesische Grenze festgelegt, und zwar auf dem Kamm des Himalaja einige hundert Kilometer nördlich der bisher als gültig angesehenen Grenze. Damit dehnte sich die britische Herrschaft auf eine kulturell seit Jahrhunderten mit Tibet verbundenen Zone am Südhang des Himalaja aus. Nicht weniger praktisch verhielten sich andererseits die Chinesen. Sie weigerten sich zwar, das von den Briten vorgeschlagene Abkommen zu unterschreiben, aber sie behielten den Gedanken der Aufteilung in ein inneres und ein äußeres Tibet bei.

In der Folge blieben die politischen Ideen jedoch weitgehend Theorie. Denn China war im Inneren bis 1928 durch die Kriege der Provinzgeneräle, der sogenannten Warlords, zerrissen.

Eine Zentralregierung war zwar vorhanden, aber sie hatte bis 1927 eine unsichere, zum Teil beinahe fiktive Existenz. Die chinesische Nationalpartei, die Kuomintang, konnte sich zwar nach vorausgehenden internen Querelen Mitte der zwanziger Jahre unter Führung des Generals Tschiang Kai-shek neu aufbauen. Es gelang ihr auch, 1928 die neue Nationalregierung zu bilden. Doch auch deren Macht war gering. Sie stand auf unsicheren Beinen, weil die Kuomintang nur etwa die Hälfte des Landes kontrollierten. In den anderen Landesteilen behielten die Provinzgeneräle die Macht. Über Tibet konnte die Regierung Tschiang Kai-shek erst recht nicht die politische Kontrolle gewinnen – trotz aufrechterhaltener Souveränitätsansprüche.

Auch in den dreißiger Jahren hatten die Chinesen andere Sorgen: 1931 annektierten die Japaner Teile von Nordostchina, errichteten dort den Marionettenstaat Mandschuguo und dehnten später 1937 ihre Invasion auf ganz China aus.

Tibet blieb, ohnehin unzugänglich, weitgehend sich selber überlassen. Es war mehr oder weniger unabhängig. Als der 13. Dalai Lama im Jahr 1933 starb, änderte sich hieran nichts. Aber er hatte die Entwicklungen in China und in der Mongolei mit größter Aufmerksamkeit beobachtet. Seinen Tibetern hinterließ er eine eindringliche Warnung vor Unheil durch die Kommunisten in Form »einer auswärtigen Macht«:

> Sie werden die Klöster plündern und zerstören, die Mönche und Nonnen töten und davonjagen. ... Das Geburtsrecht und das Eigentum unseres Volkes werden sie stehlen; wir werden Sklaven unserer Besatzer werden. ... Jedermann wird in großem Elend leben müssen ...[11]

1937 wurde auf traditionelle Weise in Amdo ein besonderer zweijähriger Junge gefunden – der 14. Dalai Lama. Noch aber blieb Tibet weiterhin abgeschlossen und isolierte sich – zu sehr, wie der 14. Dalai Lama später im Exil rückblickend meinte. Insbesondere gab es – wie für die ganze Zeit nach 1912 – eine chinesische Präsenz im »Äußeren Tibet« überhaupt nicht, im »Inneren Tibet« in weiten Teilen nicht.

Auch der Zweite Weltkrieg änderte hieran nichts: Tibet nahm daran nicht teil und bewahrte seine faktische Unabhängigkeit bis 1950.

3. Tibet und das Vordringen der chinesischen Kommunisten

Doch in China hatten schwerwiegende Entwicklungen eingesetzt, die das Verhältnis zu Tibet nicht unberührt lassen würden. Die Kommunisten traten mehr und mehr auf den Plan – durchaus nationalistisch gesonnen. Die nationalstaatliche Idee hatte in China Fuß gefaßt und nahm über die Zeiten der chinesischen Bürgerkriege an Stärke zu. Der Opiumkrieg 1840-42 war als Schmach im Gedächtnis geblieben; man empfand die weitere Geschichte als eine Abfolge von Demütigungen durch die Kolonialmächte. Zwar unterschieden sich die Kuomintang und die Kommunisten in ihren Methoden und konkreten Zielsetzungen erheblich. In einem Punkt jedoch stimmten sie überein: der Wiedervereinigung aller Teile Chinas unter einer starken, militärisch abgesicherten Zentralmacht. Reginald Johnston, der britische Tutor des letzten Kaisers von China, Pu Yi (beiden wurde in der berühmten Verfilmung von B. Bertolucci ein Gesicht verliehen), schrieb 1934:

> Hatten die westlichen Nationen zunächst angenommen, die Aufteilung Chinas werde fröhlich vonstatten gehen, und die chinesische Regierung und das Volk würden höchstens ein wenig das Gesicht verziehen, mußten sie bald einsehen, daß sie einen Fehler gemacht hatten. Der Angriff des Auslands begann, eine ›Zivilisation‹ in eine Nation zu verwandeln. Die Chinesen, die vorher kaum gewußt hatten, was Patriotismus bedeutete, begannen zu begreifen, daß sie in einer Welt konkurrierender und häufig antagonistischer Gruppen lebten, und daß ihre Gruppe zahlenmäßig die größte von allen war und ein (wenn man alle Schutzgebiete mit einbezog) geographisches größeres

Gebiet als irgendeine andere besaß. Dabei hatte sie geringeren Einfluß und wurde mit weniger Respekt als viele westliche Länder behandelt, die über kaum ein Zwanzigstel des Territoriums und der Bevölkerung verfügten.[12]

1934 war auch das Jahr, in dem die chinesischen Kommunisten und ihre Rote Armee zu ihrem rund 10000 Kilometer langen Marsch durch China aufbrachen. Unter ihnen waren Tschou En Lai, Deng Xiaoping – und Mao Tsetung. Der unter dieser Bezeichnung berühmt gewordene »Lange Marsch« sollte für das unabhängige Tibet der Anfang vom Ende werden.

Mao Tsetungs Programm der nationalen Erneuerung sah wie dasjenige von Tschiang Kai-shek vor, daß die ungleichen Verträge aufgehoben, verlorene Territorien wiedergewonnen und die Japaner bezwungen werden sollten. Nach seinem kommunistischen Konzept war die Wiedergeburt Chinas allerdings nur über eine grundlegende und rigorose soziale Revolution möglich: Die »herrschenden Klassen« müßten vernichtet und China in ein mächtiges Industrieland umgewandelt werden. Was später für Tibet besonders brisant werden sollte, war ein weiterer Punkt in Mao Tsetungs Konzept: Es sah eine spezifische Verschmelzung von Nationalismus und Marxismus-Leninismus vor. Dabei war das Territorium Chinas der ehemaligen Qing-Dynastie der Maßstab und das Ziel. Während des Zweiten Weltkrieges legte Mao Tsetung seine Vorstellung dazu sehr genau dar:

> Unser China ist eines der größten Länder der Welt, sein Territorium ist fast ebenso groß wie das von Europa. Die Staatsgrenze Chinas ist gegenwärtig folgende: Im Nordosten, Nordwesten und zum Teil Westen grenzt China an die Union der Sozialistischen Sowjetrepubliken, im Norden an die mongolische Volksrepublik, im Südwesten und zum Teil im Westen an Afghanistan, Indien, Bhutan und Nepal, im Süden an Burma und Vietnam; im Osten grenzt China an Korea und hat Japan und die Philippinen zum Nachbarn ...
>
> Die Bevölkerung unseres Landes zählt gegenwärtig 450 Millionen Menschen, das heißt fast ein Viertel der Bevölkerung des Erdballs. Über 90 Prozent von ihnen gehören zur Nationalität der Han. Außerdem leben in China auch noch Dutzende nationaler Minderheiten, darunter Mongolen, Hui, Tibeter, Uiguren, Miao, Yi, Dschuang, Dschungdjia und Koreaner. Der Stand ihrer kulturellen Entwicklung ist unterschiedlich, jede

> dieser Nationalitäten hat ihre eigene lange Geschichte. China ist also ein Land mit einer riesigen Bevölkerung, die sich aus vielen Nationalitäten zusammensetzt.[13]

Die chinesischen Kommunisten betrachteten die chinesische Nation also als einen Zwangsverband, dem alle innerhalb der Grenzen Chinas siedelnden Nationalitäten, ob sie wollten oder nicht, angehörten. Zunächst war in diesem Konzept immerhin der Gedanke der nationalen territorialen Autonomie zugunsten der sogenannten nationalen Minderheiten vorgesehen.

Aber diese Haltung änderte sich bald grundlegend. Denn nach dem Zweiten Weltkrieg gewannen die Kommunisten militärisch die Oberhand in China und errangen 1949 den Sieg über die Nationalisten. Die nationalistische Regierung mit Tschiang Kai-shek an der Spitze zog sich mit ihren restlichen Truppen auf die Insel Taiwan zurück. Nunmehr forderten die chinesischen Kommunisten von allen Nationalitäten die strikte Unterordnung unter den Zentralstaat. In einer Anweisung des Zentralkomitees der Kommunistischen Partei vom Oktober 1949 an ihr Nordwestbüro heißt es unmißverständlich:

> ... was die Frage der ›Selbstbestimmung‹ der nationalen Minderheiten betrifft, so sollte diese heute nicht mehr betont werden. Früher, während der Periode des Bürgerkrieges, hat unsere Partei diese Devise betont, um die nationalen Minderheiten dafür zu gewinnen, die reaktionäre Herrschaft der Kuomintang zu bekämpfen, die sich gegenüber den nationalen Minderheiten als Groß-Han-Chauvinismus äußert. Aber heute hat sich die Situation grundlegend geändert ...
>
> Um die große Sache der Einheit unseres Vaterlandes zu vollenden, um die Komplotte der Imperialisten und ihrer Kettenhunde zur Spaltung der Einheit der Nationalitäten zu bekämpfen, sollten wir diese Devise nicht länger betonen, um zu vermeiden, daß sie von den Imperialisten und reaktionären Elementen unter den nationalen Minderheiten nicht weiter benutzt wird ...[14]

Dies verhieß nichts Gutes für Tibet als unabhängigen Staat. Tatsächlich wurde die Revolution sofort auf die wichtigen Gebiete Tibet und Xinjang ausgedehnt. Die chinesischen Kommunisten waren entschlossen, die Souveränität gerade auch über diese innerasiatischen Gebiete wiederherzustellen, die seit dem letzten Drittel des 19. Jahrhunderts der Autorität Pekings entzogen waren. Und nun ging es Schlag auf Schlag:

- Schon im September 1949 marschierte die Volksbefreiungsarmee von Osten her auf, drang in tibetische Gebiete von Gansu und Qinghai vor und schlug Widerstände in der Kokonor-Region und tibetischen Gebieten östlich des Gelben Flusses nieder.
- In Peking riefen im September 1949 die Kommunisten die »Politische Konsultativkonferenz des chinesischen Volkes« ein, eine Art Verfassungsorgan. Hier wurde als oberste politische Instanz des Staates die zentrale Volksregierung gewählt und Mao Tsetung zum Vorsitzenden bestimmt. Mao Tsetung war damit faktisch der neue Staatschef von China.
- Am 1. Oktober 1949 rief Mao Tsetung vom Platz des himmlischen Friedens in Peking die Volksrepublik China aus. Die »Rückkehr Tibets in den Schoß des Mutterlandes« wurde als eines der wichtigsten Ziele der Volksbefreiungsarmee deklariert.
- Am 24. November 1949 verkündete Radio Peking, daß der Panchen Lama (damals zwölf Jahre alt!) an Mao Tsetung appelliert habe, »Tibet zu befreien«.
- Am 1. Januar 1950 »versprach« die neue chinesische Regierung, Taiwan und Tibet zu »befreien«.
- Einheiten der Volksbefreiungsarmee drangen zu diesem Zweck seit dem 7. Oktober 1950 über den Jangtse in Kham und von zwei weiteren Ausgangsstellungen gleichzeitig in Richtung Zentraltibet vor.

Der Yarlung wurde am 14. Oktober 1950 überquert; tibetischer Widerstand wurde rasch überwältigt, und gegen Ende Oktober 1950 war das ganze westliche Kham unter chinesischer Kontrolle.

Mit Verzögerung verkündete Radio Peking erstmals am 25. Oktober 1950 den Beginn der »Befreiung« Tibets. Am 7. November 1950 wandte sich die Regierung des Dalai Lama mit einem Hilferuf an die UNO und beklagte dort die chinesische Aggression. Doch der Appell blieb erfolglos: Nur El Salvador war bereit, sich für Tibet zu engagieren. Im Dezember 1950 floh der Dalai Lama aus Lhasa nach Süden ins Chumbi-Tal, wo er bis 1951 blieb. Von der internationalen Gemeinschaft im Stich gelassen und ohne eine nennenswerte eigene Armee war Tibet gezwungen, am 23. Mai 1951 ein von Peking diktiertes 17-Punkte-Abkommen zu unterzeichnen. Damit war die Unabhängigkeit Tibets beendet. »Aber wir waren hilflos«, erinnert sich der Dalai Lama. »Ohne Freunde blieb uns nichts anderes übrig, als zuzustimmen, uns trotz allem Widerstreben dem Diktat der Chinesen zu unterwerfen und die

Faust in der Tasche zu ballen. Wir konnten nur hoffen, daß die Chinesen die Abmachungen dieses uns aufgezwungenen Vertrages wenigstens einhalten würden.«[15]

Das Abkommen war für die Tibeter ein ungleicher aufgezwungener Vertrag: Nicht nur war Verhandlungsort Peking, so daß die tibetische Delegation, die von Ngabo Awang Jigme geführt wurde, praktisch keine Möglichkeit hatte, mit dem Dalai Lama Kontakt aufzunehmen und Rücksprache zu halten (es gab seinerzeit in Tibet selbst praktisch keine technischen Kommunikationsmöglichkeiten). Der Dalai Lama berichtet weiter, daß er und seine Berater erst lange Zeit später, nach der Rückkehr der Delegation, die Tatsachen erfuhren: Der Leiter der chinesischen Delegation habe gleich zu Beginn der ersten Sitzung einen Vertragsentwurf mit zehn fix und fertig ausgearbeiteten Artikeln präsentiert. In einer anschließenden tagelangen Diskussion seien die Chinesen nicht bereit gewesen, den Standpunkt der tibetischen Delegation, daß Tibet ein unabhängiger Staat sei, und die vorgebrachten Beweise für die Souveränität Tibets anzuerkennen. Der Dalai Lama erläutert weiter:

> Schließlich entwarfen die Chinesen ein revidiertes Abkommen mit 17 Artikeln und legten es in ultimativer Form vor. Von irgendwelchen Änderungen oder Vorschlägen war keine Rede mehr. Man beleidigte und beschimpfte unsere Delegierten, man bedrohte sie persönlich, kündigte weitere militärische Sanktionen gegen das tibetische Volk an und verbot ihnen, bei mir oder der Regierung Anweisungen einzuholen. Dieses 17-Punkte-Abkommen ging von der Voraussetzung aus, Tibet sei ein Teil von China. Das war ganz einfach unwahr, und deshalb konnte unsere Delegation ohne Rücksprache mit mir und meiner Regierung den Vertragsentwurf gar nicht unterzeichnen. Doch sie stand unter Druck. Ngabo wurde schon bald nur noch als Gefangener behandelt, und mit den übrigen Delegierten war es im Grunde genommen nicht anders.

Die tibetischen Delegierten konnten nun einmal keine Direktiven einholen, so daß sie sich schließlich der Gewalt gebeugt und das Dokument unterschrieben hätten. Aber noch wurde die Urkunde nicht gültig, weil die tibetischen Delegierten sich standhaft weigerten, auch das erforderliche Siegel anzubringen. Ihre »Verhandlungspartner« zeigten wenig Skrupel, wie der Dalai Lama erfahren mußte:

> Aber die Chinesen fälschten in Peking tibetische Siegel und zwangen unsere Delegation, mit diesen das Dokument zu beglaubigen. Man setzte weder mich noch meine Regierung darüber ins Bild, daß ein Vertrag unterzeichnet worden war. Wir hörten erst durch eine Rundfunkansprache davon, die Ngabo über Radio Peking hielt. Die Bedingungen bedeuteten für uns einen furchtbaren Schock. Wir waren entsetzt über die Mischung aus kommunistischen Parolen, hochtrabenden, aber völlig verdrehten Ausführungen und halbwahren Behauptungen. Wir hatten nicht im entferntesten damit gerechnet, daß der Vertrag so unheilvoll und bedrückend für uns ausfallen würde.[16]

Schon die Formulierungen der Präambel des Abkommens (dessen offizielle Bezeichnung lautet: Vereinbarung der Zentralen Volksregierung und der Lokalen Regierung von Tibet über Maßnahmen zur friedlichen Befreiung Tibets) werden vom Dalai Lama als »barer Unsinn«[17] bezeichnet.

Dort ist zum Beispiel die Rede von »imperialistischen Kräften«, die »nach Tibet eindrangen und alle Arten von Täuschungen und Provokationen ausübten«. Immerhin aber findet sich dort die aufschlußreiche Formulierung der Chinesen, daß die zentrale Volksregierung »der Volksbefreiungsarmee den Befehl erteilte, in Tibet einzumarschieren« (!).

Bis heute beruft sich die chinesische Zentralregierung auf dieses Abkommen. Nicht nur deshalb ist der Wortlaut interessant. Bedeutsam ist, daß das Abkommen auch Zusicherungen und Garantien der chinesischen Seite für die Tibeter enthielt. Doch es sollte sich bald schon zeigen, daß die chinesische Regierung von Anfang an nicht die Absicht hatte, sich wenigstens an ihre eigenen Zusagen und Mindestgarantien zu halten. Hier sollen nur einige der 17 Punkte (der Numerierung des Abkommens folgend) zitiert werden:[18]

> 1. Das tibetische Volk wird sich zusammenschließen und die imperialistischen aggressiven Kräfte aus Tibet vertreiben. Das tibetische Volk wird in die Völkerfamilie seines Mutterlandes, der chinesischen Volksrepublik, zurückkehren.
>
> 3. In Übereinstimmung mit der im Programm der Politischen Konsultativkonferenz des chinesischen Volkes niedergelegten Nationalitätenpolitik hat das tibetische Volk das Recht auf Ausübung der nationalen, regionalen Autonomie unter der zentralen Leitung der zentralen Volksregierung.

4. Die Zentralbehörden werden das in Tibet bestehende politische System ebenso wie den festgesetzten Status, die Funktionen und die Vollmachten des Dalai Lama nicht ändern.
7. Es wird die im Programm der Politischen Konsultativkonferenz des chinesischen Volkes niedergelegte Politik der religiösen Glaubensfreiheit verfolgt werden. Die religiösen Bekenntnisse, Sitten und Gebräuche des tibetischen Volkes werden respektiert und die Lama-Klöster geschützt werden. Die Zentralbehörden werden an den Einkünften dieser Klöster keine Änderung vornehmen.
8. Die tibetischen Truppen werden reorganisiert und in die Volksbefreiungsarmee übergeführt werden und einen Teil der Streitkräfte der nationalen Verteidigung der Volksrepublik China bilden.
11. Hinsichtlich verschiedener Reformen in Tibet wird von den Zentralbehörden keinerlei Zwang angewandt werden. Die regionale Regierung Tibets soll die Reformen freiwillig durchführen, und wenn das Volk die Durchführung von Reformen fordert, wird die Frage dieser Reformen durch Beratung mit maßgebenden Persönlichkeiten Tibets entschieden werden.

Das Abkommen wird bis auf den heutigen Tag von den chinesischen Kommunisten auch als Dokument der »friedlichen Befreiung« Tibets gefeiert. Unbeantwortet geblieben ist die schlichte Frage, wovon Tibet befreit worden sein sollte. Die genannten »imperialistischen Elemente« können es wohl nicht gewesen sein – es sei denn, die sechs oder sieben westlichen Ausländer sollten gemeint sein, die allein sich Ende der vierziger, Anfang der fünfziger Jahre in Tibet aufhielten.

Man könnte nun denken, daß sich einige Passagen des Abkommens gar nicht schlecht für Tibet lesen. Doch man muß sich vor Augen halten, daß mit diesem Dokument Tibet das erste Mal seit 1300 Jahren seiner überlieferten Geschichte die chinesische Souveränität in schriftlicher Form anerkannte.

Zudem war das Denken der kommunistischen Partei Chinas militärisch geprägt: Für sie war die Armee der Kern der Souveränität. Berühmt-berüchtigt ist das Wort Mao Tsetungs, daß alle politische Macht aus den Gewehrläufen kommt.

Als eigentlichen – etwas verschleierten – Eckpunkt des Abkommens muß man deshalb die zitierte Regelung unter Punkt 8 ansehen, nämlich die Überführung der tibetischen Truppen in die

Volksbefreiungsarmee und ihre Eingliederung in die »Streitkräfte der nationalen Verteidigung der Volksrepublik China«. Für die ebenso praktisch wie strategisch vorgehenden chinesischen Kommunisten war damit gewährleistet, daß das tibetische Volk nicht nur zum chinesischen »Mutterland« zurückkehren würde, sondern sich auch solcher mütterlichen Fürsorge nicht mehr entziehen konnte. Gleichzeitig war sichergestellt, daß die Tibeter trotz der formalen »regionalen Autonomie« keinen eigenen Spielraum mehr hatten. Denn sie befanden sich nunmehr – und hierauf liegt die Betonung in Punkt 3 – »unter der zentralen Leitung der zentralen Volksregierung« und damit – um im Bild zu bleiben – in der Umklammerung der großen Mutter China. Von nun an hatte also, vor allem nach eigenem Verständnis, Peking das Sagen in Tibet.

Der Dalai Lama und seine Berater waren in der unglücklichen Lage, das Abkommen im nachhinein erörtern zu müssen. Angesichts der Machtverhältnisse kam die tibetische Führung zu dem Schluß, daß als einzige tibetische Institution der Dalai Lama in der Lage sein würde, die Chinesen wenigstens zur Einhaltung ihrer Versprechen zu bewegen. Nach seiner Rückkehr nach Lhasa sah sich der Dalai Lama daher veranlaßt, am 25. Oktober 1951 einen Brief mit der formellen Annahme des 17-Punkte-Abkommens an Mao Tsetung zu senden.

Am 9. September 1951 erreichte die Volksbefreiungsarmee Lhasa. Die chinesischen Truppen waren gekommen, um für immer zu bleiben. Warum hatten die chinesischen Kommunisten überhaupt ein Abkommen geschlossen, wenn nach ihrer Meinung Tibet sowieso zur Volksrepublik China gehörte? Auch hier haben die chinesischen Kommunisten offensichtlich vor einem militärischen Hintergrund gedacht. Denn sie hatten für die Versorgung ihrer Truppen beim Anmarsch auf Ost-Tibet fast alle Flugzeuge einsetzen müssen, die sie damals besaßen. Vermutlich erkannten die Chinesen durch diesen Umstand, daß ihnen die weitergehende Eroberung Tibets nur möglich sein würde, wenn geeignete Autostraßen gebaut werden könnten. Aus diesem Grund und um noch etwas Zeit zu gewinnen, scheint Peking das Abkommen für zweckmäßig gehalten zu haben. Immerhin sah das Abkommen einen Waffenstillstand vor, ermöglichte den Chinesen den Zutritt nach Lhasa und den Ausbau eines Stützpunktes in Zentralasien. Gleichzeitig wurde offiziell die Abtretung von Amdo und Kham an China sanktioniert.

Doch die Tibeter gaben nicht auf: Von Osten her hatten die Chinesen Tibet militärisch besetzt – von Osten her sollte sich bald darauf auch der Widerstand gegen sie entfalten.

IV.
Tibet unter chinesischer Herrschaft
(1951-1999)

1. Der tibetische Volksaufstand

Die Entwicklung von 1951-1959 im Überblick

Mit dem Sieg der chinesischen Revolution 1949 und der sich anschließenden Invasion Tibets durch die Volksbefreiungsarmee wurde das »Dach der Welt« aufs engste mit der allgemeinen Entwicklung in China verknüpft. Von nun an gaben die chinesischen Kommunisten den Ton an; bestimmend wurden die Ideen eines Mannes: Mao Tsetung.

Hatten manche Tibeter noch Illusionen über die wahren Motive und Absichten der chinesischen Kommunisten, so zerstoben diese rasch. Unmißverständlich wurde klar, daß nichts anderes gefordert wurde als die Unterwerfung unter die totalitäre Politik der chinesischen Kommunisten, die seit 1949 immer mehr das Leben in China selbst prägte.

Es ist kein Zufall, daß der Aufstand von Lhasa 1959 just zu der Zeit ausbrach, als Mao Tsetung das erste Mal versuchte, seine kriegskommunistischen Vorstellungen auch in Tibet umzusetzen. Ihm mußte es unerträglich sein, daß zehn Jahre nach der »Befreiung« ein beträchtlicher Teil Chinas – Zentraltibet – noch immer nicht in diese neue Entwicklung eingepaßt war. Der Druck auf Zentraltibet und die Regierung des Dalai Lama hatte sich Tag um Tag, Monat um Monat, Jahr um Jahr erhöht. Mao Tsetung und die Kommunistische Partei Chinas wollten die Entwicklung in Tibet in Einklang mit der Entwicklung in anderen chinesischen Landesteilen bringen. Das hieß für sie, die Herrschaft des Dalai Lama zu unterminieren und der Form nach auf der Grundlage des 17-Punkte-Abkommens ihre Reformen durchzuführen. Die Frage war, ob dies zu Widerständen, gar Aufständen führen würde. Mao Tsetung sah schon 1952 zwei Möglichkeiten: Entweder würde es den »üblen Elementen« gelingen, die tibetische Armee zu reorganisieren und aktiven Widerstand zu leisten, oder die chinesische Armee würde das Vertrauen der Bevölkerung gewinnen. Es geschah jedoch ein drittes: Das Volk selbst wurde zum »üblen Element«, das sich den religionsfeindlichen, inhumanen Reformen widersetzte.

Die Chinesen gingen nun daran, ihre »demokratischen Reformen« in Kham und Amdo mehr oder weniger gleichzeitig mit denen in anderen Provinzen durchzuführen, schon 1952/53. Während sie im »Äußeren Tibet« noch abwarteten, wollten die chinesischen Kommunisten die Volkskommunen beim östlichen Teil der tibetisch-buddhistischen Bevölkerung, die lediglich durch eine künstliche Grenze, also durch künstliche Gesetzlichkeit, von Zentraltibet abgetrennt war, erzwingen. Tatsache war aber, daß in den fünfziger Jahren die östlichen Tibeter, gleichgültig wie weit weg von Lhasa oder wie nah zu chinesischen Provinzen, sich wie andere Tibeter verhielten und handelten.

Was die Briten »Inneres Tibet« nannten, es umfaßte Kham und Amdo, war zwar allmählich annektiert und den Nachbarprovinzen Qinghai, Sichuan und Yunnan einverleibt worden. Da die chinesische Zentralregierung aber mehr als hundert Jahre instabil war, hatten sich die Ost-Tibeter größter Unabhängigkeit von Peking und Lhasa erfreut – die Khampas waren der tibetischen Regierung und den herrschenden aristokratischen Eliten nicht eben freundlich gesonnen, wohl aber dem Dalai Lama als Inkarnation des Boddhisattvas der Barmherzigkeit.

Die Khampas und Amdowas stellten den Kern der tibetischen Revolte. Die ihnen aufgedrängten »demokratischen Reformen« berührten nicht nur die Eigentumsverhältnisse, sondern verletzten stärkstens ihre religiösen Werte. Sie revoltierten gerade in den Regionen, wo die »demokratischen Reformen« am weitesten verbreitet waren. Zu größeren Aufständen kam es in Kham 1956/57, die 1958 auf Amdo übergriffen. 1958 schlugen fünfzehntausend Familien, alle Rebellen und Flüchtlinge aus Ost-Tibet, ihre Zelte in Lhasa auf. Dort aber war die Atmosphäre ohnehin schon gespannt. Die Khampas, bisher versprengte Gruppen, organisierten sich schließlich in einer nationalistischen Widerstandsbewegung, als die Chinesen versuchten, sie zu zählen und aus Lhasa zurückzutransportieren. Tiefes, aus der Erfahrung gespeistes Mißtrauen gegen das chinesische Militär brachte die tibetische Bevölkerung dann März 1959 dazu, einen Schutzring um den Palast des Dalai Lama zu bilden, um ihn vor Entführung zu schützen. Der gewaltsame Aufstand von Lhasa brach aus.

Die Entwicklung in China

Der Schlüssel für die Entwicklung in Tibet lag in China: In wenigen Jahren war es der Volksrepublik gelungen, die Kriegsschäden auszugleichen und so die Voraussetzungen dafür zu schaffen, das Land zu industrialisieren und zu modernisieren. Hierfür war Grundlage die von Mao Tsetung entwickelte Politik der Neuen Demokratie. Nicht ein sozialistischer Staat sollte das unmittelbare Ziel sein, sondern ein »neudemokratischer« Staat, der auch alle patriotisch gesinnten Teile der ehemaligen politischen und wirtschaftlichen Eliten einbezog. Gemeint war damit auch etwa die Zusammenarbeit mit chinesischen, patriotisch gesinnten Unternehmen, die vor 1949 nicht mit ausländischen »Imperialisten« kollaboriert hatten. Während diese zunächst ihre Fabriken behalten durften, wurden alle Betriebe, die sich im Besitz ausländischen Kapitals sowie der »Kompradorenbourgeoisie« befanden, verstaatlicht. Wichtigstes Ergebnis dieser Zeit war die Landreform von 1952. Millionen von Bauern wurde Land zugeteilt, das den Großgrundbesitzern enteignet worden war. Einer der zentralen innenpolitischen Erfolge aus Sicht der Kommunistischen Partei in diesen ersten Jahren war die feste Eingliederung der Gebiete, die seit dem Sturz der Qing-Dynastie 1911 nur noch lose oder gar nicht mehr mit dem chinesischen Reich verbunden waren. Dazu gehörten Tibet, Xinjang (Ost-Turkestan), die Innere Mongolei und die südchinesische Provinz Yunnan.

Diese Phase der »Neuen Demokratie« dauerte nur kurz an. Mit Unterstützung der Sowjetunion und osteuropäischer Staaten führte die Volksrepublik China den Ersten Fünfjahresplan (1953 bis 1957) durch, dessen Schwerpunkt auf der Entwicklung der Schwerindustrie lag. Am Ende dieser Periode waren nahezu alle Betriebe verstaatlicht, während die Bauern nach einer kurzen Zeitspanne der Unabhängigkeit in Genossenschaften zusammengefaßt wurden.

Alle sozialpolitischen und ökonomischen Umgestaltungen wurden von Anbeginn in der Form von Massenkampagnen durchgeführt, die von oben initiiert wurden – die typische Form politischer Kämpfe in China bis Ende der siebziger Jahre. Ihr Ziel war es, die »Klassenfeinde«, das heißt alle Gegner aufzuspüren und zu vernichten, aber auch gleichzeitig die »Massen« umzuerziehen, den neuen sozialistischen Menschen zu schaffen. Terror und Gehirnwäsche, Massenveranstaltungen und sogenannte Kritik- und Selbstkritiksitzungen waren an der Tagesordnung, ja geradezu Bestandteil der Volksrepublik China. Hinzu kamen exzessive Anwendung der Todesstrafe und die Einrichtung großer Arbeitslager.

Die Opfer in den ersten Jahren gingen in die Millionen. Allein während der Kampagne gegen die Konterrevolutionäre 1951/52 wurden nach offiziellen Angaben über 800000 Menschen erschossen, und die Bodenreform forderte nach westlichen Schätzungen bis zu fünf Millionen Todesopfer. Hunderttausende reicher Grundbesitzer wurden vor sogenannte Volkstribunale gestellt und meist zum Tode verurteilt.

1954 wurde die Übergangsperiode der Neuen Demokratie für beendet erklärt. In ihrer ersten Verfassung definierte sich die Volksrepublik als sozialistischer Staat vom Typ der Diktatur des Proletariats, angeführt von der Kommunistischen Partei Chinas. Eine streng zentralistische Regierung wurde aufgebaut, und der Druck auf die innenpolitischen Gegner wuchs. Hauptopfer waren meist Intellektuelle. Die Parteiführung ermutigte im Frühjahr 1957 die Intellektuellen zu offener Kritik an den Mängeln des Systems. Einige Wochen später wurden die Kritiker dann als »rechte Elemente« beschimpft und zu Hunderttausenden in Gefängnisse und Arbeitslager gesteckt.

1958 folgte der »Große Sprung nach vorn«:

Ermutigt durch eine verhältnismäßig gute wirtschaftliche Lage zum Ende des Ersten Fünfjahresplans propagierte Mao Tsetung, der dabei von nahezu der gesamten Parteiführung unterstützt wurde, eine neue Kampagne. In einem Zeitraum von nur wenigen Jahren wollte man wirtschaftlich fortgeschrittene Länder wie zum Beispiel England in der Pro-Kopf-Produktion einholen, eben mit dem »Großen Sprung«. Als wichtigstes Mittel für dieses Vorhaben sollten überall Volkskommunen eingerichtet werden. Praktisch bedeutete dies, daß den Bauern ihr zugeteiltes Land wieder genommen und den Volkskommunen zugeschlagen wurde. Bis Ende 1958 waren praktisch alle Bauern in solchen großen Kollektiven zusammengefaßt, in denen sie, ähnlich einer militärischen Organisation, zahlreiche, meist unbezahlte Arbeitseinsätze leisten mußten. Die Bauern, die die Kommunisten bis 1949 wegen deren Versprechungen auf Zuteilung von Land unterstützt hatten, sahen sich nun von der Kommunistischen Partei getäuscht; die Widerstände gegen deren Politik, bei der den Bauern das letzte bißchen Privatland weggenommen wurde, nahmen zu. Der »Große Sprung« endete in einer Katastrophe. Kein einziges der angestrebten Ziele war erreicht worden. Wegen gigantischer Einsätze in anderen Bereichen fehlten der Landwirtschaft Arbeitskräfte, so daß

Felder nicht bestellt und Ernten nicht eingebracht werden konnten. Gleichzeitig wurden Arbeiter und Bauern bis zur vollständigen Erschöpfung an Großbaustellen eingesetzt. Solche Projekte, zum Beispiel der Bau von Staudämmen, waren wiederum häufig völlig mangelhaft ausgeführt; durch die Fehlplanung verursachte Mißernten sowie Naturkatastrophen verschärften die allgemeine Lage aufs äußerste – für mindestens 20 Millionen Menschen wurde der »Große Sprung nach vorn« der Absturz in den Hungertod – eine der größten von Menschenhand herbeigeführten Hungerkatastrophen überhaupt.

Der »Große Sprung nach vorn« sollte nach Mao Tsetungs Vorstellung aber auch ein großer Sprung in den Kommunismus sein. In wenigen Jahren harter Arbeit sollte »ein tausendjähriges Glück« geschaffen und das System des Privateigentums endgültig beseitigt werden. Permanente ideologische Umerziehung sollte den neuen Menschen schaffen, der mittels seines nicht mehr durch die egoistischen Schranken des privaten Eigentums gefesselten Bewußtseins die objektiven gesellschaftlichen Defizite – wirtschaftliche Rückständigkeit und Armut – ausgleicht und uneigennützig in großen Massenkampagnen eine neue Gesellschaft aufbaut. Was immer den Menschen an die bürgerliche Ideologie des Privateigentums band, ob Privatbesitz, ob alte Literatur, ob Konfuzianismus oder ob Volksreligion, sollte vernichtet werden. Wer das nicht wollte, wurde mit Gewalt gezwungen oder – wie Mord in der Kadersprache umschrieben wurde – liquidiert.

Ausgerechnet von Chinas erstem Kaiser Qin Shihuangdi, der 221 v. Chr. China auf der Grundlage der absoluten Unterordnung des Individuums unter den Staat vereinigt hatte, war Mao Tsetung fasziniert. Er versuchte, seine kriegskommunistischen – auf seine Zeit während des Guerillakriegs gegen die Japaner zurückgehenden – Visionen auch für ganz China umzusetzen:

- Die ganze Gesellschaft wird als eine einzige große Fabrik betrachtet, die straff und militärisch geführt wird. Zentralistisch entscheidet über alle volkswirtschaftlichen und betrieblichen Belange der Staat, der seinerseits von der Kommunistischen Partei angeleitet wird.
- Jegliche Markt- und Geldbeziehungen sind ausgeschlossen, statt dessen herrscht ein System der Naturalverteilung.
- Die Volkswirtschaft wird nicht durch irgendwelches Gewinnstreben geleitet, sondern durch ideologische Mobilisierung. Die

für die Wirtschaft notwendigen Maßnahmen werden von oben nach unten befohlen: es gibt gleichen Lohn für alle.

Kaum ein Bauer dürfte begriffen haben, was als Kernpunkt des maoistischen Programms auf ihn zukam: Seine Umwandlung in einen militärisch-industriell disziplinierten Fabrikarbeiter. So heißt es 1958 in einem Beschluß zum Betreiben von Volkskommunen: »Was wir Organisation nach militärischen Regeln nennen, bedeutet die Organisation nach dem Vorbild einer Fabrik. Es bedeutet, daß die Arbeitsorganisation in der Volkskommune so organisiert und diszipliniert sein sollte wie in einer Fabrik oder Armee. Das ist bei der landwirtschaftlichen Großproduktion notwendig.«[1] Nicht anders soll es in der Industrie zugehen, wo »jede Fabrik wie ein militärisches Lager organisiert ist. Die Disziplin des Arbeiters, der an der Maschine steht, ist ebenso streng wie in der Armee.«[2] Diese Disziplin sollte nun die ländlichen Gebiete erreichen:

> Wir wenden dieses System jetzt in den Landgebieten an, wobei wir eine sozialistische industrielle Armee auf der Grundlage des demokratischen Zentralismus schaffen, die frei von Ausbeutung durch den Grundbesitzer und den Großbauern ist und die sich über die Ebene der kleinen Warenproduktion erhebt.[3]

An dieser – geradezu wahnhaften – Idee hielt Mao Tsetung immer fest. Ihm, der in militärischen Kategorien dachte, der sich die chinesische Volksbefreiungsarmee als Vorbild für seine Zukunftsmodelle auserkoren hatte, waren alle Kritiker seiner Visionen Verräter, Feinde, die es auszuschalten galt. Auch den »Klassenfeinden« gegenüber war keine Menschlichkeit angesagt. Konfuzianismus galt als »reaktionär« und alle Religionen, etwa der das Mitgefühl betonende Buddhismus, waren bloß Opium für das Volk – Gift, wie Mao sich ausdrückte.

Schon während des »Großen Sprungs« kam es zum Personenkult um Mao Tsetung. Der »Große Vorsitzende« stand faktisch – wie ein Kaiser – über Parteiorganisation und Staat: Erlasse und Anweisungen mußten in seinem Namen erfolgen. Im Unterschied zu den alten chinesischen Kaiserdynastien ließ der Maoismus keine Elemente einer zivilen gesellschaftlichen Entwicklung mehr zu. Jetzt sollte die Einheit Chinas über eine einheitliche, alle Menschen gleichermaßen erfassende Ideologie abgesichert werden, durch die totalitäre Durchdringung der Gesellschaft. Die zentralistische Kommunistische Partei und das Militär waren die institutionellen Träger der Vereinheitlichung: Im ganzen Land war die

Volksbefreiungsarmee präsent; in jedem Dorf gab es – das war das Wichtigste – Zellen der Partei. Damit kontrollierte die kommunistische totalitäre Diktatur die gesamte wirtschaftliche und soziale Tätigkeit der Bevölkerung.

Autonome Gebiete

Die totalitäre Durchdringung der chinesischen Gesellschaft erfaßte auch die Gebiete der sogenannten Nationalen Minderheiten. Diese Minderheiten waren den neuen Perspektiven zunächst nicht abgeneigt; sie erhofften sich Verbesserungen. In der Tat hörte sich die Theorie nicht schlecht an: »Die ursprünglichen kommunistischen Versprechen«, schrieb Karl August Wittfogel 1958,

> sie auf gleiche Stufe mit den ›Han‹ (den eigentlichen Chinesen) zu stellen, fanden natürlich bei den Minderheiten Anklang, ebenso wie die feierliche Erklärung, daß die Miao, Yao, die Tibeter und andere nichtchinesische Völkerschaften das volle Recht der Selbstbestimmung genießen sollen, d. h. daß sie sich nach Belieben entweder dem chinesischen Sowjetstaat anschließen oder sich von ihm lostrennen und ihren eigenen Staat bilden können.[4]

Ernüchternd war die Praxis: Die bewaffnete Eroberung von Tibet enthüllte die wirkliche Einstellung der Kommunisten gegenüber schutzlosen Nationalitäten. Sehr bald wurde vor allem deutlich, was es mit der den Tibetern zugesagten »Autonomie« auf sich hatte: Die chinesischen Kommunisten wollten im Rahmen ihres zentralistischen Einheitsstaates den »nationalen Minderheiten« eine »nationale territoriale Autonomie« gewähren.

Diese Minderheiten durften zwar autonome Gebiete auf verschiedenen Verwaltungsebenen gründen, aber alle diese Gebiete waren dem Zentralstaat unterstellt. Den dort lebenden Völkern wurden lediglich eingeschränkte kulturelle Sonderrechte gewährt. Das kommunistische Autonomiekonzept zielte von Anfang an gerade darauf ab, die Minderheitengebiete verwaltungsmäßig, militärisch und ökonomisch fest an den Zentralstaat zu binden und in seine Entwicklung einzubeziehen. Wirkliche Entscheidungsbefugnis über ihre Entwicklung sollte den Minderheiten nie eingeräumt werden. Ebenfalls von Anfang an bezweckte dieses Konzept auch, im Rahmen der wirtschaftlichen Entwicklung dieser – meist »äußeren« – Gebiete dort Chinesen anzusiedeln und die dortigen

Völker dadurch erst wirklich zu »nationalen Minderheiten« in ihren eigenen Regionen werden zu lassen.

Ralf Dahrendorf hat Autonomie einmal definiert als »in erster Linie keine direkte Abhängigkeit der Organisationen und Institutionen vom Staat, insbesondere vom Zentralstaat«[5]. Die von den chinesischen Kommunisten den nationalen Minderheiten gegenüber gemeinte »Autonomie« war Orwellsche newspeak – das genaue Gegenteil des eigentlichen Sinns. Viele der bereits in der Verfassung von 1954 verankerten autonomen Rechte standen nur auf dem Papier. Vetorechte, Einsprüche gegen zentralstaatliche Maßnahmen waren nicht vorgesehen. Forderungen der »nationalen Minderheiten«, nach Zuzugsbeschränkungen und rechtlichen Möglichkeiten der Kontrolle und Steuerung der Zuwanderung ignorierte die Zentralregierung schon in den fünfziger Jahren.

Zwischen 1948 und 1950 teilte die Kommunistische Partei China in sechs große Verwaltungsregionen ein, die den militärischen Großbezirken entsprachen, darunter die Regionen Südwest und Nordwest. In beiden lagen die tibetischen Siedlungsgebiete: Zentraltibet und die verschiedenen Teile von Kham, die auf chinesische Provinzen aufgeteilt waren, gehörten zur Region Südwest; Amdo, die chinesische Provinz Qinghai, gehörte zur Region Nordwest. 1954 war der Aufbau eines einheitlichen Verwaltungssystems für ganz China abgeschlossen. In der ersten Hälfte der fünfziger Jahre waren die meisten autonomen Gebiete mit ihren Verwaltungen auf Provinz-, Bezirks- und Kreisebene entstanden. Die einzig offene Region war 1958 noch Zentraltibet. Dort existierte die Regierung des Dalai Lama weiter neben der chinesischen Volksbefreiungsarmee.

Hand in Hand mit der formalen Einbeziehung der Minderheitenregionen in den chinesischen Staatsverband ging die sozialistische Umgestaltung der Minderheitenvölker bis zu ihrer vollständigen Kolonisierung. Spätestens seit dem »Großen Sprung nach vorn« wehte der »Wind des Kommunismus«, der faktisch die Verfassung von 1954 außer Kraft setzte. Nun galt es schon als »konterrevolutionär«, elementare Rechte wie etwa die Religionsausübung zu betonen. Gegenüber den nationalen Minderheiten wurde eine immer repressivere Politik eingeschlagen, getreu der – besonders grauen – Theorie, daß in einer zum Kommunismus übergehenden Gesellschaft die nationalen Unterschiede sich aufheben würden. Einige autonome Gebiete wurden wieder abgeschafft.

Besondere Sitten und Gebräuche wurden verboten, ebenso die Religionsausübung, lokale Trachten durften nicht mehr getragen werden, die lokalen Sprachen wurden nicht mehr unterrichtet, Chinesisch wurde als Amtssprache eingeführt.

Mehr und mehr lösten auch chinesische Funktionäre die fachlich ausgebildeten Minderheitenfunktionäre ab. Insgesamt setzte eine Politik der Zwangsassimilation ein, die erst gegen Ende der siebziger Jahre wieder aufgegeben wurde.

Während in jedem Dorf eine effiziente chinesische Partei- und Militärorganisation präsent war, ließ die Zentralregierung zugleich den »lokalen Nationalismus«, der an nationalen Besonderheiten festhalten wollte, als eine Hauptgefahr bezeichnen. So konnte sie dann jeden Widerstand gegen die totalitäre Durchdringung der Minderheitengebiete und gegen die praktizierte Aufhebung jeglicher Autonomie als »konterrevolutionär« und »spalterisch« verdammen.

In der zweiten Hälfte der fünfziger Jahre wuchs solcher Widerstand in den Minderheitenregionen, vor allem, als die Bauern in den Genossenschaften und Volkskommunen erfaßt werden sollten. Neben passivem Widerstand kam es zu Sabotageakten, aber auch zu Unruhen und bewaffneten Revolten – unter anderem bei den Uiguren in Xinjang 1956/57 und 1958/59 und bei den Hui und anderen. Dai flüchteten über die Südgrenze in Yunnan, und auch die Massenflucht von 80 000 Kasachen in die Sowjetunion gehört in diesen Zusammenhang. Die Chinesen gingen gegen die Aufständischen vielfach äußerst brutal vor. Bei der Niederschlagung einer Revolte der Hui in Qinghai und Gansu, die sich gegen die Willkürherrschaft von chinesischen Parteifunktionären richtete, löschten die Chinesen sogar ganze Dörfer aus.

Der Widerstand in Tibet

Den größten Widerstand gegen die totalitär-kommunistische Durchdringung ihrer Gesellschaft leisteten die Tibeter. Die chinesische Politik, die so gerne Gesicht wahrt und alle Aktionen mit einem gesetzlichen Mantel zu bekleiden versucht, ließ Realismus vermissen: Sie behandelte die in den früheren tibetischen Ostprovinzen Amdo und Kham, jetzt formell auf chinesischem Boden lebenden und zahlenmäßig doppelt so vielen Tibeter wie unter dem Dalai Lama de jure und de facto als Chinesen. Denn sie unterstanden nicht der Rechtsprechung des Dalai Lama.

Die Chinesen gingen nun daran, ihre »demokratischen Reformen« in Kham und Amdo mehr oder weniger gleichzeitig mit denen in anderen Provinzen durchzuführen, schon 1952/53. Während sie im »Äußeren Tibet« noch abwarteten, wollten die chinesischen Kommunisten die Volkskommunen beim östlichen Teil der tibetisch-buddhistischen Bevölkerung, die lediglich durch künstliche Gesetzlichkeit von Zentraltibet abgetrennt war, erzwingen.

Entwicklung in Lhasa in der ersten Hälfte der fünfziger Jahre

1951, nach Abschluß des 17-Punkte-Abkommens, standen die Akteure des Dramas auf dem Dach der Welt bereit, die Fronten waren aber noch nicht eindeutig klar. Ein Teil der weltlichen und politischen Elite (einschließlich des Panchen Lama) Zentraltibets sahen ihre Zukunft in einer Kooperation mit den chinesischen Kommunisten, sie hofften darauf, daß sich am bestehenden System nichts ändern und sie ihre Privilegien behalten würden. Ein anderer Teil machte Front gegen das 17-Punkte-Abkommen und die KP Chinas. Der dritte Akteur waren die Khampas und Nomaden in Kham und Amdo. Ihnen gegenüber stand die chinesische Volksbefreiungsarmee, die einen Guerilla- und Bürgerkrieg gewonnen hatte, ausführender bewaffneter Arm einer modernisierungsfrenetischen und nationalistisch gesinnten kommunistischen Elite, entschlossen, Tibet fest ins »Mutterland« einzugliedern, entschlossen, Religion und Theokratie in Tibet ein für allemal zu beenden.

Der Dalai Lama selbst beugte sich zwischen 1951 und 1954 des wachsenden Druck der Volksbefreiungsarmee in Lhasa, des Hauptakteurs auf chinesischer Seite. Diese versuchte zum einen Druck auf die Regierung des noch jungen Dalai Lama auszuüben, um die ihnen feindlichen gesonnenen Personen innerhalb der tibetischen Regierung zu entfernen – erfolgreich. Er war gezwungen, seine beiden höchsten Verwaltungsbeamten, die Premierminister Lunkhawa und Lobzang Tashi, zu entfernen, denn diese kritisierten offen den Souveränitätsanspruch Chinas gegenüber Tibet. Insbesondere setzten sie sich dafür ein, daß die Praxis der Qing-Dynastie, keine Truppen in Tibet zu stationieren, wieder aufgenommen werden sollte; die Chinesen seien angeblich gekommen, um den Tibetern zu helfen, aber das Gegenteil sei der Fall,

ihre Anwesenheit sei eine schwere Belastung, und das meiste, was sie täten, steigere nur den Zorn und die Erbitterung des Volkes. Eine der von Longkhawa erwähnten Handlungen, die uns mehr bedeutete, als es scheinen mag, war das Verbrennen der Knochen toter Tiere innerhalb der heiligen Stadt Lhasa: Diese schwere Beleidigung für die religiösen Gefühle der Tibeter hat viel böses Blut gemacht. Aber Chang Chin-Wu (der oberkommandierende chinesische General in Lhasa, Anm. d. Verf.) war keinesfalls gewillt, über die Gründe für die so offensichtlich feindselige Haltung des Volkes zu sprechen; er erwartete vielmehr von unserer Regierung, ihr ein Ende zu machen. Neben anderen Beschwerden brachte er vor, daß in den Straßen von Lhasa Menschen umherzögen und Hohn- und Schmählieder auf die Chinesen sängen. Deshalb müsse unsere Regierung eine Verordnung erlassen, in der freundschaftliche Beziehungen zu den Chinesen zur Pflicht gemacht würden. Der General verfaßte einen entsprechenden Entwurf und übergab ihn Longkhangwa. Doch als dieser ihn las, war es ein Befehl, der das Singen auf der Straße verbot. Der Premier schrieb den lächerlichen Entwurf in etwas würdigere Form um. Ich glaube, der Chinese hat ihm das nie verziehen. Im Verlauf weiterer Besprechungen häuften sich die chinesischen Beschwerden und wurden massiver: Trotz all ihrer Versuche, dem Volk klarzumachen, sie seien nur hier, um den Tibetern zu helfen, verschlechterte sich das Verhalten des Volkes von Tag zu Tag; außerdem würden öffentliche Versammlungen abgehalten, auf denen man die chinesischen Behörden kritisiere. ... Die Chinesen verlangten vom Kabinett, derartige Zusammenrottungen zu verbieten. Dies geschah. Aber das Volk von Lhasa antwortete sofort mit Plakaten und Flugblättern: Der Hungertod stehe vor der Tür, und die Chinesen sollen hingehen, wo sie hergekommen seien. Und trotz des Verbotes fand eine große Versammlung statt. In einer Resolution wurde die Not des Volkes dargestellt und betont, wie ernst die Situation in Lhasa sei; weiter wurde verlangt, daß sich die chinesischen Truppen zurückziehen und nur einige wenige Beamte in der Stadt bleiben sollten. Ein Exemplar dieser Resolution erhielten die chinesischen Generäle, ein weiteres mein Kabinett. Daraufhin behaupteten die Chinesen, das

> Schriftstück sei die Folge imperialistischer Hetze, und begannen anzudeuten, daß gewisse Leute in Lhasa absichtlich Unruhe stifteten; und bei einer Gelegenheit kam Chang Chin-wu in die Amtsräume des Kabinetts und beschuldigte die beiden Premiers, Anführer einer Verschwörung gegen das Abkommen von Peking zu sein.[6]

Im März 1952 war eine lose Organisation von Bewohnern Lhasas und nahe liegender Dörfer gegründet worden, die Mimang Tsongdu – eine Volksversammlung, die die erwähnte Petition der Kashag präsentiert hatte. Daß das Volk gegen die Kommunisten sein konnte, kam den Generälen nicht in den Sinn, war für sie unvorstellbar. Hintergrund der wachsenden Spannungen waren die Truppenverstärkungen in Lhasa; da die chinesischen Soldaten nichts mitgebracht hatten, mußten sie alles von den Tibetern verlangen. Sie requirierten Häuser und beschlagnahmten ein riesiges Gelände als Lager. Sie verlangten leihweise Überlassung von 2000 Tonnen Gerste; die Klöster und Privatleute mußten der Regierung, deren staatliche Speicher nicht so viel Getreide enthielten, aushelfen. Die Vorräte der Stadt waren erschöpft.

> Und dann erschien ein weiterer General mit nochmals acht- bis zehntausend Mann. Sie beschlagnahmten weiteres Gelände für ihr Lager, und unter der Last ihrer zusätzlichen Forderungen nach Verpflegung brach unsere Wirtschaft zusammen. Die Chinesen hatten nichts bei sich; alle sollten aus unseren mageren Vorräten verproviantiert werden. Der Preis für Getreide stieg plötzlich auf das Zehnfache, für Butter auf das Neunfache, für Waren des allgemeinen Konsums um das Zwei- bis Dreifache. Zum erstenmal seit Menschengedenken standen die Menschen in Lhasa am Rande einer Hungersnot. Ihre Erbitterung gegen die chinesischen Truppen wuchs; schon begannen sie chinesische Soldaten mit Steinen zu bewerfen – ein Zeichen dafür, daß die Erwachsenen lediglich mit ihrem eigenen Zorn zurückhielten. Klagen über Klagen bekamen die Amtsstuben des Kabinetts zu hören. Aber es war unmöglich, etwas Wirksames zu unternehmen.[7]

Viele der von der antichinesischen Untergrundgruppe Minang Tsongdu in Demonstrationen, Plakaten und Flugblättern an die Öffentlichkeit gebrachten Themen und Forderungen waren von feudalen Beamten inspiriert, die keinen Wechsel, sondern lediglich die öffentliche Stimmung benutzen wollten, um sich jeglicher Reform zu widersetzen. Die antichinesische Stimmung in der Bevölkerung wuchs, das war unübersehbar, verursacht durch die zunehmende und irritierende Präsenz Zehntausender von chinesischen Soldaten in Lhasa und anderen Städten. Die wachsende Unzufriedenheit der tibetischen Bevölkerung zeigte sich auch in der weiten Verbreitung von Exemplaren des politischen Testaments des 13. Dalai Lama. Die Chinesen versuchten, dem Versorgungsproblem ihrer Truppen durch steigende Importe von Getreide aus Indien, das Gewähren von Darlehen an Dorfbewohner und das Verbot, tibetisches Bier herzustellen, beizukommen. Verschärft wurde die Situation noch durch unvorhergesehene Überschwemmungen im Jahre 1953 und 1954, was die abergläubischen Tibeter auf das Mißfallen der Götter an der chinesischen Besatzung zurückführten.

> In jenem Jahr blieb die Ernte aus, da die Feldfrüchte der Flut zum Opfer gefallen waren. Viele arme Bauern waren gezwungen, sich bei den Chinesen im Straßenbau zu verdingen. Während des Wiederaufbaus ihrer Häuser zogen viele Dörfler zu ihren Verwandten ins Kloster. Mein Quartier wurde zum neuen Heim meiner Familie. Die Frauen durften allerdings nicht im Kloster übernachten und begaben sich zu dritt oder zu viert in andere Gebäude.
>
> Als ich im Gefängnis war, behaupteten die Chinesen, sie hätten uns bei der Bekämpfung der Flut unterstützt. Doch in Penam (bei Gyantse, Anm. d. Verf.) half uns niemand. Die Chinesen waren zwar überall, aber sie waren viel zu sehr damit beschäftigt, Büros zu eröffnen und ihre Herrschaft vorzubereiten. Wie eine Spinne webte China sein Netz um Tibet, und wir konnten nichts dagegen tun.[8]

Gleichzeitig wurden seitens der Chinesen alle Bemühungen darauf konzentriert, Überlandstraßen von Sichuan, Qinghai und Xinjang aus nach Lhasa zu bauen, um weitere Truppen und Versorgungsmaterialien auf das Dach der Welt zu bringen – der Schlüssel zur Lösung des Tibet-Problems für die KP China war die Stärkung der Volksbefreiungsarmee, denn in Tibet, das sah Mao Tsetung ganz klar, war die Situation ganz besonders – hier gab es so gut wie keine Han-Chinesen. Je mehr Soldaten nach Lhasa und andere Teile Zentraltibets kamen, desto mehr entfaltete die Volksbefreiungsarmee ihre Propaganda – materiell über Errichtung von Schulen und Krankenhäusern, durch Aufbau kommunistischer Massenorganisationen, ideell durch Verbreitung kommunistischer und antireligiöser, gegen die Klöster gerichteter Propaganda. Mit der Armee kamen auch Motorfahrzeuge, mineralische Vorkommen wurden erforscht, und Kleinindustrie wurde eingeführt – ein radikaler Bruch mit dem vormodernen Tibet, eine ganze neue materielle Zivilisation kündigte sich an. Der Errichtung chinesischer Schulen folgten die chinesische Sprache sowie chinesische Schulkleidung und Schulgebräuche. Die Klöster wurden Gegenstand einer herabsetzenden Propaganda, ihre wirtschaftliche und politische Bedeutung wurde nach Möglichkeit eingeschränkt; die Kommunisten zeigten sich auch bemüht, die Autorität des Dalai Lama zu unterhöhlen, etwa durch die Rückkehr des Panchen Lama im Jahre 1952 nach Shigatse, wo dieser besondere Rechte erhielt. Die alte Beamtenschaft verhielt sich abwartend, sie fügte sich nach außen den Veränderungen, versuchte aber zugleich, alles beim alten zu lassen. Der Dalai Lama entließ seine beiden mutigen Premierminister, um deren persönliche Sicherheit zu garantieren und aus der Überlegung heraus, daß Widerstand gegen den chinesischen Nachbarn

> zu einer immer stärker werdenden Unterdrückung und immer weiter wachsenden Erbitterung des Volkes führen würde. Die sichere Folge dieser Auflehnung würde schließlich ein Ausbruch gewaltsamer Auflehnung sein. Gewalt aber war nutzlos; wir konnten die Chinesen auf keinen Fall durch Gewaltmittel, gleich welcher Art, loswerden. Sie würden immer Sieger bleiben, wenn wir gegen sie kämpften, und das Opfer würde unser eigenes unbewaffnetes und unorganisiertes Volk sein. Als einzige Hoffnung blieb uns, die Chinesen im guten dahin zu bringen, die Versprechungen zu erfüllen, die sie in dem Abkommen mit uns eingegangen waren. Gewaltlosigkeit war der einzige Weg, auf dem wir schließlich ein gewisses Maß an Freiheit zurückgewinnen konnten, vielleicht erst nach Jahren der Geduld. Dies bedeutete Zusammenarbeit mit den Chinesen, wann immer sich die Gelegenheit bot, und passiven Widerstand, wo dies nicht möglich war.[9]

Mit organisierten Reisen nach China wurde versucht, Lamas, höheren Beamten und Dorfvorstehern die Errungenschaften und Wunder des Fortschritts im neuen China zu zeigen. Junge Mönche und Adlige erhielten Stipendien für das Studiums an chinesischen Hochschulen. 1954 besuchten auch der Dalai Lama und der Panchen Lama China, um an der Tagung des Nationalen Volkskongresses in Peking teilzunehmen; letzterer wurde während des Besuchs favorisiert, und auf den jungen Dalai Lama wurde Druck ausgeübt, pro-chinesische Reden zu halten. Die Botschaft der kommunistischen Führer in Peking war eindeutig: China schickte sich an, seine Herrschaft über Tibet zu intensivieren und auszudehnen. »Dies war der allgemeine Eindruck«, schreibt der Dalai Lama 1962,

> den ein fast einjähriger China-Aufenthalt in mir hinterließ: Leistung und materieller Fortschritt, daneben grauer Nebel von humorloser Uniformität, durch den gelegentlich der traditionelle Zauber und die ganze Höflichkeit des alten China überraschend wie ein freundlicher Sonnenstrahl aufglänzten. Diese äußere Uniformität macht natürlich die furchtbare Stärke des Kommunismus aus; aber ich konnte nicht glauben, daß es den Chinesen je gelingen würde, den Tibetern eine derartige Sklaverei des Geistes aufzuerlegen. Glauben, Humor und Individualität bedeuten für die Tibeter den Lebensatem, und keiner würde freiwillig diese drei Werte für bloßen materiellen Fortschritt eintauschen, selbst wenn der Tausch nicht zugleich die Unterwerfung unter ein fremdes Land mit sich bringen würde.
> Als ich mich auf meine Rückreise nach Lhasa vorbereitete, hatte ich noch Hoffnungen, mein Volk vor den schlimmsten Folgen der chinesischen Herrschaft bewahren zu können. Ich glaubte, daß mein Besuch in China in doppelter Hinsicht nützlich gewesen war. Er hatte mir eindrucksvoll gezeigt, wen wir gegen uns hatten, und – was noch wichtiger war – es schien mir, als hätte mein Besuch auch die Chinesen veranlaßt, jenen ursprünglichen Plan nicht weiter zu verfolgen – den Plan, von dem mir Mao Tse-tung erzählt hatte, nämlich uns direkt von Peking aus durch einen militärisch-politischen Ausschuß zu regieren. Statt dessen sah es so aus, als wolle man uns gewisse Machtbefugnisse in unseren eigenen inneren Angelegenheiten lassen, und es schien, als hätten wir ein festes Versprechen auf Autonomie erhalten.[10]

Wie sich herausstellen sollte, ein fataler Irrtum.

1954 verbuchte die VR China einen kleinen außenpolitischen Erfolg mit der Unterzeichnung des chinesisch-tibetischen Handelsabkommens, der in Artikel V Tibet als »tibetisches Gebiet der Volksrepublik China« bezeichnet. Aber die Chinesen verloren

»allmählich«, schreibt Richardson, »ihren anfänglichen guten Willen und schlugen eine härteren Ton an. Die Absicht wurde angekündigt, 40 000 Familien chinesischer Bauern in Tibet anzusiedeln. Und als 1954 die Straßen von China nach Lhasa fertiggestellt waren, gab es einen großen Zuwachs an Besatzungsstreitkräften.«[11]

»Anfang 1954«, berichtet der Mönch Palden Gyatso, damals im Kloster Drepung bei Lhasa,

> hörten wir, daß der Dalai Lama und der Panchen Lama eine Reise nach China planten. Das erfüllte viele von uns mit Sorge. Wer garantierte uns, daß die Chinesen sie nicht in Peking festhielten? Von den aus Kham und Amdo geflohenen Mönchen wußten wir, daß die Chinesen Lamas und Dorfvorsteher eingeladen und dann verhaftet hatten. Ein Freund lieh mir ein zerlesenes Büchlein mit dem Testament des 13. Dalai Lama, der 1933 gestorben war. Mir fiel eine seiner Prophezeiungen auf, die Warnung vor der »roten Ideologie«, deren Ziel es sein werde, das politische und religiöse System Tibets zu vernichten. In der Mongolei sei dies bereits geschehen. (Wochen später erzählt mir ein mongolischer Mönch, wie die Chinesen die Klöster seines Landes zerstört und alle Insassen inhaftiert hatten.) Der verstorbene Dalai Lama prophezeite, die Chinesen würden von der »roten Ideologie« infiziert werden und Tibets Religion eines Tages auslöschen.
>
> Der Dalai Lama und sein Gefolge machten sich also auf den Weg nach China. Jeden Tag hörte man von weiteren Kämpfen. Immer mehr Mönche aus Ost-Tibet suchten Zuflucht in Drepung. In Lhasa wurden die Führer der antichinesischen Demonstrationen verhaftet. Äbte und hohe Lamas mußten an Zusammenkünften und sogenannten »Schulungen« teilnehmen.[12]

Auf seiner Rückreise von China nach Tibet spürte der Dalai Lama eine »Atmosphäre nahenden Unheils«, eine Verschärfung der »gegenseitigen Feindschaft«. Während bei Tibetern »die Erbitterung und der Haß auf die Chinesen« stieg, zeigten diese »zunehmende Rücksichtslosigkeit und jene Entschlossenheit, die ihre Ursache in Furcht und Mangel an Verständnis hat«. Er versuchte, mäßigend und vermittelnd auf beide Seiten zu wirken, um »Gewalttätigkeiten zu vermeiden«.[13] In Chamdo, wo die Chinesen das »Chamdo-Befreiungskomitee« eingesetzt hatten, erkannte er im April 1955, daß alle Macht bei den chinesischen Funktionären lag und daß

> der Distrikt praktisch durch den Kommandierenden General der Armee regiert wurde. Auch hier brodelte der Volkszorn. Die Menschen berichteten mir von Unterdrückung und Unrecht, von Enteignung der Bauern und von Versprechen, an die die Tibeter zuerst geglaubt hatten, die aber von den Chinesen immer wieder gebrochen worden waren. Und hier bestand außerdem eine Gefahr plötzlichen Ausbruchs von Gewalttätigkeiten. Denn hier leben die Khampas, und der kostbarste Besitz jedes Khampa ist ... sein Gewehr. Jetzt hatten die Khampas gehört, daß die Chinesen beabsichtigten, die Ablieferung aller Waffen anzuordnen. Ich wußte, ohne daß man mir dies zu sagen brauchte, daß ein Khampa niemals sein Gewehr abgeben würde – erst würde er es benützen.[14]

Der Dalai Lama hatte den Khampas Mäßigung und das Gute an den chinesischen Methoden anzunehmen geraten. Dafür war es zu spät. Bereits zuvor war es zu offenen Revolten gegen die chinesischen Besatzer gekommen.

Der Freiheitskampf der Khampas

Nach Beendigung des Zweiten Weltkriegs bildeten die drei Brüder der Familie Pomdatshang zusammen mit Geshi Shehrab Gyaltso die anerkannte Führerschaft der großen kämpfenden Stämme in Ost-Tibet; unterstützt wurden sie von einigen Sino-Tibetern, die eine Erziehung in China erhalten hatten und über Erfahrung in der Verwaltung verfügten. Bedingt durch die Bürgerkriegssituation in China nach 1945 wurden diesen ost-tibetischen Führern große Mengen an Waffen und Munition zugänglich – eine erfolgreiche Revolte gegen Lhasa lag jetzt endlich im Bereich des Möglichen; die Erfüllung eines langgehegten Traums der Ost-Tibeter – unabhängig zu werden – schien greifbar nahe zu liegen. Die Extremisten unter ihnen wollten die Zentralregierung in Lhasa stürzen und ein neues Regierungszentrum in Chamdo (Kham) errichten, von dem aus Tibet über aus Amdo und Kham stammende Beamte verwaltet werden sollte. Ein neuer Handelsweg von Chamdo und Batang nach Sadiya in Ober-Assam stand auf ihrer Prioritätenliste, um die alten, aber langen Karawanenwege über Lhasa zu umgehen. Die Gemäßigten traten dafür ein, politischen Druck auf Lhasa auszuüben, und falls dies keine Wirkung zeige, dann eine eigene Regierung in Kham zu errichten und über Boykottmaßnahmen die Lhasa-Regierung zu eliminieren.[15] Jedenfalls schickten die ost-tibetischen Führer einen dringenden Aufruf an die Zentralregierung und stellten dieser am Vorabend des Sieges der chinesischen Revolution ein Ultimatum – Einheit oder Kapitulation. Nach dem Ende des Bürgerkrieges in China, davon gingen sie aus, würde das Reich der Mitte sich wieder Tibet zuwenden. Die rasche, sich überstürzende Entwicklung ließ sie ihr Vorhaben nicht mehr verwirklichen.

Den chinesischen Kommunisten waren diese Pläne – trotz Geheimhaltung – bekannt, und 1949 erklärten sie offen, daß sie die oben genannten Führer Ost-Tibets, die Sympathie für China gezeigt hätten, in ihrem Kampf zur Befreiung ihrer Leute in Tibet unterstützen würden. Mit diesem politischen Manöver versuchten die Kommunisten, Ost-Tibet gegen Lhasa zu stellen. Gleichzeitig begannen sie militärischen Druck auszuüben, die ost-tibetischen Führer zur Zusammenarbeit mit China zu bringen. In einem Ultimatum an Topygay Pangdatschang legten sie ihre Intention, ganz Tibet zu »befreien«, dar und forderten die Kham-Tibeter zur Kooperation auf, andernfalls würden sie vernichtet – Kapitulation oder Zusammenarbeit. Die Führer der Kham-Tibeter versuchten im März 1950 vergeblich, Hilfe von Lhasa und ausländischen Mächten zu bekommen, um gegen die Chinesen zu kämpfen. Radio Peking hatte zudem, um Zwietracht zu säen, bereits verkündet, die Ost-Tibeter hätten die Waffen gegen Lhasa erhoben. Michel Peissel gibt ein gutes Porträt der Nomaden und ihrer Stimmungslage zur Zeit der chinesischen Invasion:

> Es hatte fünf Tage gebraucht, bis der Gouverneur von Tschamdo vom Beginn der chinesischen Invasion erfahren hatte, und mehrere Wochen, bis man in Lhasa von den Chinesen erfuhr, daß die Provinz Kham gefallen sei. Es dauerte weitere sechs Monate, bis ein Vertrag zwischen dem Dalai Lama (vertreten durch Ngabo) und China unterzeichnet wurde, und eineinhalb Jahre, bevor alle ersten »Befreier« in Lhasa einmarschierten. Es ist daher nicht erstaunlich, daß drei Jahre vergingen, bevor alle Nomaden in Tibet verstanden, was im Herbst 1950 geschehen war. Auch Männer wie Tsering begriffen anfangs nicht die wahren Absichten der Chinesen, denn komplizierte soziale Theorien, internationale Politik und marxistische Ideale sind den Gedankengängen der Khampas fremd.
> Zwischen den ideologischen Motiven der chinesischen Politbe-

amten, die nach Tschamdo kamen, und den feudalen Vorstellungen von Männern wie Tsering lagen tausend Jahre politischer Evolution. Angst und Gewalt waren die einzigen Werkzeuge der Verwaltung, die Tsering kannte. Nach seiner Ansicht war das Schwert die Basis, auf der das Recht zur Herrschaft gründete. Als die chinesischen Sieger es ablehnten, ihren Sieg so zu nutzen, wie man es gewohnt war, kamen die Herren von Kham zur Überzeugung, diese Armee sei tatsächlich eine Armee von Buddhas, gekommen, um die bösen Taten von Lhasa wiedergutzumachen und Kham »auf den Weg zur Autonomie und zur technologischen Evolution« zu helfen.

Lange Gespräche mit den Chinesen ließen Tsering die Fehler und Unzulänglichkeiten seiner Lebensform erkennen. Er war selbst im Dienst von Lhasa gestanden und wußte nur zu gut, daß die Herrschaft von Lhasa über Kham nichts anderes war als eine legalisierte Form des Banditentums. Er sah jetzt ein, daß die Reichen und Mächtigen sehr oft ihre Stärke dazu mißbraucht hatten, die Armen und Schwachen zu berauben. Für die Steuern, die man eintrieb, wurde niemals eine Gegenleistung geboten. Öffentliche Dienstleistungen waren unbekannt in Kham. Man erhob Steuern, und die Leute zahlten, weil sie Angst hatten. Die chinesische Schulung überzeugte Tsering sehr bald, daß in Tibet radikale Veränderungen vorgenommen werden mußten, und aus diesem Grund willigte er ein, nach Peking zu gehen.

Gedankengänge wie die, die Tsering nach Peking reisen ließen, waren den Nomaden völlig fremd. Zwischen diesen Männern und den Chinesen lag ein Abgrund, den keine Logik überbrükken konnte – nicht, weil die Nomaden unintelligent waren, vielmehr weil sie in den unendlichen Weiten Tibets nach uralten Gesetzen lebten, die einfach und erprobt waren, diktiert von der Natur und dem Überlebenskampf. Die Männer des Hochlandes waren der Überzeugung, daß jeder Mensch kämpfen muß, um zu überleben, und daß jeder Mensch Anrecht auf die Freuden des Daseins hat. Sie lebten in einer Welt, die für Männer gemacht war, nicht für das »Volk« – solche abstrakten Begriffe hatten keinen Platz in ihren Vorstellungen. Sie lebten nicht nach einem geschriebenen Gesetz und nicht nach politischen Theorien. Ihre Gesetze waren vom Instinkt diktiert. Sehr bald merkten die Chinesen, daß sie zwar die größeren Garnisonen und Städte von Kham unter Kontrolle hatten, nicht aber die Stämme auf den weiten Hochebenen, die umherziehenden Hirten. ... Niemand kannte genau die Namen und die Anzahl dieser Nomadenstämme, die über die unzugänglichsten Täler und Pässe verstreut waren. Diese Männer lebten nicht in festen Jurten wie die Mongolen oder in großen Zelten wie die Araber, sondern in kleinen runden Zelten, die aussahen wie Käfer und aus roher brauner Yakwolle hergestellt waren, niedrig und dunkel; kleine Punkte, die man von weither sehen konnte, in Kreisen zusammengedrängt oder in fortwährend sich verändernden Mustern über das Hochland verstreut. ... Niemand kannte den Ursprung dieser Menschen, die auch von den Bewohnern Lhasas als Wilde bezeichnet wurden ... Besonders über die Stämme von Kham und Tschinghai erzählte man sich die unglaublichsten Geschichten. Es hieß, daß ihre Häuptlinge reicher seien als irgend jemand sonst auf der Welt, und daß die Goloks von Amne Machin von einer Königin regiert wurden, die siebzehn Ehemänner hatte. Manche Herden zählten Hunderttausende Tiere, ein Vermögen, das auch nach Wall-Street-Begriffen beachtlich ist, während die kleinsten Herden auf dem Markt von Tschamdo 200 000 Trankas oder 60 000 chinesische Silberdollar brachten. Außer in der unmittelbaren Nähe eines Forts war man in Kham vor den Nomaden niemals sicher gewesen. Die Stämme lebten auch nach 1950 so, wie sie immer gelebt hatten: sie bedrohten einander, wachten eifersüchtig über ihr Weideland oder versuchten es zu vergrößern. Kaum waren sie geboren, saßen sie schon im Sattel, und nur die Stärksten überlebten im kärglichen Schutz der kleinen Zelte, ständig bedroht von der Kälte und den Stürmen, von Wölfen, Schneeleoparden, Bären, mit denen sie das Grasland teilten.

Für die Nomaden bedeutet das Gewehr Hoffnung und Überleben; und Gewehre und Munition bekam man nur, wenn man plünderte ... Das Leben auf den großen Hochebenen ist grausam, weil die Natur grausam ist. ... Es ist verständlich, daß die Guten Männer, die geheimnisvollen Priester der alten vorbuddhistischen Bön-Religion, den Nomaden näherstanden als die hochgebildeten Mönche, die in prächtigen Klöstern im Tal lebten. Die Bauern in ihren festungsartigen Häusern an den Flußufern mochten bei Landmagnaten und Herren wie Tsering Schutz suchen, doch die meisten Hirten kannten keinen Herrn.

1 Tibet. *Gemälde von B. B. Thapa 1989*

2 Der Berg Kailash

3 Bön-Kloster in Westtibet

4 Kloster Labrang

5 Das Rad des Lebens

6 Chenresig (Avalokiteshvara)

7 Tschörten am Manasarova-See

8 Der Potala-Palast

9 Mönche auf dem Dach des Klosters Drepung

10 Diskutierende Mönche

11 Bön-Mönche in Westtibet

12 Gebetsmühlen im Kloster Kumbum

13 Im Kloster Sera

14 Niederwerfung auf einem Pilgerpfad

15 Tibeterinnen am Kloster Shalu

16 Hochzeitsgruppe in Westtibet

> Ihre einzige politische Bindung waren Blutsbande – oder »Knochen«, wie sie das Zeichen der Verwandtschaft nennen. Ohne zu zögern konnten zwanzig junge Nomaden eine bewaffnete Karawane von zweihundert Menschen angreifen. Die kühnsten Abenteurer, die furchtlosesten Kaufleute und großartigsten Herren begannen zu zittern, wenn sie eine schmale Schlucht passierten und vorübergehend ihre defensive Marschrichtung aufgeben mußten. Seit eh und je zogen Karawanen wie Armeen durch Kham und große Teile Tibets … Die räuberischen Nomaden … überfielen die Karawanen, um sich Munition, neue Gewehre und gelegentlich einen Sattel zu beschaffen oder auch Zelte, Kochtöpfe und Pfannen … Um die großen Karawanen zu beschützen, hatten die Prinzen und Kriegsherrn die vielen Forts errichtet, die überall entlang der Handelswege zu finden waren. Die Besatzungen dieser Forts schlossen sich in der Nacht ein und verließen ihre Festung nur gemeinsam, um einen vorbeiziehenden Herrn oder einen Lama zu schützen. Nur selten ergriff man Vergeltungsmaßnahmen gegen die plündernden Stämme, die mühelos in unbekannte Sumpfgebiete und namenlose Schluchten verschwinden konnten.[16]

Die Doppelstrategie der chinesischen Kommunisten, einerseits die tibetischen Gebiete über Straßen und materielle Entwicklung immer fester an China zu binden, auf der anderen Seite schrittweise die kommunistischen »demokratischen Reformen«, die auf eine Umgestaltung des bestehenden ökonomischen und politischen Systems und die schrittweise Einbeziehung aller tibetischen Gebiete in den »sozialistischen« Aufbau des neuen China vorsah, scheiterte, nicht zuletzt wegen der Anti-Religiosität der intendierten Reformen. Je weiter die Straßen durch Tibet vordrangen, desto mehr zerstoben die Illusionen der Tibeter über die kommunistische Politik.

Nach Meinung von George Patterson war die Flucht des Bruders des Dalai Lama, Taktser Rinpoche – er war ein hoher Lama im Kloster Kumbum bei Xining –, im Juli 1951 in die USA der Hauptfaktor für die Änderung der chinesischen Politik in Tibet; dieser hatte vorgegeben, die chinesischen Pläne zu unterstützen, gar als Präsident neuer, den Chinesen genehmer Behörden zu fungieren nach Entthronung des Dalai Lama (noch vor dessen offizieller Inthronisation im November 1950). Die chinesische Regierung, so Patterson,[17] muß um diese Zeit entschieden haben, daß langfristig »friedliche Maßnahmen« in Tibet nicht praktikabel sein würden. Aus sinokommunistischer Sicht bedeutete Taktser Rinpoches Flucht in die Vereinigten Staaten auch die Drohung einer amerikanischen Intervention in Tibet (in Korea kämpften China und die USA gegeneinander; 1949 zirkulierte in Kalimpong eine Broschüre mit Top-Secret-Informationen für amerikanische Truppen über Tibet). Ausdruck dieser geänderten Haltung sei bereits das den Tibetern aufgezwungene 17-Punkte-Abkommen vom Mai 1951 gewesen. Jedenfalls begannen die chinesischen Kommunisten 1952 in Ost-Tibet mit der Landreform (zeitgleich mit anderen Landesteilen in China). Landeigentum und Gegenstände, die Taktser Rinpoche in seinem Kloster in Kumbum bei Xining gehörten, wurden als Strafe für seine Flucht beschlagnahmt. Diese Praxis wurde rasch auf andere Teile ausgedehnt, der Beginn der »demokratischen Reformen« (auch eine Vokabel aus dem newspeak-Wortschatz des Maoismus). Diese rapide einsetzenden demokratischen Reformen in Ost-Tibet berührten aber nicht nur die Eigentums-Beziehungen, sondern, was noch wichtiger war, sie betrafen das Anfang der fünfziger Jahre intakte, im tibetischen Buddhismus basierende Wertesystem. Der Dalai Lama wurde von der Bevölkerung als die reale Reinkarnation des Boddhisattva Avalokiteshvara gehalten; Buddha, der Buddhismus und die Mönchsgemeinde galten als heilig, die Definition sozialer Situationen, die von einem derartigen Wertesystem zur Verfügung gestellt wird, wurde als voll gültig betrachtet; es war bis zur chinesischen Invasion weder intern noch extern in Frage gestellt worden. Die Religion durchdrang den Staat und die Gesellschaft, Religion war untrennbar mit dem sozialen System verbunden; es konnte keinen sozialen Wandel geben ohne die religiöse Fundierung des gesamten tibetischen Systems zu unterminieren. In einer derartigen Situation konnten die »demokratischen Reformen« nur von oben der Bevölkerung brachial übergestülpt werden, was zugleich bedeutete von »außen«, von den neuen chinesischen Herren.

Der Widerstand begann 1952-1953 in Ost-Tibet und breitete sich über ganz Kham und Amdo aus. Frühe Zentren des Widerstandes waren Gyalthang in Süd-Ost-Tibet (chinesische Provinz Yunnan), wo bereits 1949 beim Eindringen der Roten Armee von den örtlichen Stammesangehörigen Widerstand – wenn auch erfolglos – geleistet worden war (wie auch von den Naxi in Lijiang). Einer der Helden des Khampa-Aufstandes, Ghompa Tashi Andrugtsang, beschreibt in seiner postum erschienenen Autobiographie die Gründe für die wachsenden Ressentiments der lokalen Bevölkerung gegen die »demokratischen Reformen«, die über eine Klasseneinteilung die tibetische Gesellschaft künstlich spalteten:

> Im Gebiet von Gyalthang Anthema Kham wurde von den Chinesen die örtliche Bevölkerung im folgenden Jahr (1953, Anm. d. Verf.) in fünf Schichten (Kapitalisten, Landbesitzer, Mittelklasse, kleine Bauern und Landarbeiter, Anm. d. Verf.) eingeteilt und eine Terrorkampagne mit selektiven Verhaftungen entfaltet. Leute, die den ersten drei Schichten angehörten, wurden entweder öffentlich gedemütigt oder zur Exekution verurteilt. ... Diese alarmierende Entwicklung gelangte zu einem solchen Zustand, daß die Chinesen Tausende von Klöstern in den Gebieten Batang, Lithang, Gyalthang, Derge und vielen anderen Orten in Amdo zerstört hatten. ... Viele Lamas und Mönche wurden ohne Grund verhaftet, andere verschiedenen Schändlichkeiten ausgesetzt oder nach absurden Gerichtsverhandlungen zum Tode verurteilt ... Als die Leute zu verstehen begannen, wie die Chinesen ihre Autorität und ihr eigenes Regierungssystem dem Land oktroyierten, wuchs die brodelnde, von Geschichten über die Grausamkeiten im Osten genährte Unzufriedenheit zu offener Ablehnung und Feindschaft.[18]

Andere Gebiete frühen Widerstandes gegen die Rote Armee waren Hormukha und Nagra in Amdo bzw. Nordost-Tibet, wo sich 1949 Reste der Truppen des geflüchteten Moslem-Warlords Ma Bufeng, der Guomindang-Gouverneur der Provinz Qinghai war, nach dessen Flucht sich mit tibetischen und mongolischen Stammesleuten aus Amdo zusammengetan hatten, um der Roten Armee Widerstand zu leisten, aber aufgrund der wachsenden Überlegenheit der chinesischen Truppen erfolglos. Zwar breitete sich die Revolte 1952/1953 aus. 80 000 Rebellen (12 000 Deserteure von Guomindang-Truppen eingeschlossen) sollen daran beteiligt gewesen sein, aber die Revolte ebbte ab; es kam keine Hilfe von außen, weder von Indien noch von den USA, und die Chinesen hatten ihre Politik der Landreformen auf Anraten ost-tibetischer Führer gemäßigt. Die anfänglichen Illusionen über die chinesischen Kommunisten und ihre intendierten Reformen waren jetzt endgültig dahin. Die neugegründeten Selbstverwaltungsorgane waren allesamt in den Händen der Chinesen. Während die Khampas von diesen zu einer Kooperation bewogen wurden, baute die Volksbefreiungsarmee strategische Straßen und verstärkte ihre Truppen und Stützpunkte in Kham. Über die Errichtung eines staatlichen Handelsmonopols wurde zugleich der ökonomische Druck verschärft.

Im Jahre 1953 überblickten die Pangda-Brüder, ebenso wie Tsering, die Vorgänge in den Grenzprovinzen und erkannten, daß die chinesischen Versprechungen eine Täuschung gewesen waren. Auf den Straßen, die dem Land ungeahnte Vorteile bringen sollten, strömten chinesische Truppen nach Tibet und – was noch erschreckender war – Tausende chinesischer Bauern, welche die jetzt zugänglichen Gebiete von Ost-Tibet »kolonisieren« sollten. Auch Amdo wurde von einer solchen »Heuschrekkenplage« überschwemmt. Als die Chinesen zu Beginn des Jahres 1954 in der Gegend von Kantse und Litang Kooperationen errichteten, Land beschlagnahmten und Viehzählungen vornahmen, kam es zum erstenmal zur offenen Revolte.[19] Gewöhnliche Leute und Aktivisten schlossen sich der Guerilla an, und die Revolte breitete sich über ganz Ost- und Nordost-Tibet aus.

Am 28. August 1954 berichtete die New York Times auf der Basis taiwanesischer Quellen, daß »40 000 Bauern an einem Aufstand in Ost-Tibet teilnahmen, der von der 18. Chinesischen Armee niedergeschlagen worden war.«[20] Peissel zufolge sei die Situation in Kham für die chinesischen Truppen so prekär gewesen, daß die sowjetische Armee Verstärkung geschickt habe, um den Chinesen zu helfen.[21] Noch immer gibt es keine Klarheit über diese Kämpfe; die Rote Armee scheint sich im Oktober 1954 samt ihrer russischen Berater vorübergehend aus Ost-Tibet zurückgezogen zu haben. Die Verwaltung wurde dem einflußreichen und mächtigen Abt von Litang übertragen. Mit der Einsetzung des harten und absolute Autorität heischenden Generals Chang Qingwu als Militärgouverneur von Tibet am 10. November 1954

begann ein langer und blutiger Krieg. Die Revolte im Herbst 1954 hatte nur die Gebiete östlich des Jangtse betroffen. Die Khampas in Chamdo hatten noch nicht zu den Waffen gegriffen. Vorübergehend flauten die Kämpfe ab, einerseits weil die Chinesen sich zurückzogen, andererseits weil der Dalai Lama sich noch immer in China aufhielt. Die Khampas hatten zwar wenig Sympathien für Lhasa, fürchteten aber, daß eine Ausdehnung des Aufstandes den Dalai Lama zum Opfer chinesischer Vergeltungsmaßnahmen machen könnte. In allen Klöstern Tibets, auch in jenen von Kham, war man um die Sicherheit des heiligen Lama besorgt. Dreitausend Mönche sandten eine Bittschrift an Nehru, er möge seinen Einfluß in China geltend machen und eine rasche Rückkehr des Dalai Lama bewirken. Sein Besuch währte nun beinahe ein Jahr.[22]

Der Dalai Lama kehrte im April 1955 nach Lhasa zurück, und sofort begannen die Chinesen mit den Vorbereitungen für die Einsetzung eines »einheitlichen Vorbereitungskomitees für das autonome Gebiet Tibet«, ein Angriff auf die Autorität des Dalai Lama und ein Versuch der Stärkung chinesischer Autorität in Zentraltibet. Im Oktober 1955 fand die formelle Einsetzung des Komitees statt. In Ost-Tibet begannen sich zur gleichen Zeit die Kämpfe erneut zuzuspitzen. Die Chinesen mischten sich in Ost-Tibet immer stärker in die Religion ein, versuchten den Einfluß der Lamas und der Klöster zurückzudrängen, und sie planten die Entwaffnung der Khampas. Ergebnis war Krieg, ein erneutes Aufflammen der Kämpfe. In Litang griffen die Khampa-Rebellen die chinesische Garnison an und besetzten das große Kloster. In Südkham schlossen sich viele Männer der Pangda-Familie an; deren Festung Po Dzong wurde Hauptquartier der militärischen Führung von Ostkham. Einer der Pangda-Brüder nahm Verbindungen zu Taiwan und den USA auf, um Hilfe für ihren Kampf zu bekommen.[23]

In Chamdo sprachen sich zweihundert lokale Führer und Mitglieder des Chamdo-Befreiungskomitees in einer von den Chinesen einberufenen Sitzung offen gegen die geplanten Reformen aus: Neuverteilung des Landes, Kollektivbesitz der Viehherden, Enteignung des Großgrundbesitzes einschließlich des der Klöster (die Mönche hätten dadurch die Klöster verlassen müssen) und Ansiedlung chinesischer Bauern. Ein glatter Gesichtsverlust für die Kommunisten. Wenige Tage später luden die Chinesen erneut alle Führer Ost-Tibets nach Jomdho Dzong zu einer wichtigen Sitzung. Die Versammlung erwies sich als Falle, die anwesenden Delegierten wurden von tausend bewaffneten chinesischen Soldaten der Festung umringt und eingeschlossen. Die chinesische Generalität verlangte von ihnen unverzügliche Zustimmung zu den »demokratischen Reformen«, was die Khampa-Führer erneut ablehnten. Folge wäre, so ihre Warnung, ein Aufstand auch in Westkham, wie bereits zuvor in den Gebieten östlich des Jangtse. Über zehn Tage hielten die Chinesen die Khampa-Führer fest; schließlich versuchten diese eine List – sie gaben ihre politischen Fehler zu, worauf die

Zahl der Wachsoldaten reduziert wurde, dann flohen sie, 150 kamen durch, zogen sofort weiter in die Berge und vereinigten sich mit den Khampa-Rebellen. Die sich verschärfende maoistische Politik Mitte der fünfziger Jahre hat die Stämme der Khampas vereint und so die Voraussetzung für die Kanting-Rebellion von 1955-1956 geschaffen.

Die Kanting-Rebellion

Die pro-maoistische amerikanische Journalistin Anna Louise Strong beschrieb in ihrem 1960 in Peking erschienenen Buch »When Serfs Stood Up in Tibet« über die »Kanting-Rebellion« – sie wurde von den Chinesen nach dem chinesischen Namen der Stadt Dartsedo benannt, wo sich damals das Hauptquartier für das gesamte Ost-Tibet befand –, die bei weitem bedeutendste der Revolten gegen die chinesischen Besatzer im Kham der fünfziger Jahre:

> Die Kanting-Rebellion brach im Winter 1955/1956 aus. Regierungsbeamte und chinesische Bürger wurden ermordet, da in diesem Gebiet keine PLA stationiert war (PLA = Volksbefreiungsarmee). Sobald die PLA ankam, wurde sie mühelos mit den Rebellen fertig, die allerdings in das Hügelland flohen und sich schließlich nach Tschamdo zurückzogen. Sich Waffen zu beschaffen war einfach, denn von den Kämpfen zwischen tibetischen und Szetschuan-Kriegsherren waren mindestens 50000 Flinten und Gewehre in diesem Gebiet zurückgeblieben. Die amerikanischen Waffen und Funkgeräte, die Tschiang Kaischek sporadisch abwerfen ließ, waren kaum nötig, doch sie gaben den Rebellen das Gefühl, vom Ausland unterstützt zu werden. Die Szetschuan-Tschamdo-Rebellion war Ende 1956 praktisch beendet, obwohl einige isolierte Banden zurückblieben und von den Klöstern unterstützt wurden. Der Großteil der geschlagenen Rebellen zog sich nach Tibet zurück. Das waren die Khampas und die Sikang-Truppen, wilde, undisziplinierte Reiterhorden, die vom Plündern leben.[24]

Anna Louise Strong »vergaß die Flugzeuge zu erwähnen ..., die ihre Bomben auf die Reiterscharen mit den veralteten Flinten warfen«.[25] Während es in Lhasa Mitte der fünfziger Jahre ruhig war, spielte sich weitgehend unbeachtet von der Weltöffentlichkeit ein Krieg ab,

> der in Wahrheit der Kampf aller Tibeter des Ostens gegen China

> war. Es war ein moderner Krieg mit allen Schrecken unserer Zeit: Sturzkampfflugzeuge, Brandbomben, Rauchwolken von Explosionen, das dumpfe Dröhnen schwerer Artillerie vermischt mit dem Bellen der Maschinengewehre. Einstürzende Mauern, splitternde Balken, brennendes Holz, Feuer, Rauch und die tödliche Stille, wenn ein Angriff vorüber war. Das einsame Bellen eines Gewehrs, das auf die Stahlvögel gerichtet ist, auf die »Himmelsboote«, die aus dem Osten kommen und Klöster von Kham bombardieren, die Städte Batang und Litang.[26]

In Kanting befand sich die größte der chinesischen Garnisonen in der Provinz Sichuan. Die Khampas hatten vorübergehend die Straßen unterbrochen und dadurch chinesische Garnisonen isoliert, vor allem in Chamdo und Batang, das belagert wurde. In der Provinz Qinghai, dem tibetischen Amdo, war die zweite Straße nach Lhasa infolge von Aufständen ebenfalls unpassierbar geworden. Blieb nur noch die schwer befahrbare Straße von Xinjiang nach Lhasa hoch, die zudem noch durch ein Territorium verlief, das von Indien beansprucht wurde. Die Situation wurde zunehmend kritischer für die KP Chinas, sie drohte die Kontrolle über diese weiten Territorien in Zentralasien zu verlieren. Aber Mao und die chinesischen Kommunisten, die den Einmarsch der Sowjetarmee in Ungarn begrüßt hatten, waren entschlossen, die Schwerter von Lenin und Stalin einzusetzen und die Kontrolle zurückzuerobern. ... Mao erklärte 1956, daß die »demokratischen Reformen« um sechs Jahre in Tibet verschoben werden müßten – ein sicheres Indiz dafür, daß die Khampa-Aufstände mit ihrem Guerilla-Krieg die chinesische Besatzungsmacht vor schwere Probleme stellte. Die Revolte breitete sich wie ein Steppenbrand über das gesamte Ost-Tibet aus, die sporadischen, unkoordinierten Aufstände flossen in eine einzige große Kraft zusammen, der oberste Häuptling der Litang-Nomaden schickte Botschafter in alle Gebiete Ost-Tibets mit der Aufforderung, alle chinesischen Positionen am 18. Tag des ersten tibetischen Monats im Jahre 1956 anzugreifen:

> Und tatsächlich begruben die Khampas alle ihre Zwistigkeiten und erhoben sich gemeinsam gegen die Chinesen: die zehn Stämme von Nagtschen, jene von Naktschu und Rakshi Gumpa, die Horpas von Kantse, die Tschengtrengs im Süden und die zwölf Stämme von Markham. Sogar jenseits von Tibet, im nördlichen Qinghai, griffen zwanzigtausend Reiter von Khangsa, Tsangkor, Khangring und Butsang zu den Waffen.[27]

Auf der anderen Seite hatten sich die chinesischen Truppen gut verschanzt in Kham, typisch für Kolonialtruppen, die beiden Straßen säumten im Abstand von 30 Kilometern Militärdepots; in den größeren Städten wie Kantse, Derge, Batang und Litang gab es starke Garnisonen wie auch in allen wichtigen Städten der Region Chamdo.

Peissel schätzt die Stärke der chinesischen Truppen in Kham auf über 40 000 Soldaten, 20 000 ausgebildete Milizen aus den von den Chinesen geleiteten Dorfgemeinschaften, plus chinesische Soldaten in den vielen kleinen Forts in Kham.[28] Schwere Lastwagen verliehen den chinesischen Truppen eine den Tibetern überlegene Mobilität. Über die neuen Straßen war die chinesische Provinz Sichuan nur noch zwei Tagesreisen entfernt, wo Hunderttausende Soldaten bereitstanden. Die chinesische Armee, die mit sowjetischem Militärmaterial ausgestattet war, verfügte zudem über MIG 15, Bomber vom Typ Iljuschin 28, Panzerwagen und Panzer. 16 chinesische Bataillone standen bereit, die Guerillas zu vernichten:

> Mit gezückten Schwertern und schimmernden Gewehren stürzten sie sich, scheinbar aus dem Nichts auftauchend, auf die langen Kolonnen chinesischer Transportwagen, und sehr bald waren sämtliche Straßen von Kham unterbrochen. Dem Fall von Litang, wo die Garnison geflohen war, folgte die Eroberung von Batang. Hierauf wurden Derge, Tschamdo und Kantse angegriffen. Auch kleine Garnisonen wurden gestürmt, und mit einem frommen Spruch auf den Lippen schnitten die Khampas den Verteidigern die Kehle durch. Man trieb die chinesischen Siedler zusammen und schickte sie zurück nach Osten; viele starben auf dem Weg, manchen erlaubten die Khampas, Vorräte mitzunehmen. Aus der Rebellion wurde sehr bald ein richtiger Krieg, der sich um die Städte Derge, Tschamdo, Kantse und Litang konzentrierte.[29]

Anfang 1956 hatten über 6000 Khampa-Rebellen die genannten Städte überrannt. Den Rebellen gelang es, durch die koordinierten Anstrengungen aller Stämme Ost-Tibets die Provinz nahezu vollständig für wenige Monate von Chinesen zu befreien, ein beträchtlicher militärischer Erfolg, der ohne grundlegende Kommunikationsausrüstungen, ohne Straßen und motorisierte Transporte über riesige Strecken von Berg-Wildnis hinweg zustande gekommen war. Die Khampas gaben ihrer Widerstandsbewegung den Namen »Die Freiwilligen-Armee zur Verteidigung des Buddhismus«, der den Hauptgrund des Aufstandes angibt und die breite Unterstützung erklärt, die er in ganz Ost-Tibet – und später dann in Zentraltibet – erhielt. Nicht zuletzt unterstützten viele Klöster aktiv den Widerstand.

Ein anderer Name der Widerstandsbewegung lautete »Chushi Gangdrug« – »Vier Flüsse, sechs Bergrücken« – ein alter Name von Ost-Tibet. Dies zeigt, daß trotz des nationalen Charakters des Aufstandes die Khampas eine enge Sichtweise hatten, die auf die alte Lhasa-Khampa-Unterteilung abzielte.

Als die Kham-Rebellen die ersten Siege errangen, zeigten sich die USA und Taiwan an einer Unterstützung interessiert.

Die chinesische Zentralregierung hatte einen Befehl erlassen, daß »alle möglichen Mittel eingesetzt werden sollten, um die tibetischen Reaktionäre auszumerzen und die Rebellen zu vernichten«. Die Belagerung von Litang wird zum Höhe- und Wendepunkt dieser Kanting-Rebellion.

> Tschögyam Trungpa, ein hoher Trulku des Kagyüpa-Ordens, dessen Stammkloster Surmang sich sich im nördlichen Bereich von Ost-Tibet an der Grenze zur Provinz Qinghai befindet, berichtet in seinem Buch »Ich komme aus Tibet«, daß Anfang 1956 die Nachrichten aus Ost-Tibet von Tag zu Tag schlechter lauteten. «Wir vernahmen, daß die Kommunisten Gruppen von allerlei Leuten, deren sie habhaft werden konnten, mit ihrer Ideologie vollpfropften, um sie dann als Spione unter die Dorfbewohner zu schicken. Befehl war erteilt worden, daß alle Waffen abzuliefern seien, und jene Gruppen forschten nach, ob dem Befehl Folge geleistet wurde. Am Anfang weigerten sich die Leute nicht, ihre Waffen abzugeben; sie versuchten, friedlich mit den Kommunisten auszukommen. Diese wurden jedoch immer maßloser in ihren Forderungen, eine Menge Leute wurden gefangengenommen, und schließlich hielten es die Tibeter nicht mehr aus. In Denko, Ba und Litang bereiteten sie erstmals zum Gegenschlag vor. Als der Anführer der Widerstandsgruppe in Denko aufgefordert wurde, seine Waffen einem kommunistischen Beamten zu übergeben, tat er so, als komme er dem Befehl nach, und erschoß dann plötzlich den Beamten. Das war für seine Anhänger das Zeichen, die Stadt anzugreifen, und viele Chinesen wurden getötet oder gefangengenommen. Nun begann der offene Kampf ...[30]

Im ersten Monat des tibetischen Jahres waren wie immer viele

Menschen nach Litang gekommen, um im Februar 1956 drei Wochen lang den Beginn des neuen Jahres zu feiern, das erste Mal, seitdem die Rebellen Litang besetzt hatten. Am dritten Tag der Feierlichkeiten war das Kloster voller Menschen, neben den 4000 Mönchen der dortigen Klosterstadt noch über 3000 Pilger. Die chinesischen Truppen kreisten das Kloster ein und stellten dem Abt ein Ultimatum: Die Mönche sollten ihren gesamten Besitz abliefern, im Falle der Weigerung würde man das Kloster zerstören. Der Abt lehnte ab. Die Chinesen eröffneten sofort das Feuer, die 64 Tage andauernde Belagerung von Litang hatte begonnen.

> Der Angriff der Chinesen erfolgte überraschend. Mehr als dreitausend Soldaten waren in das Gebiet um Litang geströmt und hatten in den kleinen Häusern des Basars und in der von dem Erdbeben zerstörten Altstadt Maschinengewehre und Granatwerfer aufgestellt, die jetzt das Feuer auf das nahe Kloster eröffneten.
>
> Fast eine Stunde lange herrschte innerhalb der Klostermauern kopflose Panik. Frauen und Kinder schrien, Mönche rannten ziellos umher, andere schlugen in ihrer Todesangst auf die heiligen Trommeln und bliesen in ihre Hörner, als wollten sie die Götter erwecken.
>
> Allmählich gelang es dem Abt, die Ordnung wiederherzustellen. Frauen und Kinder wurden in die Keller gebracht, aus denen man die wenigen Feuerwaffen und Silberschwerter hervorgeholt hatte. Diese wurden rasch unter die Mönche verteilt, die sich den anderen Männern auf den Dächern und an den Türen anschlossen.
>
> Zum Glück hatten, wie es in Kham Sitte war, alle Männer ihre Gewehre oder Flinten bei sich, abgesehen von dem schwertartigen Messer, von dem sich ein Khampa niemals trennt. Im Kloster befanden sich etwa vierhundert erprobte Guerillas ..., Männer, die bereit und entschlossen waren, bis zum letzten zu kämpfen.
>
> Nach einer Woche hatten die Chinesen um das Kloster Befestigungen gebaut und Gräben ausgehoben; unablässig hielten sie die Klostermauern unter Beschuß, und das Krachen der Einschläge dröhnte durch alle Versammlungshallen. Zum Glück waren alle Gebäude aus chan gebaut, dem tibetischen Zement, der, wie Captain B. Pemberton sagte, so »hart ist, daß eine aus der Nähe abgeschossene Kugel kaum ein paar Zentimeter tief eindringt«.[31]

Den Chinesen gelang es monatelang nicht, das Kloster zu erobern; zwar wurden Truppenverstärkungen herangebracht, aber Guerillas, die von der Belagerung gehört hatten, überfielen die Nachschubkolonnen, unterbrachen die Überlandstraßen und isolierten die Chinesen. Das Kloster schien eine uneinnehmbare Festung zu sein. Die Wende am 63. Tag der Belagerung brachte »ein fernes fremdes Summen«,

> es wurde stärker, wuchs zu einem dumpfen Dröhnen an, und plötzlich war es, als sei der Himmel von Tausenden von Glokken, vom Hufschlag ungezählter Pferde, von einem unheilvollen und unerklärlichen Brausen erfüllt. Die Iljuschin, die tödlichen Himmelsboote, waren da! Darauf war niemand vorbereitet ... Bomben über Bomben fielen auf das deutlich sichtbare Ziel, zertrümmerten die Versammlungshallen, töteten die Männer, Frauen und Kinder, machten die Gebäude, in denen einst Mönche in Frieden gebetet hatten, dem Erdboden gleich.
> Die Khampas erlitten eine furchtbare Niederlage. Tausend Mönche und sechshundert Pilger unternahmen den verzweifelten Versuch auszubrechen, überrannten die Gräben der Chinesen und flüchteten in das Hügelland. Sie ließen einen rauchenden Trümmerhaufen zurück, der am nächsten Tag in die Hände der Chinesen fiel, obwohl die Mönche mit dem Schwert in der Hand ihr Heiligtum zu verteidigen suchten.[32]

Der Niederlage folgte die Rache: »Ein ehrwürdiger Lama wurde an ein Kreuz genagelt und durch die Brust geschossen. Der Abt von Litang wurde gefoltert und gehängt. Sein Stellvertreter wurde mit glühenden Eisenstangen gequält und verbrannt.« »In dieser Nacht flohen zweitausend, zweitausend wurden gefangen. Man brachte die Gefangenen in das Hauptquartier der Chinesen und sagte ihnen, daß sie im Lauf der nächsten Stunde erschossen werden würden« – so die Berichte von Augenzeugen gegenüber der Internationalen Juristenkommission 1959. Diese Drohung wurde nicht wahrgemacht, sie hielt man einen Monat gefangen, es waren meist Alte und Schwache, die nicht mehr hatten fliehen können; die Frauen ließ man bereits eine Woche später frei.

Neben Litang fielen Batang (nach 15 Luftangriffen) und Hunderte anderer Klöster. Die Internationale Juristenkommission berichtete von 250 zerstörten Klöstern, bis 1958 waren bereits 800 Klöster zerstört. Trungpa schreibt über diese Zeit:

> Mein Leben war offensichtlich an einem Wendepunkt ange-

langt. Ich mußte die Tatsache zur Kenntnis nehmen, daß Ost-Tibet als geistiges Zentrum zu bestehen aufgehört hatte; alles sah sehr dunkel aus. Immer mehr Flüchtlinge kamen aus der Provinz von Derge an. Die Kommunisten hatten erklärt, daß all unsere Dörfer und Klöster für die Ordnung verantwortlich seien; wenn wir die Flüchtling ermutigten, würden wir damit selber die chinesische Regierung herausfordern. Trotzdem war es für die Flüchtlinge, die in großen Scharen mitsamt ihren Gütern und ihrem Vieh ankamen, unbedingt nötig, irgendwo lagern zu können; ich vermochte ihnen einige Lagerplätze auf unserem Land zuzuweisen. Sie gaben mir genaueren Bericht über die Lage in Derge. Die Mutter des jungen Königs, die während dessen Minderjährigkeit als Regentin amtete, war gezwungen worden, an den kommunistischen Ausschüssen teilzunehmen, bis man sie schließlich wissen ließ, daß sie nicht länger in der Provinz bleiben dürfe. Dann wurde bekannt, daß die Kommunisten sie nach China mitgenommen hatten, und man hörte nie mehr von ihr. Der junge König und seine Minister waren aus dem Palast geflohen und hatten ihre eigene Widerstandsgruppe gebildet, der sich die örtliche Miliz und später andere Partisanen anschlossen. Zuerst war ihr Angriff sehr erfolgreich. Sie pflegten Gräben quer durch die Überlandstraßen auszuheben, um die chinesischen Lastwagen aufzuhalten, und auf diese Weise kamen sie zu Waffen. Die Truppen des Königs wurden von allen örtlichen Einwohnern unterstützt, und mit geeinten Kräften vermochten sie die meisten der von den Chinesen verwalteten Städte im Westen der Provinz von Derge zu besetzen. Im Osten der Provinz jedoch gab es keine große Widerstandsgruppe; dort zerstörten die Kommunisten die Klöster und nahmen die Mönche gefangen, unter dem Vorwande, daß sie Waffen besäßen – was nicht stimmte – und daß die tibetischen Widerstandskämpfer die Klöster benutzten. Im mittleren Teile von Derge lullten die Kommunisten die Lama-Ältesten zuerst mit freundlichen Versprechungen ein, um sie dann zu verschleppen oder zu erschießen. Pepung wurde zerstört. In Dzongar umringten die Kommunisten das Kloster sieben Tage lang und hinderten die Mönche daran, Wasser zu holen, so daß sie sich schließlich ergeben mußten. Viele der Lama-Ältesten wurden erschossen und die übrigen Mönche verhaftet. Jene Lama-Ältesten der verschiedenen Klöster, die nicht auf der Stelle erschossen wurden,

> brachte man nach Göntschen. Dort wurden arme Landbewohner zusammengetrieben, die man mit Gewalt zwang, erfundene Geschichten von den üblen Taten der Lamas vorzutragen. Viele Tibeter weigerten sich, das zu tun; statt dessen fielen sie unbewaffnet, wie sie waren, über die Chinesen her; sie vermochten einige von ihnen zu töten und nahmen sich dann selbst das Leben. Als einer Bettlerin befohlen wurde, den khenpo des Klosters zu erschießen, nahm sie die Pistole und erschoß sich selbst an seiner Stelle.[33]

»In den von den Chinesen zurückeroberten Städten und Dörfern«, schreibt Peissel,

> kam es zu furchtbaren Vergeltungsmaßnahmen. Die Mönche wurden gequält und verhöhnt, Äbte – zum Entsetzen der Bevölkerung – an Pferdeschweife gebunden und durch die Straßen geschleift. Massenhinrichtungen und Folterungen waren an der Tagesordnung: Kinder mußten ihre Eltern erschießen, Mönche wurden in Wolltücher gepackt und mit Benzin übergossen. Zwischen 1956 und 1957 wurden allein im Gebiet von Kantse über viertausendfünfhundert Menschen umgebracht.[34]

Eine Flüchtlingswelle zunächst der Alten und Schwachen in Richtung Lhasa, der Stadt der Götter und der Hoffnung, setzte ein.

1956 war für ganz China, das sei hier angemerkt, das Jahr, in dem die Verstaatlichung der Industrie und die Kollektivierung der Landwirtschaft beschleunigt wurde; damit ging eine Verschärfung der politischen Situation einher, der Druck auf alles Anti-Kommunistische, insbesondere auch auf die Religion, wuchs beträchtlich an. Dies betraf in Ost-Tibet alle Klöster, denen die wirtschaftliche Grundlage genommen und deren ideologische Macht gebrochen werden sollte.

Jetzt ständigen Luftangriffen ausgesetzt, führten die Khampas ihren Kampf dennoch fort, unterstützt von Waffen und Munition aus Taiwan, die nachts von Flugzeugen mit Fallschirmen an markierten Plätzen abgeworfen wurden. Immer wieder wurden chinesische Stellungen angegriffen, wurden die Verbindungs- und Nachschubwege der chinesischen Truppen unterbrochen. Ende 1956 gestand Tschou En Lai bei einem Besuch in Indien ein, daß es in Kham schwere Kämpfe gegeben habe, die aber jetzt unter Kontrolle seien. Dies entsprach nicht der Realität, im Gegenteil, je mehr sich die Kunde von den Kämpfen in Kham über das Hochland und die Grasländer verbreitete, desto mehr griffen verschiedene Stämme zu den Waffen, nach den Goloks auch die Amdo von Qinghai und Gansu; unter Mongolen verbreitete sich Unruhe, auch in Xinjiang kam es zu Widerständen der dort lebenden Moslem-Völker. Der Widerstandskrieg der Khampas war trotz der Luftangriffe nicht zu brechen, China schien in einen klassischen Kolonialkrieg hineinzutreiben mit nicht enden wollenden Guerillakämpfen. Während die Chinesen die Lufthoheit hatten und die wichtigsten Straßen beherrschten, kontrollierten die Guerillas, die »wie Fische im Wasser schwammen«, um einen Ausdruck Mao Tsetungs zu gebrauchen, das weite, unzugängliche Hinterland.

Im Juli 1956 wurde General Chen Yi, der zugleich Außenminister war, nach Ost-Tibet zu Verhandlungen mit den Khampas geschickt, er entging mit knapper Not einem Anschlag. Daraufhin entsandten die Chinesen Ngabo als Leiter einer tibetischen Friedensdelegation, um den Kämpfen ein Ende zu bereiten, ein Fehlgriff, denn Ngabo war bei den Khampas absolut unbeliebt, ja sogar verhaßt, in ihren Augen ein Verräter, ein Kollaborateur. Sie drohten, ihn sofort bei seiner Ankunft zu erschießen. So akzeptierten die Chinesen schließlich den Führer der Khampas, Topygay Pangda Tsang, als Unterhändler und beorderten Ngabo zurück. Ein Übereinkommen wurde erzielt, dem zufolge alle Reformen in Tibet um sechs Jahre zurückgestellt werden sollten (was Mao im Februar 1957 offiziell verkündete), die chinesischen Truppen würden zurückgezogen, künftig solle Tibets Autonomie respektiert werden. Die Chinesen erreichten dadurch ein Abflauen der Kämpfe und erwarteten die Rückkehr des Dalai Lama aus Indien. Dort war er mit Tschou En Lai zusammengetroffen, dem er angesichts des Aufstandes in Ost-Tibet folgende Bitten vortrug:

Abzug der chinesischen Truppen aus Tibet; Wiederherstellung des Status, der beim Tod des 13. Dalai Lama bestand; Wiedereinsetzung der Hauptminister, die 1952 auf Betreiben der Chinesen entlassen worden waren, und das Aufgeben des kommunistischen Reformprogramms.

Die Chinesen zeigten zunächst eine ablehnende Haltung, aber auf Vermittlung von Nehru hin versicherten sie, die tibetische Autonomie gemäß dem Vertrag von 1951 zu respektieren und den Tibetern keine Reformen aufzuzwingen. Die zur Schau gestellte Versöhnung wurde ergänzt durch den Abzug einiger Truppen und von Funktionären, die die Reformen hatten durchführen sollen; die Arbeit an den neuen Schulen und in den Elektrizitätswerken wurde eingestellt, die Chinesen schienen bereit, auf die Tibeter Rücksicht zu nehmen, ja in der Presse wurde sogar offen Selbstkritik an politischen Fehlern in Tibet geübt, das ganze Spektrum von Han-Chauvinismus bis zur mangelnden Mißachtung der lokalen Sitten und Gebräuche wurde genannt. Die liberale Phase des »Laßt hundet Blumen blühen, laßt hundert Schulen miteinander wetteifern« schien auch Tibet zu erfassen – um nur desto entschiedener ins Gegenteil umzuschlagen: Kampagne gegen Rechtsabweichler, verstärkter politischer Terror, Erhöhung des totalitären Drucks. Die KP China wollte lediglich Zeit gewinnen, um Tibet fester unter ihre Kontrolle zu bringen. Als der Dalai Lama im Frühjahr 1957 aus Indien zurück nach Lhasa kam, bestätigten die chinesischen Funktionäre nochmals in aller Öffentlichkeit das mit den Khampas getroffene Übereinkommen: Abzug der Truppen und Verschiebung der Reformen, fügten aber jetzt zwei Änderungen hinzu: Der Rückzug der Truppen würde nach dem Willen des Volkes und der Regierungsbeamten von Tibet erfolgen; ihnen war es gelungen, Ngabo und andere zur weiteren Zusammenarbeit zu bewegen. Das Abkommen mit den Khampas würde sich nur auf die Gebiete westlich von Tschamdo, also Westkham beziehen, das zu Zentraltibet gehöre und damit in die Zuständigkeit des 17-Punkte-Abkommens falle. Für die Gebiete östlich Tschamdos und damit für einen Großteil Khams wie auch für Qinghai hatte es keine Gültigkeit. Die politischen Manöver dienten lediglich dazu, Truppen aus Zentraltibet nach Ost-Tibet abzuziehen, um die Khampas effektiver bekämpfen zu können. Die Khampas nahmen den Kampf von neuem auf, »sie steckten ihre Häuser und Scheunen in Brand, töteten ihr Vieh und zogen wieder in die Berge«.[35] Die Chinesen drängten die tibetische Regierung dazu, eigene Truppen zur Bekämpfung der Rebellen zur Verfügung zur stellen, dies wurde abgelehnt, lediglich eine Delegation von drei Mönchen und zwei Beamten wurden zu den Khampas geschickt, die, als sie die Zustände in Ost-Tibet sahen, sofort zu den Rebellen überliefen.

Der Dalai Lama und die Regierung in Lhasa spielten bei all diesen Vorgängen so gut wie keine Rolle. »Allein die Tatsache«, schreibt Peissel,

> daß in jenen leidvollen Jahren kein einziges Mitglied der tibetischen Regierung sich für Ost-Tibet einsetzte, illustriert deutlich, wie gut es den Chinesen gelungen war, das Land zu spal-

> ten. Sie zeigt auch, welche Art Menschen diese Bewohner von Lhasa waren, denen es nur darum ging, ihren Besitz und ihre Privilegien auch unter chinesischer Herrschaft zu behalten.

Patterson sagte über diese Zustände: »Es gab keinen Beamten der Lhasaregierung in Indien und kaum einen in Lhasa, der bereit gewesen wäre, für die Sache der Khampas zehn Minuten seiner Zeit zu opfern, geschweige denn seinen Reichtum und seine Position zu gefährden.«[36] Peissels Buch von 1972 ist eine scharfe Kritik an der pazifistischen Einstellung des Dalai Lama, der den Khampas nicht nur jegliche Hilfe verweigert habe, sondern sie immer wieder aufgefordert habe, die Kämpfe zu beenden. Nach seiner Rückkehr aus Indien erhielten der Dalai Lama und seine Regierung allmählich

> aus den Berichten der Flüchtlinge einen klaren Überblick über das, was im Osten und Nordosten vor sich gegangen war, wenn auch die wahre Geschichte dieser Ereignisse noch heute nicht bekannt ist und vielleicht niemals bekannt werden wird. Dort, in dem Distrikt, der seit dem Beginn der chinesischen Invasion völlig unter chinesischer Herrschaft stand, war die Zahl der Khampas, die als Guerillas in die Berge gingen, von Hunderten auf Zehntausende angewachsen. Es hatte bereits einige heftige Gefechte mit chinesischen Truppen gegeben. Die Chinesen setzten Artillerie und Bombenflugzeuge ein, nicht nur gegen die Schlupfwinkel der Guerillas, soweit sie diese ausfindig machen konnten, sondern auch gegen die Dörfer und Klöster, deren Bewohner sie zu Recht oder Unrecht verdächtigten, ihnen beigestanden zu haben. So waren Dörfer und Klöster völlig zerstört worden. Lamas und führende Persönlichkeiten aus dem Laienstand wurden gedemütigt, eingesperrt, gefoltert und sogar getötet. Land wurde beschlagnahmt. Heilige Bilder, heilige Schriften und andere Dinge, die uns heilig sind, hat man lächerlich gemacht, vernichtet oder einfach gestohlen. Gotteslästerungen wurden auf Plakaten und in Zeitungen verbreitet und sogar in den Schulen gelehrt: Religion sei nur ein Mittel, das Volk auszubeuten, und Buddha sei ein »Reaktionär«... Wenn die Chinesen jemals gewünscht hatten, die Tibeter als willige Bürger ihres »Mutterlandes« zu gewinnen, dann hatten sie diesen Versuch nun offensichtlich aufgegeben, zumindest in den östlichen Provinzen. Ein Tibeter läßt sich weder durch Einschüchterung noch durch Terror beugen, und der Angriff auf

> unsere Religion, unseren kostbaren Besitz, war eine Politik des Wahnsinns. Solche Maßnahmen konnten nur eine Wirkung haben: daß der Aufstand immer weiter um sich griff, der Widerstand sich verstärkte. Kurze Zeit nach meiner Rückkehr griffen die Menschen im ganzen Osten, Nordosten und Südosten von Tibet zu den Waffen. Nur in den westlichen Teilen des Landes blieb es noch verhältnismäßig ruhig.[37]

Der Dalai Lama war sich über die Situation völlig im klaren und protestierte »wiederholt sehr energisch bei dem chinesischen General in Lhasa ... Immer wenn ich dies tat, wenn ich beispielsweise mit allem Nachdruck gegen die Bombardierung von Dörfern und Klöstern Einspruch erhob, pflegte er mir zu versprechen, sofort für Abstellung zu sorgen. Aber alles ging genauso weiter.«[38] Der Guerillakrieg der Khampas, die wachsenden Gewalttätigkeiten stürzten den Dalai Lama in ein Dilemma, denn

> etwas in mir bewunderte die Guerillas sehr. Sie waren tapfere Menschen, Männer und Frauen, die ihr und ihrer Kinder Leben aufs Spiel setzten bei dem Versuch, unseren Glauben und unser Land zu retten. Wenn man von den chinesischen Greueln im Osten hörte, war es nur eine allzu menschliche Reaktion, Rache nehmen zu wollen. Und überdies wußte ich, daß sie guten Glaubens waren, aus Treue zu mir als dem Dalai Lama kämpfen zu müssen: Der Dalai Lama war der Inbegriff all dessen, was sie verteidigen wollten.[39]

Dennoch hielt der Dalai Lama an seinem Pazifismus fest, in Anlehnung an Mahatma Gandhi verkündete er, »so groß auch die Gewalt war, die man uns antat – niemals konnte es rechtens sein, mit Gewalt zu antworten«.[40] Und er ließ die Khampa-Führer über sein Kabinett wissen, sein Wunsch sei, daß sie die Waffen niederlegen sollten. Er habe zudem die Zusage der Chinesen, daß sie nichts gegen die Guerillas unternehmen würden, wenn diese die Kampfhandlungen einstellten. Im Falle einer Ablehnung würden sie allerdings entschieden vorgehen. Eine im Rückblick naive Haltung, angesichts der Vorbereitungen der chinesischen KP zum »Großen Sprung nach vorn« in den Kommunismus. Worum es den chinesischen Kommunisten ging, zeigte das vom Dalai Lama übermittelte Gleichnis General Tang Kuan-Sens auf einer Frauenversammlung in Lhasa:

> Wo es verfaultes Fleisch gibt, sammeln sich die Fliegen, aber wenn man das Aas beseitigt, hat man keinen Ärger mehr mit den

Fliegen. Die Fliegen, nehme ich an, waren die Guerillas und das verfaulte Fleisch entweder mein Kabinett oder ich.«[41] Die chinesische KP war entschlossen, der tibetischen Theokratie den Todesstoß zu versetzen. Dabei war sie bestrebt, den Dalai Lama zur Zusammenarbeit mit ihnen zu bewegen, denn sein Einfluß war unverkennbar und anhaltend groß. Während die Chinesen glaubten, das Kabinett des Dalai Lama sei mit den Guerillas verbündet, nahmen diese an, das Kabinett halte es mit den Chinesen. Die Guerillas schenkten den Versprechungen und Hinhaltungen keinen Glauben mehr, sie waren bereit zum gewaltsamen Widerstand, »sie hatten nicht die Absicht, nach Hause zurückzukehren ... und viele von ihnen hatten ja tatsächlich kein Zuhause mehr«. Der Dalai Lama war »der Verzweiflung nahe. Und dann führten die Chinesen, ob zufällig, ob mit Absicht, die endgültige Krise herbei.«[42]

Der Aufstand von Lhasa

Das Zentrum der Auseinandersetzungen verlagerte sich nach Lhasa und spitzte sich auf die Person des Dalai Lama zu; die Chinesen wollten diesen für sich gewinnen, die Khampas ihn hingegen vor den Chinesen schützen. Der Dalai Lama hatte die Jahre über, aus der Überlegung heraus, möglichst Blutvergießen und Schaden von seinem Volk abzuwenden, den chinesischen Kommunisten immer wieder Zugeständnisse gemacht. »Während der Dalai Lama der Verzweiflung nahe war, versuchten Ngabo und die anderen Kabinettsmitglieder ihre Position zu halten, indem sie den Chinesen freie Hand bei der Bekämpfung der Khampas und bei der Unterdrückung der immer zahlreicher werdenden Khampa-Sympathisanten innerhalb von Zentraltibet ließen.«[43] Dies betraf vor allem die Mimang Tsongdu, die Volkspartei, eine antichinesische Geheimorganisation, die ironischerweise auf von Chinesen ins Leben gerufene Volksvereinigungen zum Sturz der tibetischen Aristokratie zurückging. Die Mimang Tsongdu kritisierte immer wieder offen die chinesische Politik und erklärte, daß sie »als Vertreter des tibetischen Volkes« den Abzug der Chinesen aus Tibet wünschten. Die Chinesen lösten die Mimang Tsongdu auf und verhafteten ihre Führer, von denen einer im Gefängnis in Lhasa starb. 1957 verboten der Dalai Lama und seine Regierung in offiziellen Erlassen die Mimang Tsongdu; zugleich wurde denjenigen Tibetern, die verdächtigt wurden, im Exil antichinesischen Aktivitäten nachzugehen, die tibetische Staatszugehörigkeit abgesprochen.[44] Bis auf einige wenige einzelne Beamte hatte die tibetische Regierung als Ganzes gesehen sich von der Rebellion losgelöst. Für die Khampas stellte sich das Problem immer dringender, den Dalai Lama mit allen Mitteln aus den Händen der Chinesen zu befreien.

1956 reiste die gebürtige Breslauerin Eva Xiao, akkreditierte Fotografin und Filmjournalistin aus der DDR, verheiratet mit Maos Weggefährten, dem chinesischen Dichter Emi Xiao (Xiao San), nach Tibet. Nach zwölftägiger Fahrt erreicht sie von Sichuan aus Lhasa:

> ... mit dem Wagen in die Stadt, ein dreckiges, kleines Städtchen, die Menschen vor Schmutz starrend. Die Häuser zweistöckig mit kleinen Fenstern, oft ohne Glasscheiben, überall Blumen. Auf der Straße Handel mit tibetischen Mützen, Teppichen, Kleinkram, hohen Gummistiefeln; die Eßwaren von Fliegen übersät, die man nicht totschlagen darf. Die Händler sitzen auf der Erde; die Straßen sind matschig, die Leute sehen uns freundlich an. Am Lhasa-Fluß badende Kinder, Frauen, die Wäsche waschen, abends Bankett. Die Spitzen der Stadt – Parteisekretär, Generale – laden ein. ... Hier herrscht eine gelöste Atmosphäre, wie ich sie in China noch nie erlebt habe, alle sind reizend, besonders ein Genosse und ein junger General. ... Am nächsten Tag bummeln wir erneut durch die Stadt und sehen uns die Geschäft an, die klein und primitiv sind, aber voller Waren – Seidenstoffe aus Indien, australische Wolle, amerikanische Lippenstifte und Hautcreme, Schweizer Uhren, Nescafé und Schokolade. Alles spottbillig, da kein Zoll erhoben wird. Meine 500 Yuan sind wirklich ein großer Reichtum. Die Menschen drängten sich um uns.[45]

Sie, die offizielle Hofberichterstatterin, trifft in Lhasa auf Angehörige verschiedener Schichten, die nahezu alle für die kommunistischen Reformen eintreten. Die totalitäre Propaganda liefert ihr, die an das neue System in China glaubt, ein perfektes Bild friedlichen Wandels auf dem Dach der Welt. (Nicht einmal in ihrer Biographie von 1990 findet sich eine kritische Reflexion, wird ungebrochen die kommunistische Diktion beibehalten.) Sie trifft auch auf den Dalai Lama, von dem sie persönlich glaubt, »daß er auf unserer Seite ist«.[46] Der Dalai Lama äußerste sich ihr gegenüber positiv über die von den Chinesen auf das tibetische Hochland gebrachten Änderungen. Daß der Dalai Lama womöglich nicht frei hat reden können, kommt ihr noch nicht einmal Ende der achtziger Jahre in den Sinn. Eine sorglose Stimmung in der tibetischen Oberschicht beschreibt auch Peissel auf Basis seiner Informanten für das Jahr 1957 in Lhasa:

> Während man in Kham erbittert kämpfte, ging das Leben in Lhasa seinen gewohnten Gang. Es war ein verrücktes Leben, das auf seltsame Weise die Errungenschaften der westlichen Welt mit den traditionellen Sitten einer Feudalgesellschaft verband; diese kleine Elite, die nur darauf bedacht war, ihren luxuriösen Lebensstil beizubehalten, existierte im Schatten des puritanischsten und mächtigsten kommunistischen Regimes.[47]

Die reiche Jugend Lhasas orientierte sich am westlichen Lebensstil, Parties wurden gefeiert, auf denen die neueste Tanzmusik auf in Hongkong gekauften Platten erklang. Viele der jungen Leute sprachen fließend Englisch, waren auf Schulen in Klaimpong oder Darjeeling gewesen. Von denjenigen, die man nach Peking zum Studium auf das zentrale Institut für nationale Minderheiten in der zweiten Hälfte der fünfziger Jahre schickte, war ebenfalls ihre Vorliebe für westlichen Lebensstil bekannt. Whisky und Produkte von Elizabeth Arden waren in vielen reichen Häusern Lhasas keine Seltenheit – für maoistische Revolutionäre zur Zeit des »Großen Sprungs« nichts anderes als imperialistische Dekadenz. In Lhasa lebten Juweliere und Goldschmiede aus Nepal. Auch die großen Klöster, wo neben weniger sittenstrengen auch viele gelehrte und fromme Männer lebten, waren nicht frei von Pomp und Arroganz des Reichtums. Wie in allen Theokratien zeigten die obersten Priester deutlich die Insignien ihrer Macht – ihr Prestige zeigten sie in Statussymbolen des Reichtums. »Die Verbotene Stadt, schon immer seltsam und voll der Widersprüche, war 1957 noch merkwürdiger als sonst. In scheinbarer Harmonie lebten Seite an Seite eine außerordentlich feudale Theokratie und Vertreter der doktrinärsten kommunistischen Partei der Welt.«[48]

Die Aristokratie Tibets war gespalten, ein Großteil von ihnen war zur Kollaboration mit den Chinesen bereit, sie hielten zu Ngabo und dem Dalai Lama, die davon überzeugt waren, daß nur eine Zusammenarbeit mit China Tibet retten könne. Um sie scharte sich auch ein Teil Mönche der großen Klöster; die anderen betrachteten die Ideale und Werte des chinesischen Kommunismus und des tibetischen Buddhismus als miteinander unvereinbar;

auch in den Klöstern war diese Meinung weit verbreitet. Die Chinesen hatten sich in der Stadt, in den Vororten und nahe dem Flugplatz verschanzt und dort große Garnisonen angelegt. Sie richteten sich auf einen Aufstand ein. Zwar hatten sie es bisher immer wieder verstanden, den Dalai Lama auf ihre Seite zu ziehen. Er war ihr wichtigstes Werkzeug, um Tibet endgültig unter ihre Kontrolle zu bringen, aber gleichzeitig schienen sie dem Dalai Lama gegenüber immer Mißtrauen und Skepsis bewahrt zu haben. Mit der anwachsenden Zahl von Khampas in Lhasa begann der Kampf zwischen diesen und der Volksbefreiungsarmee um die Person des Dalai Lama. Die Entwicklung trieb zur Entscheidung – würde das kommunistische China, das sich auf den »Großen Sprung« vorbereitete, endgültig die tibetische Theokratie vom Erdboden ausradieren, oder würde es den Khampas gelingen, die Mehrzahl der Tibeter hinter sich zu vereinen und den Maoismus vom Dach der Welt zu vertreiben?

Die Flüchtlinge aus Ostkham nahmen 1957 zu, 1958 hatten über 15 000 Familien, alle Rebellen oder Flüchtlinge aus Ost-Tibet, ihre Zelte in Lhasa aufgeschlagen. Die Lage in Lhasa verschärfte sich. Eine Reihe unbedachter Aktionen seitens der Chinesen hatte im Laufe des Jahres 1958 dazu beigetragen, den Aufstand von Lhasa mit vorzubereiten. Als Lhasa von Flüchtlingen aus Kham überschwemmt wurde, versuchte man, zunächst die 1500 chinesischen Flüchtlinge zurückzuschicken; anschließend begannen chinesische Offiziere in den Zelten der Khampa-Flüchtlinge mit einer offiziellen Volkszählung, die einherging mit der Ankündigung, daß allen ohne eine chinesische Identitätskarte die Aufenthaltserlaubnis für Lhasa nicht gewährt würde:

> Bei dieser Gelegenheit schrieben sie auch alle möglichen Einzelheiten aus der persönlichen Vergangenheit eines jeden nieder, den sie dort antrafen. So etwas hatten sie noch nie zuvor getan; es war also nicht zu verwundern, daß die Khampas befürchteten, dies sei nur ein Vorspiel für eine Massenverhaftung, und sich in Lhasa nicht mehr sicher fühlten. So begann ein großer Exodus: Flüchtlingsgruppe nach Flüchtlingsgruppe brach des Nachts in die Berge auf, um zu den Guerillas zu stoßen. Manche nahmen auch ihr Familien mit sich, so daß kaum noch jemand aus dem Osten in Lhasa blieb.[49]

So vergrößerten die Maßnahmen der Chinesen die Zahl der Guerillas in Lhoka südlich von Lhasa und führten zu einer militärischen Vereinigung des Khampa-Widerstandes. Im Lauf der Kämpfe hatten die Khampas eigene Führer und Organisationen hervorgebracht, die aber nicht einem einheitlichen militärischen Kommando unterstanden.

In 23 separaten Gruppen kämpften sie, allergisch gegen jede Art von Organisation, gegen die Chinesen, um ihre Dörfer und die örtlichen Klöster zu verteidigen. Jetzt schufen sie die Tenb Dzong Ma Mi, die Armee der »Soldaten der Festung des Glaubens«, auch National Volunteer Defence Army genannt, und gründeten am 16. Juni die Dachorganisation Chushi Gangdruk. 5000 Khampa-Rebellen, einschließlich 300 Freiwilliger aus allen Teilen Tibets, standen jetzt unter dem Kommando von Gombo Tashi Andrugtsang. Peissel schätzt für 1957/1958 eine Zahl von 80 000 gutorganisierten Guerillas in der NVDA plus 10 000 Rebellenkrieger und Banditen, die entschlossen waren, gegen die Chinesen zu kämpfen; diese Zahlen scheinen aber eher übertrieben.

Peissel ist der Frage nachgegangen, wieso die Khampas so aktiv bleiben und überleben konnten, »obwohl die ausgezeichnet bewaffnete Volksbefreiungsarmee stärker war.« Seine Antwort:

> Nur Tibets Größe und das unglaublich schwer zugängliche Terrain ermöglichten es den Khampas, sich erfolgreich gegen die Übermacht zu behaupten. In Tibet waren die Chinesen nicht unbesiegbar. Nur drei Straßen führten durch die unwirtliche Einöde des Größeren Tibet ... Das schwierige Terrain machte die Chinesen völlig abhängig von diesen strategischen Überlandstraßen; hier lagen ihre Garnisonen und Forts, unsichere Stützpunkte, die schwer zu versorgen waren. Die Soldaten, die in diesen Garnisonen stationiert waren, konnten das umliegende Gelände nicht patrouillieren, weil sie auch nach einer Akklimatisierungszeit physisch außerstande waren, sich in Höhenlagen von fünftausend Meter zu bewegen. Ein Marsch von einem Kilometer bedeutet bereits eine schwere Anstrengung; zehn Kilometer zu marschieren und dabei auch noch zu kämpfen, das liegt jenseits der Möglichkeiten von Menschen, die im Tiefland geboren sind. Die ständigen Attacken der Khampas machten es sehr bald notwendig, die Kanting-Tschamdo-Lhasa-Straße für jeden Verkehr zu sperren, und damit war die direkte Verbindung zwischen den chinesischen Besatzungstruppen und ihrer Heimatbasis unterbrochen. Das war eine große

Erschwernis für die Chinesen, deren Garnisonen durch häufige Angriffe auf die Straße durch Amdo noch stärker isoliert wurden. Das hatte zur Folge, daß die Chinesen nach siebenjähriger Besetzung nur kleine Teile von Tibet kontrollierten, Garnisonen, die von wilden Gebirgen umgeben waren, die zu betreten kaum ein Chinese wagte. In mehr als neunzig Prozent des Gebietes konnten die Khampas sich frei bewegen und hatten, abgesehen von Luftangriffen, kaum etwas zu befürchten. Wohl konnten die Chinesen jedes beliebige Kloster in Schutt und Asche legen, aber berittene Truppen zu vernichten, die ständig in Bewegung waren und sich augenblicklich zerstreuen oder in Höhlen Schutz suchen konnten, das war eine ganz andere Sache.

Die chinesischen Luftangriffe waren nur erfolgreich, wenn sie sich gegen große Städte wie Batang oder Litang richteten und gleichzeitig die Infanterie entlang der Straßen vorstieß. Abgesehen von den Gegebenheiten des Landes kam den Khampas ihre lange Kriegertradition zu Hilfe. Für sie war Kämpfen ebenso selbstverständlich wie Essen. Sie benötigten kein Training, um hervorragende Guerillas zu werden, sie waren ausgezeichnete Reiter und besaßen damit jene Mobilität, die für einen Guerillakrieg so wichtig ist. Sie waren auf den einsamsten Pfaden zu Hause und konnten monatelang auf der ödesten Steppe überleben; die Milch der Mutterpferde und Gazellenfleisch lösten ihr Versorgungsproblem.[50]

Wenn zukünftig die chinesischen Archive eingesehen werden können, wird das ganze Ausmaß dieses Krieges rekonstruiert werden können. In gegen den Dalai Lama gerichteten Propagandafilmen sieht man gelegentlich Szenen aus diesem Krieg, zum Beispiel wie eine chinesische Truppenkolonne mit schweren Lastwagen ein Tal entlangzieht und urplötzlich aus den Bergen beschossen wird, anhalten muß und in Kämpfe verwickelt wird. Bilder, die sich später in Afghanistan wiederholen werden. Ähnlich wie in Afghanistan, wo die Mujaheddin einen Djihad gegen die sowjetischen Truppen führten, führten die Khampas einen Glaubenskrieg gegen die Tendra, die Feinde des Glaubens, wie sie die chinesischen Befreier nannten; sich selbst bezeichneten sie als Ten-sung – Verteidiger des Glaubens. Ihr Hauptziel war die Verteidigung des tibetischen Buddhismus, der durch den Dalai Lama personifiziert wurde. Für die chinesischen Kommunisten waren sie schlichtweg Banditen und

Räuber (so bezeichnete Tschiang Kai-shek wiederum die Kommunisten).

In Lhoka intensivierten sich die Kämpfe zwischen den Khampas und der Volksbefreiungsarmee, die nicht mehr locker ließ. Zwischen August 1958 und März 1959 waren die Khampas in 14 Gefechten mit chinesischen Truppen verwickelt, denen teilweise schwere Verluste zugefügt wurden.

Der chinesischen Volksbefreiungsarmee gelang es zunehmend, die Khampas in Lhoka einzukreisen, und Khampa-Rebellenführer Gompo Tashi Andrugtsang schlug sich mit einigen hundert Khampas über die unwirtliche Chang-Thang-Hochebene nach Kham durch, um sich dort zu erholen und frische Truppen zu rekrutieren.

Während in der Region Lhoka gekämpft wurde, erreichten die populären antichinesischen Gefühle in Lhasa im Laufe des Jahres 1958 ihren Höhepunkt. In den späten fünfziger Jahren waren Lieder ein beliebtes Mittel, öffentlich seine Meinung kundzutun; eines der populärsten Lieder in ganz Tibet hatte u. a. folgenden Vers:

> Wir wollen lieber den Dalai Lama als Mao Tsetung
> Wir wollen lieber die Kashag als Uyon Lhan-khang
> Wir wollen lieber Buddhismus als Kommunismus
> Wir wollen lieber Tensung Magmi als die VBA
> Wir wollen lieber unsere eigenen hölzernen Schalen als die (chinesischen) Blechschüsseln.[51]

Seit dem Frühsommer 1958 waren immer mehr Khampas nach Lhasa gekommen. In Lhoka, 40 bis 50 Meilen von Lhasa entfernt, gingen die Kämpfe weiter; die Situation verschlechterte sich beträchtlich. Aus allen Berichten geht hervor, daß die Bevölkerung daß die gesamte Atmosphäre in Lhasa und Zentraltibet geladen war mit Angst und Furcht, Ungewißheit und Argwohn. »Man erwartete«, so Palden Gyatso,

> daß 1959 ein gutes Jahr werde, denn der Dalai Lama sollte seine letzte Prüfung ablegen. Auf die Neujahrsfeier folgte Mönlam (das Große Gebetsfest). Im Vorjahr war Mönlam Anlaß für antichinesische Proteste gewesen, doch dieses Mal hatte uns der Ordnungsbeamte des Kollegiums aufgefordert, uns vorbildlich zu benehmen und nach den Feierlichkeiten sofort ins Kloster zurückzukehren. Zu jenem Mönlam fanden sich Mönche aus ganz Tibet ein. Sie wollten der Verleihung des Geshe-Titels an den Dalai Lama beiwohnen, des höchsten akademischen Gra-

> des, den ein Mönch erwerben kann. Von allen Dalai Lamas hatten ihn nur der 13. und der 14. erlangt. Die Mönlam-Zeremonie begann Ende Februar, am dritten Tag nach dem tibetischen Neujahr. Ich setzte mich zu der Menschenmenge aus Laien und Mönchen und betete. Die Spannung war deutlich spürbar, und die Chinesen hielten Distanz. Obwohl alle Gespräche sich allein darum drehten, wie gut der Dalai Lama bei den Prüfungen abgeschnitten habe, lag doch etwas in der Luft.[52]

Ein kleiner Zwischenfall, eine kleine Provokation genügte, um aus einem Funken einen Steppenbrand zu entfachen. Den lieferte die Einladung des Dalai Lama zu einer Theateraufführung in die chinesische Garnison. Die Ereignisse begannen sich zu überstürzen. Im Februar hatte Radio Peking verkündet, der Dalai Lama werde an der Sitzung des Nationalen Volkskongresses in Peking teilnehmen, was der Dalai Lama noch gar nicht formell bestätigt hatte. Die Khampas befürchteten, der Dalai Lama werde in Peking für Propagandazwecke mißbraucht und eventuell als Geisel festgehalten.

Am 1. März schickten die Chinesen zwei Offiziere niederen Ranges in den Jokhang-Tempel, wo der Dalai Lama gerade seine Abschlußprüfung zum Geshe (»Magister der Metaphysik«) ablegte. Sie baten ihn, einen Zeitpunkt zu nennen, zu dem er an einer Theateraufführung im chinesischen Truppenlager teilnehmen könne. Der Dalai Lama, der den Besuch bereits zugesagt hatte, nannte den 10. März.

Am 5. März verließ der Dalai Lama den Jokhang-Tempel, um sich inmitten einer feierlichen Prozession in den Norbulingka zu begeben. An diesem jährlich stattfindenden Ereignis nahmen diesmal keine Chinesen teil. Am 9. März beorderten die Chinesen den Kommandanten der Leibwache des Dalai Lama in ihr Lager, um Einzelheiten des Besuches am folgenden Tage zu besprechen. Dort wurde ihm barsch mitgeteilt, weder tibetische Soldaten würden entlang des Weges postiert noch dürfe die übliche fünfundzwanzig Mann Leibwache den Dalai Lama über die Steinbrücke ins drei Kilometer vom Norbulingka entfernte chinesische Hauptquartier begleiten. Höchstens zwei oder drei unbewaffnete Leibwächter könne man zubilligen. Der Kommandeur der Leibwache des Dalai Lama, Kusung Depon, fragte nach, wie er diese Änderung – ein deutlicher Bruch mit einem alten Brauch – den Bewohnern von Lhasa erklären solle, und erhielt die ärgerliche, zugleich aber auch merkwürdige Antwort:

> Werden Sie die Verantwortung übernehmen, wenn jemand schießt? ... Wir wollen keine Unruhe. Unsere eigenen Truppen werden keine Waffen tragen, wenn der Dalai Lama hierher kommt. Sie können Ihre Leute auch auf der Straße bis zur Steinbrücke aufstellen, wenn Sie wollen, aber unter keinen Umständen darf auch nur ein einziger weiter. Und außerdem: die ganze Angelegenheit ist streng geheimzuhalten.[53]

Obwohl der Dalai Lama diese Einladung etwas merkwürdig fand, beschloß er dennoch hinzugehen; er ließ der Bevölkerung mitteilen, daß für den folgenden Tag besondere Vorsichtsmaßregeln gelten, und ließ die Straße zum chinesischen Hauptquartier jenseits der Steinbrücke sperren. Die Nachrichten über diese Sondermaßnahmen verbreiteten sich in Windeseile in ganz Lhasa zusammen mit Gerüchten über die bevorstehende Einladung der Chinesen an den Dalai Lama. Am Abend des 9. März versammelten sich bereits zehntausend Menschen vor der äußeren Mauer des Norbulingka, während im Innern des Palastes hohe Beamte den Dalai Lama zur Absage des Besuches drängten. Aber der Dalai Lama hielt an seiner Zusage fest, und seine Beamten waren entschlossen, ihn ins Lager der Chinesen trotz ihrer Befürchtungen zu begleiten. In der Zwischenzeit hatte sich Ngabo bereits ins chinesische Lager begeben und kam auch trotz Aufforderung des Dalai Lama nicht zurück. »Der folgende Tag«, schreibt der Dalai Lama, »sollte der denkwürdigste werden, den Lhasa bis dahin gesehen hatte.«[54] Der Besuch im chinesischen Lager war um 11 Uhr angesetzt.

> Jäh wurde die Stille durch lautes Schreien jenseits der Parkmauer unterbrochen. Ich horchte, konnte die Worte aber nicht verstehen. So eilte ich in den Palast, traf hier auf einige meiner Beamten und schickte sie hinaus, um zu erfahren, was da vor sich ging. Sehr bald waren sie zurück und berichteten: das Volk von Lhasa strömte in Scharen aus der Stadt herbei. Rings um den Norbulingka sammelte sich die Menge. Immer wieder wurden Rufe laut: Sie seien hier, um mich zu beschützen und die Chinesen daran zu hindern, mich ins Lager zu entführen. Bald wimmelte es im Palast von besorgten Menschen. Ununterbrochen kamen Boten mit weiteren Neuigkeiten. Die Menge war nicht zu zählen – es hieß, es seien dreißigtausend Menschen. Und sie waren in wilder Erregung. Immer wieder hörte man zornige Rufe gegen die Chinesen. Stunde um Stunde wuchs der Tumult. Ich ging zum Gebet in die kleine Kapelle, die der Sie-

> bente Dalai Lama erbaut und dem Mahakala geweiht hatte, dem kämpferischen Aspekt von Chenresi, begabt mit der Macht des Schutzes vor dem Bösen. ... Zwei Minister meines Kabinetts ... kamen gegen neun Uhr in chinesischen Jeeps mit chinesischen Fahrern zum Sommerpalast, wie sie es auch sonst taten. Die Menschen wurden noch erregter, als sie die chinesischen Fahrer sahen, doch hatten die Minister keine große Mühe, durch die Menge in den Palast zu gelangen.[55]

Der Mönch Palden Gyatso erinnert sich an die darauffolgenden Ereignisse:

> Am 10. März mußte ich mich in einer Klosterangelegenheit nach Lhasa begeben. Zehn von uns brachen am frühen Morgen auf. Wir näherten uns gerade dem Norbulingka, der Sommerresidenz des Dalai Lama, als uns ein Mann auf einem Fahrrad entgegenkam. Er trat, so schnell er konnte, in die Pedale, und der Atem vor seinem Mund war ganz weiß. Einen Meter vor uns sprang er vom Fahrrad. An seiner Kleidung konnte man erkennen, daß er ein junger Regierungsbeamter war. Man habe ihm aufgetragen, alle Mönche zum Norbulingka zu rufen. Die Bevölkerung von Lhasa versammele sich vor dem Palast, um den Dalai Lama zu beschützen. Die Chinesen hätten den Dalai Lama in ein neues Militärlager »eingeladen«, und er habe die Einladung »akzeptiert«. Die Stimme des Beamten zitterte, als er die Befürchtung äußerte, die Chinesen könnten den Dalai Lama nach China verschleppen. Wir eilten zum Norbulingka, wo sich in der Tat eine riesige Menschenmenge vor den Toren versammelt hatte. Heute weiß ich, daß dies der Beginn der tibetischen Revolte war. Die Menge war außer Rand und Band. Ein Jeep bahnte sich seinen Weg durch die Protestierenden zum Palast. Darin saß ein tibetischer Kabinettsminister namens Sampho mit seiner Leibwache. Da warf jemand einen Stein; er landete auf dem Segeltuchdach des Jeeps. Ein weiterer Stein traf Sampho am Kopf, so daß er ins Krankenhaus gebracht werden mußte.
>
> Als nächstes richtete sich der Zorn der Menge gegen einen tibetischen Beamten namens Chamdo Khenchung. Er wurde gestoßen und mit Fäusten bearbeitet, wobei man laut seinen Namen rief. Ein alter Mönch wollte die Aufgebrachten daran hindern, Chamdo Khenchung zu verletzen, doch sie ignorierten seinen Protest und traktierten den Beamten weiter mit Fäusten.

> Die Menschenmenge verwandelte sich nach und nach zum Mob. Chamdo Khenchung war plötzlich verschwunden, als sei er verschluckt worden. Wir eilten in Richtung Lhasa. Ich erinnere mich an einen Blinden, der zur Demonstration geführt wurde. Es berührte mich seltsam, daß selbst ein Blinder an der Demonstration teilnehmen wollte – als habe er die Geschichte vom Dalai Lama gehört und wolle sein Scherflein dazu beitragen, Tibets geistigen Führer vor den Chinesen zu schützen.
>
> In Lhasa wurde ebenfalls demonstriert. Die Menschenmassen schrien: »Chinesen raus aus Tibet! Chinesen raus aus Tibet!« Der Mob, der sich vor dem Norbulingka gebildet hatte, marschierte nun in Richtung Innenstadt und schleifte den Leichnam Chamdo Khenchungs mit sich.
>
> Schweigend kehrten wir nach Drepung zurück, unfähig zu glauben, was wir mit eigenen Augen gesehen hatten ...[56]

Bis heute gibt es keinen Beweis dafür, daß die chinesischen Kommunisten planten, den Dalai Lama zu entführen. Das Gerücht allein reichte schon hin, daß sich eine spontane Massenbewegung entwickelte. Das Mißtrauen saß tief unter den Tibetern, »das Volk befürchtete noch Schlimmeres: Es war weithin bekannt geworden, daß an vier verschiedenen Orten der östlichen Provinz hohe Lamas für immer verschwunden waren, nachdem sie eine Einladung chinesischer Kommandanten zu irgendwelchen Veranstaltungen angenommen hatten: drei waren umgebracht worden, einen hatte man eingekerkert.«[57]

Ein weiterer Minister des Dalai Lama, Samdrum Phodrang, dessen Sympathien für die Chinesen bekannt waren, fuhr in seinem Wagen, begleitet von einem chinesischen Offizier, vor; die Menge glaubte, der Wagen solle den Dalai Lama abholen, man warf Steine, der Minister wurde verletzt, konnte aber noch ins Krankenhaus des indischen Konsulats gebracht werden. Da Ngabo nicht aus dem Lager der Chinesen zurückkehren wollte, suchten die drei Minister des Kashag zusammen mit dem geistlichen Staatskämmerer den Dalai Lama auf und berichteten ihm,

> das Volk habe entschieden, ich dürfe nicht ins chinesische Lager, denn man befürchte, daß ich nach China entführt werden könnte. Die Menge hatte bereits eine Art Komitee von sechzig oder siebzig Führern gewählt. Sie waren zum äußersten entschlossen und hatten geschworen den Palast zu verbarrikadieren. Ich sollte nicht hinaus, die Chinesen nicht hinein können.

Nach Ansicht des Kabinetts war die Menge so aufgebracht, daß jeder Versuch, den Norbulingka zu verlassen, für mich tatsächlich gefährlich sei.[58]

Dem vom Dalai Lama erwähnten »Komitee« gehörten Männer aus Kham und Amdo an sowie Mitglieder des verbotenen Mimang Tsongdu. Es sollte das Kabinett ersetzen und der Kern der neuen tibetischen Regierung werden. Schwerbewaffnete Khampas bewachten den Sommerpalast und ersetzten die Leibgarde des Dalai Lama. Die Regierung des Dalai Lama hatte die Kontrolle über das Volk verloren. Um elf Uhr ließ der Dalai Lama telephonisch den chinesischen Kommandanten informieren, daß er »wegen der Menschenmenge vor seiner Residenz die Theateraufführung nicht besuchen könne«. Ein Mönch und Freund des Dalai Lama, mit Brille und Staubmaske, wird eine Stunde später, als er sich einen Weg durch die Menge zum Norbulingka bahnt, von dieser zu Tode gesteinigt, als man in ihm einen chinesenfreundlichen Mann erkannte.

Damit war das Signal zum offenen Aufruhr gegeben. Phakpas blutige Leiche wurde in die Stadt geschleift, auf ein Pferd gebunden und durch ganz Lhasa geführt. Die Leiche war eine schreckliche Warnung, daß die Khampas jetzt gegen alle tibetischen Verräter vorgehen würden. Jetzt wollten sie den Aristokraten »mit den süßen Mündern« endlich die Macht entreißen.[59]

Während der Dalai Lama sich bei den Chinesen entschuldigte, nicht kommen zu können, versprach er der Menge, nicht zu der chinesischen Theatervorstellung zu gehen.

Ich hatte das Gefühl, zwischen zwei Vulkanen zu stehen, die jeden Augenblick ausbrechen konnten – auf der einen Seite der heftige unmißverständliche, einhellige Protest meines Volkes gegen die chinesische Unterdrückung, auf der anderen Seite die von Waffen starrenden Truppen einer aggressiven Besatzungsmacht.[60]

Für seine Politik der Beschwichtigung nach beiden Seiten hin war es aber bereits zu spät.

Ich hatte gehofft, daß die Mitteilung, ich würde mich nicht in das chinesische Lager begeben, der Demonstration ein friedliches Ende machen würde. Aber die Menge blieb. Die Mitteilung hatte nicht genügt. Die Anführer erklärten, nicht eher zu gehen, bis ich versichert hätte, daß ich nicht nur für diesen Tag

> absage, sondern auch entschlossen sei, in Zukunft keine Einladung in das chinesische Lager anzunehmen. Um ein Unglück abzuwenden, schien mir kein Preis zu hoch, und so gab ich auch diese Erklärung. Daraufhin entfernte sich ein Teil der vom Volk gewählten Führer; die meisten Demonstranten blieben jedoch vor dem Palast und waren nicht zu bewegen, nach Hause zu gehen.[61]

Der Dalai Lama ist Gefangener der Rebellen; die Volksbewegung hat sich eigene Führer gewählt.

Um 13 Uhr verließen drei Minister im Auftrag des Dalai Lama den Sommerpalast, um ins chinesische Lager zu fahren und sich dort mit den chinesischen Generälen zu beratschlagen. Ihre Autos werden von Khampas durchsucht, die befürchten, der Dalai Lama werde vielleicht hinausgeschmuggelt. Im chinesischen Lager angekommen, werden sie mit Vorwürfen überhäuft, die tibetische Regierung habe hinterrücks die Auflehnung des Volkes organisiert und die Khampas in ihrem Aufstand unterstützt. Tibetische Beamte hätten entgegen dem Befehl der Chinesen die Bewaffnung der Khampas abgelehnt. Jetzt müßten drastische Maßnahmen unternommen werden, den Widerstand zu brechen.[62] Die Minister versicherten, alles Erdenkliche tun zu wollen, um mäßigend auf die Khampas einzuwirken, was die Chinesen ihnen nicht abnahmen. Gegen 17 Uhr kehrten sie in den Sommerpalast zurück. Noch immer umlagerten viele Menschen das Haupttor. Ein Teil der Menge war in die Stadt gezogen, wo die Tibeter »öffentliche Versammlungen abhielten und zu Massendemonstrationen gegen die Chinesen aufriefen.«[63] Auf einer Versammlung unterhalb des Potala wurde formell und offen vom Führungskomitee das 17-Punkte-Abkommen zurückgewiesen und für ungültig erklärt; 30 000 Menschen jubelten ihnen zu. Kopien des Vertrages wurden verbrannt. Die Chinesen wurden aufgefordert, Tibet zu verlassen. Um 18 Uhr erklärten 70 Regierungsbeamte niederer Ränge auf dem Gelände des Norbulingka ihre Zustimmung zu den Beschlüssen der Volksvertreter, ihnen schloß sich auch ein tibetisches Regiment an, das es ablehnte, in Zukunft Befehle chinesischer Offiziere zu befolgen. Die Soldaten zogen die chinesischen Uniformen aus und legten ihre tibetische Kleidung an. Am Abend erhielt der Dalai Lama einen geheimen Brief General Tans, in dem dieser Verständnis für die Lage des Dalai Lama zeigte und es für ratsam hielt, vorläufig nicht zu kommen. Dies war der Beginn einer geheimen Korrespondenz zwischen den beiden. Drei Briefe schrieb der General insgesamt bis zum 16. März, und dreimal antwortete der Dalai Lama. Aus den Briefen geht eindeutig hervor, daß der Dalai Lama gegen seinen Willen von den Khampas im Sommerpalast festgehalten wurde. Später wurden die Briefe von den Chinesen veröffentlicht, in der Absicht, zu beweisen, daß der Dalai Lama von einer reaktionären »Clique« festgehalten und später entführt worden sei; der Dalai Lama behauptete hingegen, er habe die Briefe nur geschrieben, um Zeit zu gewinnen, seine wahren Absichten zu verbergen und ein Blutbad zu verhindern; daß er Lhasa verlassen habe, sei aus eigener, freier Entscheidung geschehen. Damit greifen wir den Ereignissen vor. Wie auch immer, am 10. März 1959 waren der Dalai Lama und die tibetische Regierung entmachtet worden, sie verfügten über keine Autorität in Lhasa mehr, diese war übergegangen auf das Führungskomitee der Aufständischen. Der Dalai Lama, das geht aus allen verfügbaren Dokumenten hervor, war klar und eindeutig gegen die Demonstrationen, die seiner Meinung nach der kürzeste Weg zur Selbstvernichtung darstellten. Ein eher nichtiger Anlaß setzte die ganze aufgestaute Wut und Verärgerung über die chinesische Besatzungspolitik frei. Die Emotionen der Demonstranten in Lhasa waren gespeist aus ihrer Religion, und sicher nicht zufällig spitzte sich die Revolte zu auf die Person des Dalai Lama, der von ihnen als Symbol und Wesen der tibetischen Zivilisation und Tibets überhaupt angesehen wurde. Ihn wollten sie schützen, verteidigen und für alles kämpfen, was tibetisch ist. So nahm die Revolte symbolisch die Form des Einkreisens an, nicht des chinesischen Armeehauptquartiers, sondern des Palastes des Dalai Lama, um ihn zu »beschützen« und daran zu hindern, das Militärtheater zu besuchen.[64] In dem am 10. März beginnenden Aufstand von Lhasa waren nicht nur die religiös-kulturellen Gefühle spürbar, er war auch voller antikommunistischer und antichinesischer Emotionen, entschlossen und fanatisch. Sein Hauptziel war die Unabhängigkeit Tibets und die Errichtung einer neuen tibetischen Regierung – ein klassisches nationalistisches Ziel, getragen von einer Massenbewegung. Die chinesischen Besatzer waren mit ihrer Politik in Tibet Geburtshelfer des modernen tibetischen Nationalismus.

Der folgende Tag, der 11. März, machte die Hoffnungen des Dalai Lama auf eine friedliche Lösung des Konfliktes zunichte. Es war klar, »daß es immer schwieriger werden würde, das Volk von

Lhasa im Zaum zu halten.«[65] Zwar hatten die Aufständischen ihre Wachen vor den Amtsräumen des Kabinetts im Norbulingka verstärkt, ihre Anführer zeigten sich gesprächsbereit und »recht entgegenkommend«, es herrschte eine etwas versöhnlichere Stimmung,

> aber da kamen zwei weitere Briefe des Generals, einer an mich und ein weiterer an das Kabinett. Der Brief an das Kabinett machte unsere Bemühungen völlig zunichte. Der General teilt mir mit, die »Rebellen« hätten im Norden von Lhasa Barrikaden errichtet, auf der Straße nach China. Das Kabinett habe ihre sofortige Entfernung zu befehlen. Geschehe dies nicht, dann hätte dies »ernste« Folgen, für die Surkhang, Liushar, Shasur und Donerchemo die Verantwortung zufällt.[66]

Trotz des freundlich gehaltenen Tons ist der Inhalt des Briefes von General Tan an den Dalai Lama Ausdruck der imperialen sinokommunistischen Gesinnung: Es gibt keine Kooperation mehr, es wird nur noch befohlen, und den Befehlen der Besatzungsmacht muß Folge geleistet werden:

> An den Dalai Lama.
> Die Reaktionäre sind so kühn geworden, daß sie auch vor militärischen Provokationen nicht zurückschrecken. Sie haben Befestigungen errichtet und entlang der nationalen Verteidigungsroute Maschinengewehre und bewaffnete Posten aufgestellt. Damit ist die Sicherheit der nationalen Verteidungsverbindungen ernstlich gefährdet. Wir haben dem Kabinett bereits mehrfach mitgeteilt, daß die Befreiungsarmee verpflichtet ist, das Land zu verteidigen und den Schutz der mit der nationalen Sicherheit verbunden Kommunikationen zu gewährleisten. Sie kann daher gegenüber einer solchen Provokation nicht untätig bleiben. Das Militärkommando hat die Minister für Verteidigung und nationale Sicherheit aufgefordert, für die Beseitigung sämtlicher Barrikaden und Befestigungen zu sorgen, andernfalls sie die volle Verantwortung für die Folgen tragen. Darüber wollte ich Sie informieren. Bitte lassen Sie mir so rasch wie möglich Ihre Stellungnahme zukommen.
> Mit besten Grüßen Tan Kuan-sen.[67]

Am Morgen des 11. März hatte das meuternde Regiment der tibetischen Armee sein Waffenlager geöffnet und Waffen und Munition an die Menschenmenge um den Sommerpalast verteilt. Angehörige des Regiments und Khampa-Soldaten besetzten Geschütze auf dem Eisernen Hügel Chagpori, einer steilen Erhebung gegenüber dem Potala, wo sich das Medizinkolleg befand und von wo aus man einen guten Blick auf das Tal von Lhasa und das chinesische Militärquartier hatte. Mit Barrikaden hatten die Aufständischen die Straße zum Flughafen blockiert, wo die chinesische Armee Panzer und Panzerwagen stationiert hatte. Zwei weitere Regimenter der tibetischen Armee meuterten. Die Khampas bereiteten sich in ganz Lhasa auf Auseinandersetzungen vor, oft nur mit Äxten oder Schaufeln bewaffnet. Der Dalai Lama antwortete dem chinesischen General:

> Die Leute wurden immer verhandlungsunwilliger und ließen die Palastwachen durch sechs weitere Soldaten verstärken. Diese Entwicklung bekümmerte mich sehr; ich war überzeugt, daß sie nur zu einer Katastrophe führen konnte. Ich ließ daher die Anführer nochmals zu mir kommen. Alle siebzig kamen, und ich tat mein Bestes, sie von ihrem Vorhaben abzubringen.[68]

Vor Abfassen dieses Briefes hatten die Anführer des Volkes den Ratschlag des Kabinetts, Barrikaden abzubauen, um den Chinesen keinen weiteren Grund für Unterdrückungsmaßnahmen zu liefern, entschieden zurückgewiesen und argumentiert, wenn die Chinesen den Abbau der Barrikaden verlangen, dann lasse dies nur den Schluß zu, daß sie beabsichtigen, den Palast anzugreifen und den Dalai Lama gefangenzunehmen. Außerdem hätten die Chinesen zu ihrem Schutz und dem ihrer tibetischen Anhänger, vor allem Ngabos, selbst Barrikaden gebaut. Warum dürfe das Volk von Lhasa dann nicht das gleiche tun? Die Volksführer zeigten sich keiner Argumentation des Kabinetts zugänglich und »erklärten, sie würden den Palast nicht ohne Schutz lassen, was immer geschehe.«[69] Der Dalai Lama beschloß, selbst mit den siebzig Volksführern zu sprechen. Alle kamen, und er versuchte sie umzustimmen, argumentierte, daß er mit dem Besuch im chinesischen Lager bereits vorher sich einverstanden erklärt habe, daß die Chinesen seine persönliche Sicherheit nicht bedrohten und daß nichts geschehen dürfe, was für die Bevölkerung ernste Folgen haben könne. Die Anführer widersprachen ihm nicht, zogen sich zu einer Beratung zurück, jetzt nicht mehr im Norbulingka, sondern am Fuße des Potala, ließen ihm und seinem Kabinett von da an von dort ihre Berichte über ihre Entschlüsse zukommen, die »stets auf eine Wiederholung ihrer früheren Erklärung« hinausliefen: »Sie wollten mich weiterhin beschützen; die Chinesen müßten Tibet verlassen, und den Tibetern sollte endlich die Freiheit wiedergegeben werden.«[70] Kurzum, sie teilten dem Dalai Lama und seinem Kabinett mit, daß sie entmachtet seien, weiter in ihrer Schutzhaft blieben und die Entschlüsse des Komitees abzuwarten hätten. Die nächsten Tage blieb die Lage unverändert, eine Lösung der Probleme war nicht abzusehen. Beide Seiten, die Aufständischen und das chinesische Militär, bereiteten sich auf die entscheidende Schlacht vor. Und auch die Klöster um Lhasa. Palden Gyatso schildert die Entwicklung aus seiner Sicht:

> Am nächsten Morgen (der 11. März, Anm. d. Verf.) suchte der oberste Ordnungsbeamte des Klosters Freiwillige. Ich trat sogleich hervor. Die Mönche wurden in Wachtrupps zu je hundert Mann eingeteilt. Meine Gruppe hatte den Auftrag, das Gebiet hinter dem Kloster zu beobachten. Einigen Mönchen wurden englische Gewehre ausgehändigt. Die Chinesen hatten Soldaten zur Belagerung von Drepung entsandt. Man konnte sie unterhalb des Klosters, wo die Hänge flacher wurden, sehen.
>
> Eines Morgens schickte der Abt des Loseling-Kollegiums mich und weitere Mönche zum Norbulingka, den wir durch das Nordtor betreten sollten. Auf der Zufahrt standen alle zehn bis fünfzehn Meter bewaffnete Posten. Die Mönche im Palast trugen Laienkleidung und hatten Gewehre.
>
> Wir warteten mehrere Stunden im Palast. Dann wurden fünf von uns in den Stadtteil Shöl zum Parkhang geschickt, einer der ältesten Druckereien Tibets. Auf deren Stufen kam uns ein dikker Mann von Ende Vierzig entgegen, der uns einen Vortrag darüber hielt, daß es unsere Pflicht sei, die Lehre des Buddhismus gegen die Angriffe der ungläubigen Kommunisten zu verteidigen. Ich wollte jedoch nur wissen, was wir in der Druckerei erledigen sollten. Der Dicke holte mehrere Eimer mit Kleister und ein Bündel Plakate. Diese klebten wir in der Innenstadt von Lhasa an die Hauswände. Sie forderten die Chinesen auf, Tibet zu verlassen, denn es sei ein unabhängiges Land.
>
> In der Stadt herrschte Chaos, und man plünderte die Läden. Wir eilten zurück nach Drepung, begleitet von Sprechchören: »Chinesen raus aus Tibet!« und »Lang lebe der Dalai Lama!« Später erfuhr ich, daß die Frauen von Lhasa unter der Führung von Kundaling Kunsang La eine eigene Demonstration veranstaltet hatten. Jahre später mußte ich als Häftling der Hinrichtung von Kundaling Kunsang La beiwohnen. In Drepung

drängten sich neu eingetroffene Mönche; sie trugen Laienkleidung und waren nur an ihren rasierten Köpfen erkennbar. Einige hatten Schwerter umgebunden. Die ganze Nacht hindurch hörte ich das Knattern der Gewehre und die Explosionen von Granaten. Wir standen auf dem Dach und blickten in Richtung Lhasa. Das Gewehrfeuer und die Granaten erhellten den Himmel wie ein Feuerwerk. Bei Morgengrauen hing der Geruch von Pulver in der Luft. Der Lärm der Gewehre und Geschütze war noch immer nicht verstummt. Wir erhielten den Befehl, uns in unsere Quartiere zu begeben, uns ruhig zu verhalten und nichts zu tun, was die Chinesen, die nun wieder unterhalb des Klosters ihr Lager aufgeschlagen hatten, in Alarmbereitschaft versetzen könnte. Es gab keine Möglichkeit zu erfahren, was in Lhasa los war, ob das Volk an Boden gewann oder ob die Chinesen den Aufstand niedergeschlagen hatten.[71]

Am 16. März korrespondierten der Dalai Lama und General Tan das letztemal miteinander; dem Brief des Generals war ein Schreiben Ngabos – er befand sich seit dem 9. März im chinesischen Armeelager – beigefügt, das von der Unmöglichkeit einer friedlichen Lösung ausging, den Dalai Lama aufforderte, alle Verbindungen zu den Führern der Aufständischen zu lösen und ihn informierte, diese hätten den Plan, den Dalai Lama zu entführen. Sollte sich dies als wahr herausstellen, müßten die Chinesen rücksichtslos durchgreifen, um die Flucht zu verhindern. Er forderte den Dalai Lama auf, innerhalb der inneren Mauer des Norbulingka zu bleiben, dort mit Hilfe seiner Leibwache ein Gebäude besetzt zu halten und General Tan genau mitzuteilen, welches Gebäude dies sei, dann »werden die Chinesen sicherlich darauf achten, daß dieses Gebäude nicht beschädigt wird.«[72] Ngabo wußte bereits vom Plan der Volksbefreiungsarmee, den Norbulingka und die dort versammelte Menschenmenge zu beschießen; der Dalai Lama sollte dabei geschont werden. Einen Brief ähnlichen Inhalts richtete er an das Kabinett. Der Dalai Lama antwortete mit einer ausweichenden Antwort, ohne mitzuteilen, wo er sich aufhielt. Während die Spannung vor dem Norbulingka anwuchs, die Menge immer erregter wurde, bewaffnet mit Knüppeln, Spaten, Messern, Gewehren und ein paar Maschinengewehren, entschlossen zu kämpfen, während innerhalb der Palastmauern alles ruhig und friedlich war, die Pfauen einherstolzierten und Leibwächter den Rasen und die Blumenbeete gossen, bereiteten die Chinesen den

Angriff vor. Am 16. März erhielten der Dalai Lama und sein Kabinett erste Informationen darüber, daß die chinesische Artillerie in Stellungen gebracht worden war, »von denen aus die Stadt und der Norbulingka beschossen werden konnte«[73]. An strategisch wichtigen Plätzen waren Militärfahrzeuge aufgefahren, Geschütze und schwere Maschinengewehre postiert worden. Gerüchte liefen um, daß neue Truppen auf dem Luftweg von China unterwegs seien.

> In der Nacht vom 16. auf den 17. März gab es für die um den Sommerpalast versammelten Menschenmassen keinen Zweifel mehr, daß die Chinesen den Palast beschießen würden und die Katastrophe in jedem Augenblick hereinbrechen könne. Es herrschte Panikstimmung. Aber sie blieben, gewillt, den Palast und mich nicht im Stich zu lassen.[74]

Ein letzter Vermittlungsversuch des Dalai Lama, ein Brief an Ngabo, am 17. März, schlug fehl. Ngabos Antwort war »lediglich eine kurze höfliche Empfangsbestätigung«,

> eine ausführliche Antwort werde später folgen. Aber diese Antwort kam erst, als alles schon vorbei war. Als ich gegen vier Uhr nachmittags mit den Ministern über Ngabos Antwort sprach, hörten wir das Knallen zweier schwerer Granatwerfer, die in einem nahe gelegenen chinesischen Lager abgeschossen worden waren, und gleich danach auch den Aufschlag der Granaten in einem Sumpf außerhalb der nördlichen Tors.[75]

Bis heute ist unklar, warum diese beiden Schüsse abgegeben wurden; sie waren der Beginn des Angriffs auf den Palast und der Niederschlagung des Volksaufstands. Der Dalai Lama entschloß sich in dieser Situation, Lhasa zu verlassen; die Khampas hatten dies bereits schon den Abend zuvor geplant. In einer geheimen Operation, weder die Chinesen noch die Bewohner von Lhasa bekamen etwas mit, wurde der Dalai Lama zusammen mit seiner Mutter, seiner Schwester und seinem jüngeren Bruder – alle als Khampa-Guerillas verkleidet – unerkannt aus dem Norbulingka gebracht.

> Als wir zum Tor kamen, sah ich undeutlich in der Dunkelheit die Gruppen meines Volkes, die es noch bewachten. Aber niemand achtete auf den einfachen Soldaten. Unangefochten ging ich hinaus auf die dunkle Straße.[76]

Die Khampas hatten ihren Willen durchgesetzt, der Dalai Lama selbst sah seine Flucht nach Indien als die beste Option an; zwar hoffte er anfänglich noch in Tibet zu bleiben, aber

> von dem Anbeginn an, da die Chinesen mit der Beschießung des Norbulingka begannen, (gab es) … nur noch eines für mich …: ich mußte mein Land verlassen. Denn selbst wenn ich blieb, vermochte ich nichts mehr für mein Volk zu tun, und schließlich würde ich doch noch in die Hände der Chinesen fallen. Ich konnte nur nach Indien gehen, die Regierung dort um Asyl bitten und mich in Indien der Aufgabe widmen, die Hoffnung für mein Volk überall wachzuhalten.[77]

Auf der von Khampas organisierten Flucht zunächst nach Lhoka und dann weiter über Umwege zur indischen Grenze söhnte sich der Dalai Lama mit den Khampa-Führern aus; am 30 März traf er auf indischem Gebiet ein.

Zwei Tage nach der Flucht des Dalai Lama am 20. März um halb vier Uhr morgens – als die Chinesen wie auch die Menge vor dem Sommerpalast noch immer nicht wußten, daß der Dalai Lama geflohen war –, begannen die Chinesen den Sommerpalast mit Granaten zu beschießen; Vorwand lieferte ihnen ein Gewehrfeuer aus dem Sommerpalast heraus. Den ganzen Tag über beschossen sie den Norbulingka. Dann richteten sie ihre Geschütze auf die Stadt, den Potala, den Tempel und die benachbarten Klöster. Niemand wußte zu sagen, wie viele Menschen in Lhasa umgekommen waren, aber allein im Norbulingka und in seiner Umgebung lagen Tausende von Toten. Einige Hauptgebäude der Sommerresidenz waren eingeäschert, alle anderen mehr oder weniger beschädigt. Nur die Mahakala-Kapelle blieb wunderbarerweise unversehrt. In der Stadt waren Häuser zerstört oder in Brand geschossen worden, die goldenen Dächer des Haupttempels durchlöchert, viele Kapellen ringsum nur noch Ruinen. Im Potala hatten die Granaten den Westflügel fast dem Erdboden gleichgemacht,

> Teile der von mir benützten Räume waren vernichtet, ebenso die Verwaltungsschule, das Haupttor, das Armeehauptquartier und Häuser im Dorf Shol. Eine der Granaten fiel in den Raum mit dem goldenen Mausoleum des dreizehnten Dalai Lama. Chakpori, eine der tibetischen medizinischen Hochschulen, war nahezu bis auf die Grundmauern niedergebrannt. Im großen Kloster Sera bot sich das gleiche Bild sinnloser Zerstörung. Am Ende des ersten Tages, als der Norbulingka eine rauchende Ruine voller Toter war, drangen die Chinesen in den Palast ein. Die wenigen Tibeter, die sich, wie Ngabo, im chinesischen Lager befanden, hatten sich wegen meines Schicksals schwerste

> Sorgen gemacht. Am Abend konnte man beobachten, wie die Chinesen von Leiche zu Leiche gingen und die Gesichter der Toten, besonders die der Mönche, genau betrachteten. Noch während der Nacht lief im Lager die Meldung ein, daß ich verschwunden sei.[78]

Der Aufstand hatte am 18. März begonnen und dauerte bis 22. März. Am 17. März hatte das chinesische Militär ein Geheimtelegramm der Aufständischen an ihre Organisation in Kalimpong, Indien, abgefangen, in dem folgende Botschaft übermittelt wurde: »Der unabhängige Staat Tibet wurde am ersten Tag des zweiten Monats des Tibetischen Kalenders (das ist der 10. März, Anm. d. Verf.) gegründet. Bitte verkündet dies überall ...«[79] In und um Lhasa befanden sich damals – die genaue Zahl ist nie bekannt geworden – schätzungsweise 15 000 gut ausgerüstete Soldaten, denen Panzer, Armee- und Panzerwagen zur Verfügung standen. »Die Chinesen, die den Aufstand hatten kommen sehen, hatten«, so Peissel,

> genügend Zeit gehabt, eine bestimmte Strategie festzulegen. Ihre Truppen kreisten die Stadt Lhasa, den Potala, die medizinische Hochschule und den Sommerpalast ein, so daß das Kampfgebiet von den Klöstern Sera, Drepung und Ganden abgeschnitten war und auch von den viertausend der meuternden tibetischen Regimenter, die bei Sera stationiert waren. Am 19. März war die einzige Lücke in diesem Ring, das heißt die einzige Verbindung der Aufständischen mit der Außenwelt, die Rangsum-Fähre, die von den Khampas ... verteidigt wurde.
>
> Die Kämpfe gingen auf zwei sehr verschiedenen Schauplätzen vor sich. Die Schlacht im Tal war ein Artillerieduell zwischen den im Sommerpalast und in der medizinischen Hochschule verschanzten Tibetern und den chinesischen Garnisonen in Shukti Lingka. In der Stadt mußten die Chinesen die wiederholten Angriffe der Khampakommandos abwehren und sich gegen die empörten Einwohner von Lhasa verteidigen, die das Transportdepot, das Kino, die Radiostation und andere von den Chinesen besetzte Gebäude angriffen. Fünf Stunden lang beschossen die Chinesen die Gärten des Sommerpalastes und töteten eine Anzahl von Männern ... Die Tibeter führten von der medizinischen Schule auf dem Eisenberg Vergeltungsangriffe auf die chinesischen Garnisonen von Shukti Lingka durch, die ihrerseits den Sommerpalast und den Potala beschossen.[80]

Am Freitag, den 20. März nehmen die Chinesen mit ihren Geschützen gezielt die medizinische Hochschule unter Feuer, die alten dort stationierten Kanonen werden zum Schweigen gebracht. Am Nachmittag rücken Panzer gegen die Rückseite des Potala vor. Nachts verstärken Khampas die Besatzung auf dem Eisenberg und bringen neue Munition heran, aber am nächsten Tag, dem 21. März, einem Samstag, nehmen chinesische Sturmtrupps den Eisenberg ein. Chinesische Panzertruppen bemächtigen sich der Rangsum-Fähre und richten unter den Khampas ein Blutbad an. Samstagnachmittag erreichen die Kämpfe in der Stadt einen neuen Höhepunkt, Chinesen und Tibeter schießen von Dächern aus mit Geschützen aufeinander, in den Straßen drängt sich eine erregte Menge, Molotow-Cocktails werden in die von Chinesen bewohnten Häuser geschmissen, Rauchsäulen steigen über der Stadt auf. Chinesische Soldaten, die ihre Stützpunkte verlassen und die Straßen stürmen, werden im Nahkampf von Khampas niedergemetzelt. Im Moslem-Viertel und im Jokhang-Tempel halten die Aufständischen weiter ihre Stellungen. In der Nacht zum 22. März war klar, daß die Tibeter den Kampf verlieren würden. Die Khampas, die jetzt alle von der Flucht des Dalai Lama wußten, räumten den Sommerpalast. Chinesische Panzerwagen machten am Sonntagvormittag den Kämpfen in der Stadt ein Ende, die Wagen walzten die Barrikaden nieder und rammten das Tor zum Jokhang.

> Sonntag um zwei Uhr nachmittags stellten die Chinesen das Feuer ein, und über die Stadt senkte sich eine unheimliche Stille, die nur gelegentlich von fernen Schüssen unterbrochen wurde. Kurz darauf ertönte in mehreren Teilen der Stadt aus Lautsprechern ein Appell. Alles lauschte, während die Stimme den Waffenstillstand verkündete, die Rebellen aufforderte, die Waffen niederzulegen und versprach, daß es keine Vergeltungsmaßnahmen geben würde. Nach der ersten Ankündigung sprach ein Tibeter: »Mein Name ist Ngabo. Wie ihr wißt, bin ich Mitglied des Kashag. Die Kämpfe müssen eingestellt werden ... Der Dalai Lama ist nicht getötet worden, er wurde gegen seinen Willen von den ›Reaktionären‹ entführt.«[81]

Der Widerstand war gebrochen, die imperiale kommunistische Macht hatte brutal ihre Ansprüche durchgesetzt, Lhasa und die umliegenden Klöster waren unter ihrer Kontrolle. Der Dalai Lama war ihnen aber entkommen; damit war der Eckpfeiler der bisherigen kommunistischen Tibetpolitik zusammengebrochen. Auf dem Höhepunkt des »Großen Sprungs nach vorn« feierte der Maoismus einen militärischen Sieg in der Stadt der Götter.

2. Die Folgen des Aufstands bis 1965

Der Dalai Lama befand sich mit seinen Begleitern auf der Flucht, während in Lhasa noch die Kämpfe tobten. Spätestens durch die konzentrierten Angriffe der Chinesen auch auf die Region Lhoka wurde klar, daß es für den Dalai Lama in Tibet keinen sicheren Ort mehr geben würde, eine letzte Bestätigung, ins indische Exil gehen zu müssen. Noch unterwegs traf er mit einigen Anführern der Khampas zusammen und dankte ihnen für ihren Mut und für den gewährten Schutz: »Trotz meines Glaubens an den Weg der Gewaltlosigkeit war ich voller Bewunderung für ihren Mut und ihre Entschlossenheit, den bitteren Kampf, den sie für unsere Freiheit, unsere Kultur und unsere Religion begonnen hatten, weiterzuführen.«[82] Der Dalai Lama bat die Khampas, die weiterkämpfen wollten, »Gewalt lediglich bei der Verteidigung ihrer Stellungen in den Bergen anzuwenden«[83], und warnte sie vor weiteren Angriffsplänen der Chinesen.

Schon am 26. März 1959 wurde – noch auf der Flucht durch die tibetische Region Lhoka zur indischen Grenze – in Lhuntse Dzong feierlich eine neue vorläufige Regierung des unabhängigen Tibet gegründet und die religiösen Weihen vollzogen: »Mönche, Laienbeamte, Dorfvorsteher und viele andere Menschen versammelten sich mit uns ... und trugen heilige Schriften und entsprechende Embleme. Mir wurden von den Mönchen die traditionellen Symbole der Herrschaft überreicht.«[84] Der Dalai Lama unterzeichnete eine Proklamation über die Einsetzung der provisorischen Regierung, dann schlossen die Zeremonien »mit der Aufführung des Droshä, des Tanzes des Guten Glücks.«[85]

In Tespur, der ersten Bahnstation nach Überschreiten der indischen Grenze, angekommen, ließ der Dalai Lama klarstellen, daß er Lhasa freiwillig verlassen hatte und aus freien Stücken nach Indien gekommen war. Kurz darauf kündigte er vom nordindischen Mussoriee aus formell das 17-Punkte-Abkommen auf und forderte die Einsetzung einer internationalen Kommission zur Überprüfung der Ereignisse in Tibet. Bis Ende 1959 folgten siebzehntausend Tibeter dem Dalai Lama ins Exil. Über hunderttausend sollten es in den nächsten Jahren werden.

Lhasa hatte kapituliert, nachdem es drei Tage gekämpft hatte und nach tibetischen Schätzungen zwischen fünf- und zehntausend Menschen ihr Leben lassen mußten. Es brauchte Tage, die Toten aus den Straßen und aus dem Norbulingka zu entfernen. Chinesische Dokumente, die dem tibetischen Widerstand 1966 in die Hände fielen, sprechen von »87 000 Feinden, die während der Rebellion vom März 1959 bis Anfang Oktober eliminiert worden sind.«[86]

Durch Erlaß des Staatsrates der Volksrepublik China vom 28. März 1959 wurde die Auflösung der bestehenden tibetischen Regierung und die Einsetzung einer neuen kommunistischen Regierung verkündet. Noch wurde hier die Propagandalinie einer eigenen Verschwörung tibetischer »Reaktionäre« gegen den Dalai Lama verfolgt:

> Die Mehrzahl der Kaloons (Mitglieder des Ministerrates) der örtlichen Regierung von Tibet und die reaktionäre Clique der Oberschicht verbündete sich heimlich mit dem Imperialismus, scharte aufrührerische Banditen um sich, zettelte einen Putsch an, terrorisierte die Bevölkerung, beraubte den Dalai Lama seiner Freiheit, zerriß das 17-Punkte-Abkommen über Maßnahmen zur friedlichen Befreiung Tibets und veranlaßte in der Nacht zum 19. März die tibetische örtliche Armee und aufrührerische Elemente, auf die Garnison der Volksbefreiungsarmee in Lhasa eine Generaloffensive zu eröffnen. Weitere Härte wurde angekündigt: »Um die Einheit des Landes und die der Nationalitäten zu schützen, wird zusätzlich zu dem Befehl an das Kommando der chinesischen Volksbefreiungsarmee im Militärgebiet Tibet, den Putsch völlig niederzuschlagen, die Entscheidung getroffen, daß mit sofortiger Wirkung die örtliche Regierung von Tibet aufgelöst ist und daß das Vorbereitende Komitee für das Autonome Gebiet Tibet die Funktionen und Vollmachten der örtlichen Regierung von Tibet übernimmt.«[87]

Nur einen Monat später nahm der Volkskongreß in Peking einen »Beschluß zur Tibet-Frage vom 28. April 1959« an, in dem die im wesentlichen noch heute gültigen Dogmen der chinesischen Herrschaft offiziell wurden:

> Die bestehende Gesellschaftsordnung in Tibet ist eine äußerst

> rückständige Ordnung der Leibeigenschaft. Der Grad der Grausamkeit, der die Ausbeutung, die Unterdrückung und die Verfolgung der werktätigen Bevölkerung durch die Feudalherren charakterisiert, findet kaum seinesgleichen in der Welt.[88]

Und: »Die tibetische Bevölkerung fordert seit langer Zeit energisch die Reform der Gesellschaftsordnung.« Deshalb solle »das Vorbereitende Komitee für das Autonome Gebiet Tibet ... demokratische Reformen durchführen, um die tibetische Bevölkerung aus ihrem Elend herauszuführen und die Grundlagen für den Aufbau eines neuen, blühenden und sozialistischen Tibet zu schaffen.«[89]

Unmißverständlich betont der Beschluß mit Blick auf das Ausland aber die oberste Maxime:

> ... Tibet ist ein unabtrennbarer Teil Chinas. Es gehört zur großen Familie des chinesischen Volkes. ... Der Putsch einer Handvoll tibetischer Reaktionäre und seine Niederschlagung sind völlig eine innere Angelegenheit Chinas, das keinerlei Einmischung durch Ausländer zuläßt.[90]

Mit ihren »demokratischen Reformen« begannen die Chinesen unverzüglich. Alle privaten Besitztümer wurden beschlagnahmt. Und es setzte nach der Niederschlagung der Revolte die Jagd auf ihre Urheber und Teilnehmer, die »Konterrevolutionäre«, ein. Das chinesische Militär machte dabei nicht viel Federlesens: Männer und Frauen, die an Demonstrationen teilgenommen hatten, wurden sofort an verschiedenen Stellen in Lhasa inhaftiert, bis ihre Verbrechen bestimmt werden konnten. Diese Bestimmung erleichterten sich die Chinesen, indem sie ihnen geläufige Foltermethoden gegen die festgenommenen Tibeter einsetzten. Es wird geschätzt – bis heute sind genaue Zahlen unbekannt –, daß fünfundzwanzigtausend Menschen gefangengenommen wurden.

Eine Spezialität der »demokratischen Reformen« sollte es den Chinesen erleichtern, systematisch die tibetischen Widerständler zu identifizieren. Sie unterzogen die Tibeter einer Klasseneinteilung und einem Klassenkonflikt. Die Exiltibeterin Pema Thonden erfuhr bei einem späteren Besuch in Lhasa:

> Jeder, der für die frühere tibetische Regierung gearbeitet hatte, die herrschenden Familien, Lamas oder Angehörige der Klöster, Grundbesitzer, Angehörige des Militärs, große und kleine Kaufleute, Künstler, Schriftsteller, Gelehrte und ihre Familien wurden in unterschiedlichen Kategorien eingestuft und insge-

samt als »Klassenmenschen« bezeichnet. Die meisten gehörten auf die eine oder andere Weise einer dieser Kategorien an.[91]

Des weiteren wurden die Tibeter in »Studiengruppen« eingeteilt und propagandistisch darüber belehrt, daß der chinesische Sozialismus dem alten tibetischen Gesellschaftssystem überlegen sei.

Solchermaßen belehrt, hatten die Tibeter ihre Loyalität mit dem neuen besseren System unter Beweis zu stellen. Sie sollten zum Beispiel bekunden, daß Tibet immer ein Teil Chinas war und daß der Dalai Lama persönlich Ausbeuterei betrieben oder Ausschweifungen begangen hatte. Wer dabei zögerte, galt als nicht loyal genug gegenüber der neuen Ordnung und war zu bekämpfen.

Mit ihren »demokratischen Reformen« filterten die Chinesen alle Oppositionellen heraus. Ihr besonderes Augenmerk richteten die Chinesen dabei auf die Klöster. Die meisten noch verbliebenen Mönche wurden zwangsweise aus den großen Klöstern bei Lhasa herausgeholt und die hohen Lamas einer klassenkämpferischen »Behandlung« ausgesetzt.

Wie die neue Gesellschaftsordnung durch die chinesischen Funktionäre gelehrt wurde, berichtet ein tibetischer Mönch, dem ein solcher Unterricht über lange Jahre hinweg erteilt wurde. Der Mönch Palden Gyatso überlebte drei Jahrzehnte in chinesischen Straflagern und ist einer der wenigen Zeitzeugen, die noch selber zu Wort kommen konnten. Er schildert zunächst, wie ein chinesischer Offizier einem alten Mönch ein Wollgewand vorhielt und ihn fragte: »Was ist das?« Auf die Antwort »Wolle« war der Fragesteller so verblüfft, daß er seinen Dolmetscher die Frage wiederholen ließ. »Das ist von einem Schaf« – eine Antwort, die Palden Gyatso wie alle anderen Tibeter zutreffend fand.

> Seine Antworten waren jedoch nicht korrekt, denn er hatte vergessen, die Arbeit der Leibeigenen zu berücksichtigen! Dem dialektischen Materialismus zufolge und der Theorie der Klassenkausalität zufolge hätte der Mönch erwidern müssen, daß das Gewand das Ergebnis der Arbeit der ausgebeuteten Leibeigenen war.[92]

Es beansprucht die Phantasie nicht über die Maßen, sich die Situation vorzustellen, vor allem, wenn man sich klar macht, daß solche Belehrungen mit unerbittlicher Konsequenz stundenlang vor sich gehen konnten. »Es dauerte noch sehr lange, bis ich gelernt hatte, meine Antworten in die Sprache des dialektischen Materialismus zu kleiden.«[93] Zudem sprangen die Chinesen noch ganz anders mit den Tibetern um:

> Im Sommer 1959 jagte eine Versammlung die andere. Es gab Anpassungsversammlungen, Geständnisversammlungen, Versammlungen zur Kritik an den Reaktionären, Versammlungen zum Widerstand gegen die Imperialisten und sogar Versammlungen, die »bitteren« Erinnerungen gewidmet waren. Bei den letzteren mußten wir den Erzählungen eines »Leibeigenen« lauschen, der von seinem Elend unter einem Grundbesitzer berichtete. Dabei erwartete man Tränen von uns.[94]

Palden Gyatso berichtet weiter:

> Anfang 1960 eröffneten die Chinesen eine »Neuermittlungskampagne«. Das bedeutete noch mehr Versammlungen und Schulungen. Da meine politische Vorgeschichte noch offen war, konnte ich davon ausgehen, ein Opfer der neuen Kampagne zu werden.[95]

Das wurde Palden Gyatso in der Tat sehr bald. Als er sich weigerte, seinen Lehrer als Spion zu denunzieren, ging sein Verhörleiter zur Sache:

> Die Wachen preßten mir die Arme auf den Rücken und banden sie mit einem Seil zusammen. Dann warfen sie das Seil über einen Holzbalken und zogen daran, so daß meine Arme ausgerenkt wurden.[96]

Palden Gyatso hörte »nur noch meine Schreie und die dumpfen Faustschläge der Bewacher auf meinem Körper«.[97]

Nicht zuletzt anhand der authentischen Berichte von Palden Gyatso analysiert der jüngste Bericht der Internationalen Juristenkommission vom Dezember 1997:

> Folter und öffentliche Erniedrigung waren die Haupttechniken gegen Grundeigentümer in China und gegen Führer und Lamas in Tibet während der ›demokratischen Reformen‹. Folter wurde besonders gegenüber Lamas angewendet, um das Fehlen von irgendwelchen ihnen nachgesagten übernatürlichen Kräften zu demonstrieren.
>
> Inhaftierte Tibeter wurden mit wiederholten »Kampfsitzungen« und mit übermäßiger Arbeit und Hunger gefoltert. Palden Gyatso ... sagte, daß während dieser Zeit (seiner dreißigjährigen Gefangenschaft) »ich ganze Tage aufgehängt war, heißes Wasser über meinen Körper gegossen und ein Feuer unter mir angezündet wurde.« Danach wurden ihm »Handschellen angelegt, wurde ich getreten und mit einem Stock geschlagen, der scharfe Punkte von Nägeln hatte, die auf einer Seite hervortraten.«[98]

Der Klassenkampf machte auch vor den tibetischen Kindern nicht halt. Die Kinder von »Klassenmenschen« wurden in die Kategorie Butruk eingestuft und jahrelang in keine Schule aufgenommen. Fast 20 Jahre lang wurden diese Kinder in Straßenbaulager in verschiedene Teile Tibets geschickt, wie Pema Thonden berichtet.

> Mein Bruder, meine Schwester und viele andere junge Verwandte gehörten zu ihnen. Der große künstliche See vor dem Potala, den man auf neueren Fotos sieht, wurde in den späten sechziger Jahren von diesen Kindern angelegt. Sie waren im Alter von zwölf bis Anfang zwanzig. Die Bewohner von Lhasa betrachten diesen See als Mahnmal für die Leiden ihrer Kinder.[99]

Auch auf dem Land, auch weit im Osten, nahmen die Chinesen die Mönche und Klöster ins Visier. Aus Pachö, wo die Chinesen am 14. April die Herrschaft erlangten, berichtet der Tibeter Trungpa: »Sie hatten die Lamas in der Versammlungshalle ihres Klosters eingesperrt. Der Ort wurde entweiht und alles, was Wert hatte, fortgeschleppt.«[100]

Offenen, wenn auch unkoordinierten Widerstand leisteten die Khampas noch bis Ende April, vor allem in der Region Lokha. Das chinesische Militär wurde um mehrere Divisionen verstärkt, und um die Guerilla zu isolieren, bemühten sich die Chinesen, die Grenzen nach Bhutan, Nepal und Indien abzuschneiden. Aber den Chinesen gelang es nicht so bald, die Khampas vollständig unter ihre Kontrolle zu bringen. Beweglich und an die Höhe gewöhnt, gelang es diesen noch monatelang immer wieder, trotz Verlusten auszuweichen.

Schon im Juli 1959 hatte die Internationale Juristenkommission in Genf, eine Nichtregierungsorganisation mit beratendem Status zur UNESCO, einen vorläufigen Bericht zur Tibet-Frage veröffentlicht. Sie stellte bereits damals »Beweise für eine systematische Absicht« der Volksrepublik China fest, »die Tibeter als besondere Nation ganz oder teilweise sowie die buddhistische Religion in Tibet zu zerstören«[101]. In einem zweiten Bericht vom August 1960 dokumentierte sie auf der Grundlage von zahlreichen Aussagen von Flüchtlingen das ganze Ausmaß der kommunistischen Repression im »neuen, blühenden und sozialistischen Tibet«. Die Kommission unterstützte gleichzeitig die Position der tibetischen Regierung im Exil, daß Tibet in der ersten Hälfte dieses Jahrhunderts jedenfalls faktisch unabhängig gewesen sei. Insbesondere aber kam die Kommission in ihrem Bericht zu dem Schluß, »daß in Tibet Akte von Völkermord verübt wurden in der Absicht, die Tibeter als religiöse Gruppe zu vernichten«. Dazu hob die Kommission vier Punkte besonders hervor:

- Daß die Chinesen ein Festhalten am und die Ausübung des Buddhismus nicht zuließen,
- daß sie die Religion in Tibet ausrotten wollten,
- daß sie zu diesem Zweck Repräsentanten der Religion getötet hätten, weil deren Glaube und religiöse Praxis eine Ermutigung und ein Beispiel für andere war,
- daß sie zwangsweise viele tibetische Kinder in eine chinesische materialistische Umgebung gebracht hätten, um so ihre religiöse Erziehung zu verhindern.[102]

Ende des folgenden Jahres 1961 stimmte ferner die UN-Generalversammlung – gegen die Stimmen des kommunistischen Blocks – einer von Irland, Malaysia, El Salvador und Thailand eingebrachten Resolution zu, in der an die VR China appelliert wurde, alle »Praktiken einzustellen, die das tibetische Volk seiner grundlegenden Rechte und Freiheiten einschließlich seines Rechts auf Selbstbestimmung berauben«[103]. Die Volksrepublik China, die damals noch nicht Mitglied der Vereinten Nationen war, reagierte auf diese Resolution vom 20. Dezember 1961 nicht. Sie setzte ihre Politik in Tibet unverändert fort. Die USA – wie die meisten anderen westlichen Staaten auch – zeigten sich unwillig, trotz materieller Unterstützung für die tibetische Guerilla und die Exilregierung die Forderung nach einer Unabhängigkeit Tibets zu unterstützen.

1962 adressierte der Panchen Lama, der wichtigste in Tibet gebliebene religiöse Führer und der höchstrangige Tibeter der lokalen Regierung, einen 70 000 chinesische Schriftzeichen umfassenden Geheimbericht an den chinesischen Premier Tschou En Lai. Er kritisierte die Politik, die der Niederschlagung des Aufstandes folgte, und die Auswirkungen des »Großen Sprungs nach vorn« auf Tibet. Obwohl Passagen dieses Berichtes, der zur Kritik an seinem Verfasser im Jahre 1964 und später zu seiner Inhaftierung in der Kulturrevolution führte, auszugsweise schon über die Jahre immer wieder an die Öffentlichkeit gelangt waren, konnte der Bericht im ganzen erst 1996 durch das »Tibet Information Network« in London auf Chinesisch und Englisch der Öffentlichkeit zugänglich gemacht worden. Deutlicher als alles andere belegt die »70 000-Zeichen-Petition« die unsäglichen und schrecklichen Folgen der maoistischen Politik jener Zeit.

Der Panchen Lama rügte unter anderem,

- daß infolge des »falschen Verhaltens« der Kader die »Religion und der religiöse Glaube, den die Tibeter wie ihr eigenes Leben lieben, nur noch dem Namen nach existierte«,
- daß »die Anzahl der Gefangenen in ganz Tibet einen so hohen Prozentsatz der Gesamtbevölkerung wie nie zuvor in der Geschichte« umfaßte,
- daß »Wachen und Kader« die Gefangenen »bedrohten« und sie »grausam und ohne jeden Skrupel« schlugen,
- daß die »schlechte Verwaltung« der Gefängnisse »zum Tode vieler Gefangener« führte.[104]

Viel später, in einer Rede vom März 1987, die sich wiederum kritisch mit der Tibetpolitik der Kommunistischen Partei Chinas auseinandersetzte, nahm der Panchen Lama noch einmal Bezug auf seinen Geheimbericht. Er sprach unter anderem drei Punkte an: die allgemeine politische Verfolgung, die Eliminierung der Religion und die durch die Politik verursachte Hungerkatastrophe.

> Zum Beispiel gibt es in Qinghai drei- bis viertausend Dörfer; in jedem wohnen drei- bis viertausend Familien mit vier- bis fünftausend Menschen. Aus jedem Ort und Dorf wurden ungefähr achthundert bis tausend Menschen eingesperrt. 300 bis 400 von ihnen starben im Gefängnis. Das heißt, fast die Hälfte der Gefangenen ging zugrunde. Im letzten Jahr (1986) stellten wir fest, daß nur eine Handvoll Menschen an dem Aufstand teilgenommen hatte. Die meisten dieser Menschen waren unschuldig. In meiner 70000-Zeichen-Petition erwähnte ich, daß etwa fünf Prozent der Bevölkerung eingesperrt war. Nach meiner Information zu dieser Zeit waren es 10 bis 15 Prozent. Ich hatte jedoch nicht den Mut, eine so große Zahl zu nennen. Ich wäre sonst unter Thamzing gestorben, hätte ich die wirkliche Zahl genannt. …
>
> Vor der demokratischen Reform, heißt es im Bericht von 1962, gab es in Tibet (Gebiet der Autonomen Region) über 2500 große, mittlere und kleine Klöster. Nach der demokratischen Reform waren nur noch 70 übrig, also eine Verminderung von 97 Prozent. Da in den meisten Klöstern niemand mehr wohnte, konnte sich auch keiner um die Instandhaltung der Pflege der Großen Gebetshallen, der anderen heiligen Hallen und der Wohngebäude der Mönche kümmern. So entstand großer Schaden an den Gebäuden; teils wurden sie zerstört, teils verfielen sie und bestanden zum großen Teil nur noch aus Ruinen …[105]

Der Panchen Lama beklagt, daß die Tibeter sogar nicht einmal ihrer Sitte entsprechend eine sogenannte Bardo-Zeremonie durchführen dürfen, wenn jemand gestorben ist. Dies

> bedeutet … mangelnden Respekt für den Toten, es ist grausam und erbarmungslos und verabscheuenswert. Deshalb haben die Menschen eine Zeitlang gesagt: »Wir sind zu spät gestorben; wären wir ein wenig früher gestorben, hätten wir Gebete und die Bardo-Zeremonie bekommen. Doch nun werden wir wie ein Hund vor die Tür geworfen, sobald wir aufgehört haben zu atmen«. …

Eine solche Hungerplage hatte es noch nie zuvor in Tibet gegeben, sie übertraf die »schlimmsten Vorstellungen« der Menschen, »sie konnten diese furchtbaren Qualen nicht ertragen und wurden immer schwächer. Immer mehr Menschen fielen eigentlich harmlosen Infekten wie Erkältungen zum Opfer und starben daran. An einigen Orten verhungerten die Menschen direkt, weil es gar nichts mehr zu essen gab; ganze Familien starben auf diese Weise aus.«[106]

Von seiner letzten Inspektionsreise berichtet der Panchen Lama schließlich: »Männer und Frauen, alt und jung – sobald sie mich sahen, mußten sie an die schrecklichen Erlebnisse dieser Zeit denken und begannen, bitterlich zu weinen. Einige sagten unter Tränen: ›Laßt nicht alle Lebewesen zugrunde gehen! Zerstört nicht den Buddhismus! Laß es nicht zu, daß alle Menschen aus unserem Schneeland ausgerottet werden!‹«

Der am 18. Mai 1962 vorgetragene Bericht lag im folgenden Juni in chinesischer und tibetischer Version vor und wurde der Parteiführung präsentiert. Teile der Parteiführung versuchten, Anregungen des Berichtes aufzugreifen und eine mildere Politik in Tibet einzuschlagen, so vor allem Li Weihan. Anfang August 1962 flog der Panchen Lama nach Lhasa, um an einer Sitzung des Arbeitskomitees für Tibet über die Umsetzung der neuen vom Zentralkomitee der Kommunistischen Partei Chinas abgesegneten etwas liberaleren politischen Maßnahmen teilzunehmen. Aber Mao Tsetung setzte dem ein Ende. Er bezeichnete Li Weihan als einen »Kapitulationisten«, gerade auch wegen seiner Beziehungen zum Panchen Lama. Für Mao Tsetung stellte der Bericht des Panchen Lama nichts anderes dar, als ein »von einem reaktionären Feudalherrn abgeschossener vergifteter Pfeil auf die Partei«[107]. Er unterstellte dem Panchen Lama, lediglich die Position eines Feudalherrschers wiedererlangen zu wollen. Im September 1962 wurde der Panchen Lama von der Teilnahme an politischen Sitzungen ausgeschlossen.

Im Sommer und Herbst 1964 kam es erneut zu Unruhen in Tibet: Studentenunruhen wurden gemeldet, der neue chinesische Kulturpalast, Symbol der chinesischen Herrschaft, ging in Flammen auf, die etwas gemäßigtere Politik der letzten beiden Jahre wurde beendet. Der Panchen Lama wurde wegen seines Geheimberichtes in Haft genommen und »subversiver Aktivitäten« bezichtigt.

Von den folgenden vierzehn Jahren mußte der Panchen Lama neun Jahre und acht Monate in einem Gefängnis bei Peking und die restlichen Jahre unter Hausarrest verbringen. 1966 wurde er im Zentralen Institut für nationale Minderheiten in Peking und in Pekinger Sportstadien auf kulturrevolutionären Kampfveranstaltungen vor Tausenden von Menschen öffentlich gedemütigt, und seine Schwester und sein Bruder wurden gezwungen, ihn zu denunzieren und zu schlagen. Auch seine Anhänger und ihm treue Mönche fielen in Ungnade.

So war schon vor dem Ausbruch der Kulturrevolution Tibets Kultur zum großen Teil durch die »demokratischen Reformen« vernichtet. Die kommende Kulturrevolution mit ihren Roten Garden wollte noch den letzten Mönch, das letzte Kloster und die letzte Gebetsfahne beseitigen.

3. 1966-1976: Die Phase der Kulturrevolution

Die Ereignisse in Tibet während der Phase der berüchtigten Kulturrevolution sind aufs engste mit der Person von Mao Tsetung und seinen politischen Vorstellungen der klassenlosen Gesellschaft verbunden. Was in China geschah, bestimmte auch die Ereignisse in Tibet.

Das Modell der Kampagne
Der »Große Sprung nach vorn« in China

Die 1958 von Mao Tsetung ins Leben gerufene Kampagne des »Großen Sprungs nach vorn« hatte die rasche Einführung des

Kommunismus mit militärischer Struktur zum Ziel. Wie in Tibet hatte sie in ganz China zu einem Desaster geführt und in eine Hungerkatastrophe gemündet. Mao Tsetung hatte die Parole ausgegeben: »Die USA aufholen und Großbritannien überholen.«[108] Um das zu erreichen, hatte er angeordnet, die Stahlproduktion Chinas auf 17 Millionen Tonnen pro Jahr zu steigern. Was dies für die Menschen bedeutete, schildert Duo Duo, ein im Exil lebender chinesischer Journalist:

> Funktionäre gingen zu den Bauern und beschlagnahmten alles, was aus Eisen war, um Stahl daraus zu kochen. Selbst die Küchenmesser blieben nicht verschont. ... Das Getreide verfaulte auf den Feldern. Niemand durfte es ernten, ... alle Arbeitskräfte mußten zur Stahlproduktion eingesetzt werden.[109]

Die Folge war, daß im Jahr 1959 in ganz China 20 Millionen Bauern verhungerten. Duo Duo erwähnt, daß es damals Kannibalismus gegeben haben soll. »Menschen wurden gegessen, lebende, tote, halbtote.«[110] Der Publizist Johannes Groß spricht 1997 von einem Genozid, »zugleich am größten und am wenigsten bekannt, die von Mao aus ideologischer Überzeugung organisierte Hungersnot, deren Opfer auf dreißig Millionen geschätzt werden. Sie ist noch immer ein in China gut gehütetes Geheimnis: es kann noch Jahrzehnte dauern, bis die Chinesen die Wahrheit erfahren und daß sie sie hätten kennen müssen und mitverantwortlich gewesen sind.«[111] In der Tat durfte in China von Hungertoten nicht gesprochen werden. Offizielle Sprachregelung war bis Ende der siebziger Jahre, als Deng Xiaoping die Aufhebung der Volkskommunen veranlaßte, daß Naturkatastrophen und vor allem der plötzliche Abzug aller sowjetischen Techniker mitsamt Projektunterlagen im Jahre 1960 das Land vorübergehend in eine schwierige Lage gebracht hätten.

Zwischen 1962 und 1965 setzten etwas pragmatischer denkende Funktionäre in der Volksrepublik China eine gemäßigtere Wirtschaftspolitik durch. Sie führte zu einer gewissen Konsolidierung, indem die extremen Maßnahmen des »Großen Sprungs« zurückgenommen wurden und auf dem Lande wieder Privateigentum begrenzt zugelassen wurde. Im Jahr 1965 war in etwa wieder das Wirtschaftsniveau von 1957 erreicht.

Gleichzeitig war es Mao Tsetung aber gelungen, seine schärfsten Kritiker mundtot zu machen. Er rettete den Kern seiner politischen Vorstellungen aus dem »Großen Sprung« und bereitete mit

Hilfe der Volksbefreiungsarmee den Gegenangriff auf den eher pragmatisch gesinnten Flügel in der Partei vor, schien ihm dieser doch seine Ideale zu verraten. Mao Tsetung war stets bemüht, das Erreichte als eine Art Rampe zu weiteren, großen »Sprüngen« in die kommunistische Zukunft zu benützen. Er und viele seiner Anhänger lebten dabei vollkommen in den Vorstellungen der »Befreiungskriege« und des Kriegskommunismus. Dafür erschienen ihnen zum einen militärisch organisierte Kampagnen als die geeignete Form des politischen und wirtschaftlichen Kampfes – die paramilitärischen Verbände der Roten Garden wurden das Paradebeispiel. Darüber hinaus stellte aber die Existenzweise der Volksbefreiungsarmee, eine Einheit von kriegerischer, politischer und produktiver Arbeit, wie sie sich in den vierziger Jahren im Guerillagebiet Yan'an herausgebildet hatte, für Mao so etwas wie den vorweggenommenen Sozialismus dar. Auf dieses Beispiel griff Mao immer schwärmerisch zurück. Sozialismus ohne Kampf und ohne militärische Disziplin und Hierarchie war ihm undenkbar. Daraus werden auch die maßlosen Angriffe auf seine politischen Gegner erklärbar. Sie konnten für ihn nichts anderes als Klassenfeinde sein.

Die Praxis der Kampagne
Die Vernichtung der Klassenfeinde in China

Auf diesem Hintergrund setzte Mao Tsetung die »Große Proletarische Kulturrevolution« in Bewegung. Er schaltete mit Hilfe der Armee unter Lin Piao und der später als »Viererbande« bezeichneten Fraktion um seine Ehefrau Jiang Qing weitgehend die »Machthaber auf dem kapitalistischen Weg« aus.

Ein prominentes Opfer war Staatspräsident Liu Shaoqi, der im Gefängnis starb, weil ihm medizinische Hilfe verweigert worden war. Und es gab ein weiteres prominentes Opfer, das über mehrere Jahre verbannt wurde, nämlich Deng Xiaoping. Nun konkurrierten Dutzende von Kampfgruppen miteinander, Prügeleien und blutige Gefechte waren an der Tagesordnung, auf Wandzeitungen wurde fast jeder Vorgesetzte irgendeiner bürgerlichen Abweichung beschuldigt. Die Betroffenen wurden aus ihren Häusern gelockt, wurden gezwungen, mit auf dem Rücken gefesselten Händen niederzuknien und das Gesicht reuig in den Staub zu drücken. Ihnen wurden Schandhüte aufgesetzt, und nach Art der deutschen

SA wurden ihnen Plakate umgehängt, etwa mit der Aufschrift: »Ich bin ein schwarzer Bandit«. Die Opfer wurden unter Schmähungen und Prügeln durch die Straßen geführt; alle Intellektuellen wurden pauschal als Konterrevolutionäre, als »stinkende Nummer Neun« beschimpft. Alles angeblich »Bourgeoise« – bei Frauen etwa das Tragen von Kleidern oder Stöckelschuhen – war verboten.

Diese Politik Mao Tsetungs trieb China an den Rand eines Bürgerkrieges, so daß Ende der sechziger Jahre die Armee intervenierte, um »Ruhe und Ordnung« zu sichern. Doch der oberste Kampfgefährte des Großen Vorsitzenden, Armeechef Lin Piao mußte 1971 selber die Flucht in die damalige Sowjetunion antreten – er kam dabei ums Leben. Die radikale Wirtschaftspolitik Mao Tsetungs und seiner Anhänger, die nach wie vor ihre Vorstellungen vom »Großen Sprung« in die Praxis umsetzen wollten, führten das Land Mitte der siebziger Jahre erneut an den Rand des Zusammenbruchs.

Das Ende der Kampagne in China

Erst im Frühjahr 1976 leiteten große Demonstrationen in Peking gegen die verhaßte »Viererbande« das Ende der Kulturrevolution ein. Nachdem Mao Tsetung im September 1976 starb, wurde die »Viererbande« einen Monat später verhaftet. Dann setzte sich während einer Interimszeit unter Hua Guofeng der pragmatisch orientierte Flügel der Partei um Deng Xiaoping endgültig durch. Schließlich wurde die Kulturrevolution in einem Beschluß der Partei im Jahr 1980 für vollständig negativ erklärt: Der Lebensstandard der chinesischen Bevölkerung lag in vielen Gebieten niedriger als zu Beginn der fünfziger Jahre; über zweihundert Millionen Chinesen lebten damals nach offiziellen Schätzungen unterhalb der Armutsgrenze.

Die neue Führung leitete nun eine Politik der Reformen und der wirtschaftspolitischen Öffnung ein, wenngleich die »Diktatur des Proletariats« dennoch beibehalten wurde. Die offen terroristischen und totalitären Formen des Maoismus wurden jedoch beendet. Sichtbares Zeichen der Änderung waren

- die Aufhebung der Volkskommunen und die faktische Einführung des Privateigentums auf dem Lande,
- die Rehabilitierung vieler Opfer maoistischer Politik seit den fünfziger Jahren,

- die Lockerung der Einschränkungen und Kontrollen des Alltagslebens der Bevölkerung,
- die Abschaffung des Personenkultes um Mao Tsetung.

Die Kulturrevolution in Tibet

Wie China erfaßte die Kulturrevolution auch Tibet. Sie griff die tibetische, religiös geprägte Kultur insgesamt an. Was tibetisch war, jede Sitte, jede Tradition, war gleichzeitig prinzipiell klassenfeindlich im Sinne der Kampagne. Es mußte als solches grundsätzlich, umfassend und in jeder Beziehung beseitigt werden. In Tibet, wie in vielen anderen Gebieten nicht-chinesischer Völker, nahm die Kulturrevolution zusätzlich eine offen chinesisch-chauvinistische Form an. Denn die maoistische Politik war eine chinesische, sie bediente sich der chinesischen Sprache ebenso wie sie chinesische Sitten und Gebräuche, chinesische Kleidung, chinesische Feiertage und andere chinesische Spezifika einführte.

Die Ergebnisse

Fangen wir mit dem Ende an: Am Schluß der Kulturrevolution lebte ungefähr ein Fünftel der tibetischen Bevölkerung nicht mehr. Man hatte die Tibeter einer endlosen Propaganda von marxistisch-leninistischer und chinesisch-kommunistischer Ideologie unterworfen; Geschichte und Kultur Tibets wurden erbarmungslos verunglimpft. Die bisherige Regierungsform Tibets und seine religiösen Einrichtungen waren vollständig vernichtet. In den acht Klöstern, die nicht während der Kulturrevolution zerstört worden waren, blieben weniger als 1000 Mönche zurück.

Die Architektur, insbesondere der Klostergebäude und der verschiedenen religiösen Monumente, und alle Formen der Dekoration waren zerstört. Sogar die Kleidung war dem damaligen chinesischen Einheitsstil angepaßt worden. Den Tibetern blieb lediglich die ethnische Identität, die Erinnerung an ihre andere Kultur, die Sprache und die Erfahrung einer fremden Besetzung.

Viele der mehr als eine Million ums Leben gekommenen Tibeter waren schlicht verhungert oder aus Entkräftung an eigentlich nicht bedrohlichen Krankheiten gestorben. Der Hunger war für viele Tibeter noch bis Ende der siebziger Jahre ein ständiger Begleiter. Ursache des Nahrungsmangels war überwiegend die kommunistische Wirtschaftspolitik, durch die Bauern und Viehzüchter in Kommunen gezwungen wurden, Viehweiden in Ackerland umgewandelt und anstelle der Hochlandgerste nicht klimagerechter Winterweizen angebaut werden mußten. Was von der Kommunistischen Partei Chinas als Fortschritt gepriesen wurde – Ansiedlung von Industrie, Errichtung von Elektrizitätswerken und Staudämmen, Bau von Flugplätzen und Überlandstraßen – bedeutete für die meisten Tibeter schwerste körperliche Zwangsarbeit, drükkende Steuern und Rationierung von Lebensmitteln und alltäglichen Gebrauchsgütern, Reise- und Pilgerverbot.

Erst 1978 und 1979 änderte sich diese Politik. Fortgeführt wurde aber die politische Propaganda, daß die Kommunistische Partei Chinas dem rückständigen Tibet den Fortschritt gebracht habe. Jasper Becker schreibt in seinem Buch »China's Secret Famine«, daß niemand die wachsende Feindschaft zwischen Chinesen und Tibetern verstehen könne ohne die Bitternis, die durch den von Menschenhand herbeigeführten Hunger geschaffen wurde. In manchen Gegenden sei einer von vier Tibetern an Hunger gestorben.[112]

Die Entwicklung nach 1965 im einzelnen

1965 – im Jahr zuvor war der Panchen Lama seines Amtes enthoben worden – wurde offiziell die Autonome Region Tibet gegründet. Sie umfaßte nur noch die westlichen und zentraltibetischen Gebiete Ü und Tsang. Die alten ost-tibetischen Provinzen Amdo und Kham waren bereits früher in zehn sogenannte autonome Bezirke aufgegliedert und den chinesischen Provinzen Gandu, Qinghai, Sichuan und Yunnan zugeschlagen worden. Vorsitzender der neuen Autonomen Region Tibet wurde Ngawang Ngabo Jigme, ehemaliger Minister des Dalai Lama, der das 17-Punkte-Abkommen mit ausgehandelt hatte und sich seit den fünfziger Jahren auf die chinesische Seite gestellt hatte.

Am 25. August 1966 begann die Kulturrevolution in Tibet. Schon vorher waren Rotgardisten aus Peking und anderen Städten in Lhasa eingetroffen. Sie folgten blind dem Aufruf Mao Tsetungs, das »Vierfache Alte« – die alten Ideen, die alte Kultur, die alten Traditionen, die alten Sitten und Gebräuche, kurzum alles Bestehende – zu zerstören. Erstes Ziel war die heiligste Stätte der Tibeter, der Jokhang in Lhasa. Chinesische Anführer forderten »revolutionäre Massen verschiedener Nationalitäten« auf, in den Tempel einzudringen, die Wandgemälde zu verunstalten und religiöse Texte zu entweihen.

Bald darauf wurden auch auf dem Lande die Klöster und religiösen Bauten heimgesucht. Vielfach wurden die tibetischen Bewohner der Umgebung gezwungen, dabei selbst Hand anzulegen. Zahlreiche Klöster waren nach 1959 schon als Kasernen, Lagerhallen und Ställe benutzt worden – jetzt flogen sie buchstäblich in die Luft. Es ist bekanntgeworden, daß der Sicherheits- und Geheimdienstchef Kang Sheng, einer der engsten Vertrauten Maos, während der Hochphase der Kulturrevolution in ganz China systematisch kostbare Kulturrelikte plündern ließ, drapiert als Kampf gegen den Einfluß reaktionärer Ideen.

Die Zweite Delegation des Dalai Lama, die 1980 in Tibet recherchierte, faßte zusammen:

> Die meisten Klöster sind zwischen 1959 und 1961 zerstört worden. Die größeren, berühmteren blieben bis zur Kulturrevolution 1967 erhalten, wurden dann aber vernichtet. Die Zerstörung der Klöster und religiösen Gegenstände wurde systematisch durchgeführt. Zuerst wurden Mineralogen zu den religiösen Gebäuden geschickt, um alle wertvollen Steine zu suchen und herauszubrechen. Danach trafen Metallkundler ein und kennzeichneten alle Gegenstände aus Metall, die daraufhin fortgeschafft wurden. Dann wurden die Mauern gesprengt, und Lastkraftwagen der örtlichen Kommune-Leitung transportierten alle hölzernen Balken und Pfeiler ab. Tonfiguren wurden zerschlagen, weil man hoffte, in ihnen wertvolle Gegenstände zu finden. Was schließlich übrigblieb – Bruchstücke aus Holz und Steinen –, wurde von der einheimischen Bevölkerung weggeholt.
>
> Einige der Haupttempel werden heute als Lagerräume verwendet. Die Gemälde wurden von den Wänden abgescheuert – zumindest die Augen übertüncht – oder mit menschlichen Exkrementen beschmiert. Auf ihrer dreieinhalbmonatigen Reise sahen die Delegierten nur an drei Orten intakte Tempel oder Klöster: Gyantse, Shigatse und Lhasa. Es gab kein Anzeichen für die Existenz anderer Andachtsstätten.«[113]

Als die Aktionen 1973 endeten, waren nur 13 der früher 2711 Klöster in Zentraltibet intakt. Auch alle anderen feudalen, »abergläubischen« Relikte der alten Gesellschaft wie Tschörten oder mit dem buddhistischen Mantra Om Mani Padme Hum verzierte Mani-Steine und -Wände wurden zerstört, häufig auch als Pflastersteine verwendet, damit die Tibeter gezwungen waren, ihre Religion buchstäblich mit Füßen zu treten. Die den Tibetern heiligen Mani-Steine setzten die Chinesen darüber hinaus zum Bau von öffentlichen Toiletten ein.

Ebensowenig wurde die persönliche Sphäre der Tibeter von der Kampagne ausgespart. Ihre privaten Altäre mußten sie den chinesischen Funktionären übergeben, alle traditionellen, als »reaktionär« gebrandmarkten Feste und Zeremonien, Sitten und Gebräuche wurden verboten und statt dessen Neues, »Sozialistisch-Progressives« befohlen: So mußten die Tibeter etwa ihre traditionell langen Haare nun im chinesischen Stil kurzgeschnitten tragen und sich wie die Chinesen kleiden. Loblieder auf Mao hatten sie in chinesischer Sprache zu singen, während ihre eigenen Lieder mit revolutionären Texten angereichert und die tibetischen Tänze und Opern durch die revolutionären Opern von Madame Mao ersetzt wurden. Die Chinesen versuchten sogar, die tibetische Sprache mit der – ganz unterschiedlichen – chinesischen Sprache zu kombinieren und eine »sino-tibetische Freundschaftssprache« zu entwickeln.[114]

Noch weitere im Buddhismus wurzelnde Werte der Tibeter wurden attackiert, so ihre traditionelle Achtung vor dem Leben der Tiere. Die revolutionären Garden töteten zuerst Hunde und Katzen als »unnütz«, dann noch halbzahme Rehe und Hirsche. Tibetische Kinder wurden gezwungen, sich an diesen Taten zu beteiligen, um ihr Bewußtsein zu revolutionieren.

Mitte September 1966 waren in Lhasa alle Toreingänge, Häuser und Wände mit Porträts des Vorsitzenden Mao zugekleistert. Gleichzeitig wurden in Lhasa alle religiösen und »abergläubischen« tibetischen Straßennamen durch revolutionäre chinesische ersetzt. Was immer die Chinesen den Tibetern nahmen, etwas gaben sie ihnen dafür – sie verteilten 28 000 Kopien des »Roten Buches« mit Zitaten des »Großen Vorsitzenden« Mao in tibetischer Sprache, um das »Sonnenlicht der Mao-Tsetung-Ideen« über Lhasa scheinen zu lassen.

Immer wieder erhoben sich die Tibeter gegen ihre »Befreier«. Sie setzten, wenn man so will, den niedergeschlagenen Aufstand des Jahres 1959 fort. Bekanntgeworden sind fünf weitere Erhebungen in Lhasa und Umgebung:

- der Aufstand von Nyemo der Jahre 1968 und 1969,
- die Unruhen anläßlich der Besuche der Delegationen des Dalai Lama 1979 und 1980,
- die Aufstände in Lhasa in den Jahren 1987/88 und 1989,
- und die bislang letzte Erhebung im Gefängnis Drapchi im Jahr 1998.

Die Nyemo-Revolte von 1968/1969

1968 begann im ländlichen Gebiet von Nyemo westlich Lhasa ein Aufstand, nachdem Parteifunktionäre angekündigt hatten, daß zügig landwirtschaftliche Volkskommunen eingerichtet werden sollten. Der Widerstand breitete sie alsbald auf 20 von 70 Kreisen der Autonomen Region bis in die östlichen Gebiete aus. Drei Monate lang konnten Nomaden, angeführt von einer Frau namens Nyemo Ani, die Macht ergreifen; sie erklärten religiöse und wirtschaftliche Freiheit. Wie stark die Erhebung war, zeigt sich daran, daß die chinesische Armee Ende 1969 Truppen aus Xinjang (Ost-Turkestan) zur Verstärkung heranführen mußte; über tausend Chinesen sollen getötet worden sein. Ihrer Übermacht gelang es, den Aufstand niederzuschlagen. Nyemo Ani wurde 1970 öffentlich in Lhasa exekutiert. Ebenfalls hingerichtet wurden andere Frauen, die im März 1959 einen Marsch der Frauen organisiert hatten.

Der Mönch Palden Gyatso erinnert sich an den Moment, als die Wachen im Gefängnis Drapchi die Todeskandidaten hereinführten, vor allem an eine der Frauen. Ein Wächter packte einen Häftling

> am Haar und drehte mir sein Gesicht zu. Es war eine alte, zahnlose Frau, deren zerfurchtes Gesicht man blau geschlagen hatte. Sie bekam kaum noch Luft. Noch heute erschaudere ich beim Gedanken an dieses Gesicht ... ihr Name hatte mir einen Stich ins Herz versetzt. Sie hieß Kundaling Kunsang La. Mir war der Name schon häufig zu Ohren gekommen.
>
> Kundaling entstammte einer hohen tibetischen Adelsfamilie und wurde allgemein ob ihres Mutes, sich den Chinesen zu widersetzen, bewundert. Sie hatte die große Frauendemonstration am 12. März 1959 organisiert und geleitet, und ich hatte gehört, sie habe bei einem Thamzing auf der Unabhängigkeit Tibets bestanden. Kunsang La war die Heldin des tibetischen Aufstandes 1959.[115]

Die Niederschlagung der Revolte räumte den Weg frei für die Volkskommunen, in den Ackerbau- genauso wie in den Viehzuchtgebieten. Die Kulturrevolution drang in die entlegensten Winkel Tibets vor und wandelte überall das Leben. Ende 1965 wurde die erste Volkskommune in Tibet gegründet, die Volkskommune »Rote Fahne« im Tal von Lhoka. Damit wurde begonnen, jetzt auch auf dem Hochland in Tibet endgültig den letzten Privatbesitz in Gemeineigentum überzuführen. Im Juli 1970 waren bereits 666 Volkskommunen errichtet; in 34 Prozent der Kreise war die Kommunisierung in vollem Gange. 1975 waren einem Bericht der Nachrichtenagentur Xinhua zufolge 99 Prozent der Nomaden und Bauern Tibets in Volkskommunen erfaßt. Die Entwicklung verlief durchaus ungleichmäßig, setzte in verschiedenen Regionen ungleichzeitig ein. Wie die Landarbeiter in ganz China und Tibet verdienten sich Nomaden jetzt ihren Lebensunterhalt auf der Basis von Arbeitspunkten, die sie für ihre Arbeit erhielten. Die konkrete Arbeit auf den Weiden blieb die gleiche, aber die Arbeit wurde jetzt in Kollektiven auf Haushaltsbasis organisiert. Die Kommune-Führer entschieden, wer welche Arbeit leisten sollte.

Zwar sei, so Goldstein, kein Versuch gemacht worden, in Nomadengebieten Han-Chinesen anzusiedeln, aber die tibetische traditionelle Kultur und das ihr korrespondierende Wertesystem wurde breit angegriffen.[116] Folgender Bericht eines Nomaden aus Pala, 300 Meilen nordwestlich von Lhasa und 115 Meilen nördlich der Haupt-Ost-West-Verbindung der Autonomen Region, beschreibt anschaulich, was in der Kulturrevolution über Nacht über das Grasland hereinbrach:

> Sie bezeichneten mich als Reaktionär und Klassenfeind und sagten: Ab sofort sind alle deine Tiere und all dein Hab und Gut beschlagnahmt, und du wirst unter der »Führung« des Volkes leben, genauso wie es in der alten Gesellschaft den Ärmsten der Armen ging. Und dann nahmen sie uns auch noch unser schönes Zelt aus Yak-Fell fort und gaben uns dafür ein altes zerrissenes Stoffzelt. Wir waren wie gelähmt – in Minutenschnelle war der ganze Reichtum unseres Lebens verschwunden. Wir wußten nicht, wovon wir leben sollten, denn sie sagten auch, daß wir nicht Mitglied in der Volkskommune werden dürften, daß wir allein und ohne Hilfe zurechtkommen müßten.[117]

Goldstein kommt zu dem Schluß, daß für die Phase der chinesischen Herrschaft von 1966 bis 1976 der Begriff »Ethnozid« angewandt werden könne, da alle traditionellen sozialen und ökonomischen Institutionen zerstört oder aufgehoben worden seien und die sino-kommunistische Seite alles daran setzte, die Werte- und Glaubenssysteme der Nomaden – und aller Tibeter – zu zerstören.[118]

Erneut kam es in Tibet zu Hungersnöten zwischen 1968 und 1973, nicht so gravierend wie im »Großen Sprung nach vorn«: eine direkte Folge der Errichtung der Volkskommunen, des forcierten Anbaus von Winterweizen auf Kosten der tibetischen Hochlandgerste, der Konfiszierung von Getreide für den Konsum der Chinesen und zur Vorbereitung auf einen Kriegsfall. Verschärfend kam hinzu, daß aus ideologischen Gründen landwirtschaftliches Nebengewerbe nicht erlaubt wurde; Privathandel und Privatmärkte waren ebenfalls verboten. Die in die sozialistischen Kollektive gezwungenen Tibeter erhielten oft nur die nötigsten Rationen, und viele Tibeter und Tibeterinnen waren gezwungen, sich mit schweren Arbeiten notdürftig am Leben zu halten. Vor allem im Straßenbau wurden sie eingesetzt, wo sie – wie viele der in Gefängnissen und Arbeitslagern inhaftierten Tibeter – das Straßennetz von China auf das Hochland und in Tibet selbst bauten. Während der ganzen Periode der Kulturrevolution wurde mit Brachialgewalt die materielle Anbindung Tibets an China fortgesetzt.

Anfang August 1979 bis November 1979 kam die erste Delegation der tibetischen Exilregierung unter Leitung des jüngeren Bruders des Dalai Lama, Lobsang Samten, in China an. Der Dalai Lama hatte zuvor bei – religiösen – Besuchen in der Sowjetunion und den USA versucht, seine internationale Position zu stärken. Die Ankunft der Delegation in Tibet war eine Sensation. Bei allen drei fact-finding-missions kam es zu offenen religiösen und politischen Demonstrationen – die brutale totalitäre maoistische Politik in Tibet zwischen 1959 und 1979 hatte an der Oberfläche Ruhe geschaffen, darunter aber den Glauben an den tibetischen Buddhismus verstärkt und den tibetischen Nationalismus zu einem wahren Massenphänomen werden lassen. Der Einfluß des Dalai Lama als religiöser und politischer Führer des tibetischen Nationalismus war stärker denn je.

Die örtlichen führenden Parteifunktionäre verkannten die Lage in Tibet von 1959 bis 1978 völlig, insbesondere während der Kulturrevolution. So berichtet Pema Thonden von ihrer Reise 1979 nach Lhasa:

Unter allen Qualen der Tibeter war die abendliche Kritikversammlung oder Thamzing, die Kampfsitzung, die schlimmste. Diese Thamzing – schlimmer als der Tod oder jede Folter –, die erst im vergangenen Jahr (1978) aufhörten, wurden jeden Abend nach Beendigung der Arbeit abgehalten und dauerten bis Mitternacht. Während des Thamzing wurden die Menschen gezwungen, sich gegenseitig zu kritisieren und zu schlagen. Wer sich weigerte, wurde selbst geschlagen. Nachbarn gegen Nachbarn, Schüler gegen Schüler, Kinder gegen Eltern, ehemalige Bedienstete gegen Dienstherren, Pächter gegen Grundbesitzer. Wenn du an der Reihe warst, Kritik zu üben, mußtest du ihnen, selbst wenn es deine Mutter oder dein Vater war, ins Gesicht spucken und sie mit aller Kraft treten oder schlagen. Andernfalls drohte dir, weil du es nicht mit »genügendem Ernst« tatest, gleichem ausgesetzt zu werden. Der dreizehnjährige Sohn meiner Freundin mußte seinen Vater denunzieren und schlagen. Er mußte sagen: »Mein Vater war früher ein schlechter Vater. Nun kann ich es ihm heimzahlen und ihn in der Öffentlichkeit schlagen.«
Zu den Dingen, die ich zunächst nicht verstand, gehörte, daß sich so viele Leute ständig verbeugten und mich baten, zu wiederholen, was ich gerade gesagt hatte. Auf meine Frage erklärten sie schließlich, sehr viele Menschen hätten nicht nur das Gehör, sondern auch die Sehkraft verloren, weil sie während des Thamzing auf die Ohren und Augen geschlagen worden waren. Wenn je eine perfekte Methode ersonnen wurde, um die Seele eines Volkes zu zerstören, dann müssen es diese Versammlungen sein. Und doch haben sie das tibetische Volk nicht brechen können. Allein der Glaube an Seine Heiligkeit den Dalai Lama und an ihre Religion hat die Menschen vor dem Tod bewahrt. Zu dieser Erkenntnis kam ich immer wieder. Ein mir fremder Mann besuchte mich heimlich und berichtete, daß er zehn Jahre lang im Gefängnis gesessen hatte. Nach seiner Entlassung hatte er gearbeitet. Während der nächsten zehn Jahre konnte er von seinem geringen Lohn 150 chinesische RMB sparen und sagte er mir: »Ich betraue dich damit, dieses Geld nach Indien zu bringen und Seiner Heiligkeit zu überreichen. Ich weiß, daß alles, was er tut, mit großen Kosten verbunden und schwer für Ihn ist. Dies hier ist mein kleiner Beitrag.« Ich überreichte Seiner Heiligkeit später das Geld. Nach der »Sozialreform« verfügte nie-

mand mehr über Besitz. Seitdem die Häuser konfisziert worden waren, galt jedes – auch wenn es bewohnt war – als »Niemands-Haus«, und »niemand« kümmerte sich um die Instandhaltung. Folglich verfielen nach und nach alle Häuser im tibetischen Wohnbezirk. Seit 1978 sind viele dieser strengen Vorschriften gelockert worden, insbesondere in Lhasa. Als ich dort war, genoß jeder den kleinen Hauch von Freiheit, den er verspürte. Die Menschen waren besonders erleichtert, daß sie nicht mehr zum abendlichen Thamzing gehen mußten. Darüber hinaus erhielten die Familien nun auch wieder Nachricht voneinander und wurden wiedervereint, nicht nur mit uns, die wir außerhalb Tibets lebten, sondern auch mit Verwandten in Tibet selbst. Viele Familien waren getrennt worden und hatten zehn bis zwanzig Jahre nichts voneinander gehört.[119]

4. Zweite Hälfte der siebziger Jahre bis 1989

Liberalisierung nach Maos Tod

Thamzing – dieses Wort war den Tibetern zum Inbegriff aller ihrer Leiden und zum Symbol der maoistischen Periode geworden. Mao Tsetung starb am 9. September 1976. Der damals amtierende deutsche Bundespräsident Scheel bezeichnete in seinem diplomatischen Gepflogenheiten entsprechenden Nachruf Mao Tsetung als »einen großen Gestalter der Geschichte unseres Jahrhunderts«. Was Tibet anbelangt, war diese Aussage richtig – allerdings in ihrem makabersten Sinn. Einen Monat nach Maos Tod wurde in China die sogenannte »Viererbande« verhaftet; die Kulturrevolution endete. Eine neue Gruppe um Deng Xiaoping übernahm die Führung in Peking; es kam zu einer Liberalisierung.

Inzwischen war es den Tibetern, allen voran dem Dalai Lama, im indischen Exil mit unermüdlicher Beharrlichkeit gelungen, die widrigen Umstände zu überwinden. Sie hatten eine funktionierende und zusehends prosperierende Gemeinschaft aufgebaut. In Dharamsala konnten die tibetische Regierung im Exil und ein Verwaltungsapparat errichtet werden. Zahlreiche bedeutende Klostergemeinschaften wurden in tibetischen Siedlungen neu gegründet. Im Westen erwachte das Interesse der Öffentlichkeit am Buddhismus. In den Vereinigten Staaten von Amerika und in Europa entstanden Klöster und Lehrzentren. Der Dalai Lama gewann international an Ansehen, ja er wurde populär.

In Tibet wurden ab 1978 viele der vorherigen strengen Vorschriften gelockert. Hatten die Tibeter bis dahin keinerlei Bewegungsfreiheit, so konnten sich nun wenigstens die Familien wieder sehen. Weitere Lockerungen und Erleichterungen folgten, als die Kommunistische Partei Chinas nun 1979 eine liberalere Kultur- und Wirtschaftspolitik für Tibet beschloß: Einige Tibeter, die seit 1959 im Gefängnis gesessen hatten, wurden freigelassen. Aus langjähriger Haft entlassen wurde auch Tenzin Chödrak, Leibarzt des Dalai Lama und einer der letzten lebenden Kenner und Praktiker der althergebrachten tibetischen Medizin. Der Panchen Lama wurde rehabilitiert.

Die neue chinesische Führung lud nun auch Exiltibeter sowie den Dalai Lama ein, nach China zurückzukehren, »um am sozialistischen Aufbau teilzunehmen«. Noch im Jahr 1979 nahm Deng Xiaoping zum älteren Bruder des Dalai Lama Kontakt auf und bot an, Gespräche über die Rückkehr des Dalai Lama zu führen – mit Ausnahme des Themas der Unabhängigkeit Tibets. Deng stimmte auch zu, daß Vertreter der Exiltibeter nach Tibet reisen dürften, um sich selbst ein Bild davon zu machen, wie sich die Lage dort verbessert hätte.

Offenbar hatten die örtlichen führenden Parteifunktionäre die Verhältnisse und die Stimmung in Tibet völlig falsch eingeschätzt und immer wieder nach Peking berichtet, daß alles in Ordnung sei. Ohnehin hatte sich wohl unter Tibets Parteichef Ren Rong die kulturrevolutionäre Linie länger gehalten. Auf einer Arbeitskonferenz des Parteikomitees meinte er noch im Mai 1979, daß es zwar einige Probleme gäbe, aber schließlich existiere noch der Klassenkampf; man müsse das »Proletarische fördern und das Kapitalistische« ausmerzen.

Insbesondere müsse die Religion entschieden bekämpft werden; Mitgliedern des Jugendverbandes der Partei seien religiös-abergläubische Aktivitäten strengstens verboten. Im gleichen Atemzug wußte Ren Rong aber zu loben, daß die »Situation in Tibet stabil« und »die ökonomische Lage ausgezeichnet« sei.[120]

Die zuständigen Parteimitglieder waren anscheinend ihrer eigenen Propaganda erlegen, unterstellten den Dank des tibetischen Volkes für die Wohltat der Befreiung durch die chinesische Kommunistische Partei – ja sie befürchteten Zornesausbrüche der Tibeter gegen ihre ehemaligen Ausbeuter. Vor dem Besuch der ersten Delegation der tibetischen Regierung im Exil, die von Lobsang Samten, dem jüngeren Bruder des Dalai Lama, geleitet wurde, ließ die Partei die örtliche Bevölkerung gar anweisen, nicht gegen die »alten Sklavenhalter« zu demonstrieren! Diese Sorge erwies sich als überflüssig: Die Ankunft der Delegation in Tibet war eine Sensation – wohin auch immer sie kam, schlug ihr ein begeistertes Willkommen entgegen. Der den Tibetern heilige Jokhang-Tempel in Lhasa und die beiden Klöster Drepung und Sera in der Nähe von Lhasa waren wieder der Öffentlichkeit zugänglich. Jeden Tag kamen viele Gläubige, und nicht nur aus Lhasa, auch aus Amdo (Qinghai), aus Sichuan, Gansu und Yunnan. Die religiöse Begeisterung schlug auch der Delegation entgegen in einer Stärke, die niemand erwartet hatte. Die Verblüffung der chinesischen Kader, die mit solchen Reaktionen nicht im entferntesten gerechnet hatten, muß ungeheuer gewesen ein.

Auch die zweite Delegation wurde von der tibetischen Bevölkerung mit Begeisterung empfangen. Der Bericht der Delegierten erwähnt zum Beispiel ihren Besuch des Klosters Ganden am 27. Juli 1980: Tausende von Menschen warteten an den Hängen unterhalb des Klosters auf sie. »Die Menge war so groß, daß die Delegierten den Bus verlassen und an vier Stellen Reden halten mußten, um alle zu erreichen. Dort standen auch 83 Lastwagen, deren tibetische Fahrer die Leute nach Ganden mitgenommen hatten.«[121]

Kurz darauf mußte die Delegation ihren Besuch in Lhasa auf Weisung der chinesischen Verwaltung beenden, weil diese befürchtete, daß die Lage ihr außer Kontrolle gerate.

Von Juni bis September 1980 bereiste die dritte Delegation Tibet, an ihrer Spitze Jetsun Pema, Schwester des Dalai Lama. Zunächst kam sie nach Peking: »Unsere erste Etappe war China, wo ich bestürzt war über diese eigenartige Traurigkeit, die über der Bevölkerung zu lasten schien. Wie Roboter kamen mir die Menschen in Peking vor, völlig ausdruckslos und starr.«[122]

Jetsun Pema schildert einige ihrer eigenen Wahrnehmungen. So war ihr der Wunsch genehmigt worden, den kleinen Ort Taktser in Amdo zu besuchen, wo der Dalai Lama und sie selber geboren waren:

> Von unserem Haus stand fast nichts mehr, nur zwei Räume im Innenhof und vier Wände. Alles andere war zerstört. … Von

> den dreißig tibetischen Familien, die früher in Taktser gelebt hatten, waren nurmehr vier übrig; alle anderen Bewohner waren Chinesen.[123]

Als die Delegation in Lhasa ankam, »wurden wir«, wie Jetsun Pema beschreibt,

> von einer riesigen Menschenmenge erwartet. ... Die Bevölkerung war von unserem Besuch schier überwältigt. Da die Chinesen für den Morgen unserer Abreise jegliche Menschenansammlung untersagt hatten, strömten am Abend vorher Tibeter herbei, um uns ein letztes Mal zu sehen.[124]

Wenige Beispiele mögen die weiteren Eindrücke, die Jetsun Pema aus Lhasa schildert, kennzeichnen:

> Wenn uns auf der Straße ein Tibeter begegnete, hielt er meist den Kopf gesenkt. Wie man mir erklärte, war ihnen während der Kulturrevolution verboten worden, den Blick zu heben, und inzwischen war ihnen dieses Verhalten in Fleisch und Blut übergegangen. ... Während die von tibetischen Gefangenen gebauten Straßen jetzt den Aufmarsch ganzer Truppenverbände und Kolonnen erlauben, hauste die tibetische Bevölkerung in Unterkünften, die eher die Bezeichnung Ruinen verdienten; die sonst stets zu Neujahr frisch gekalkten Mauern waren seit zehn, fünfzehn oder gar zwanzig Jahren nicht getüncht worden.[125]

Auch andere Eindrücke waren niederschmetternd: Aus Shigatse, der zweitgrößten Stadt in Zentraltibet, erfuhr Jetsun Pema, daß die Bewohner von den Chinesen gezwungen worden waren, einen Damm zu beiden Seiten des Flusses zwischen Gyantse und Shigatse aufzuschütten, um ihn einzuengen – eine von den aus dem Tiefland stammenden Chinesen aus Gewohnheit und Unverstand gewollte Maßnahme. Nach heftigen Regenfällen riß der Fluß natürlich die Deiche ein und überflutete ein Gebiet im Umkreis von mehr als fünfzig Kilometern. »Bis zur völligen Erschöpfung arbeitend ... bezahlten viele tibetische Männer, Frauen und Kinder derlei wahnwitzige Unternehmungen mit dem Leben.«[126]

> Ein sehr dichtes Straßennetz kam dem dichten Verkehr auf den Hauptachsen entgegen. ... In erster Linie Militärfahrzeuge waren zu beobachten. Sie dienten zum Transport von Soldaten der Volksbefreiungsarmee und von Lebensmitteln in die Kasernen. Auf ihrem Rückweg nach China waren die Lastwagen mit Produkten der einheimischen Landwirtschaft beladen, mit Zuchtvieh, mit Bodenschätzen.[127]

Um so mehr mußte es bedrücken, die Tibeter zu sehen: »Tränen schossen mir in die Augen, wenn ich ihnen zuhörte, wenn ich mir diese verhärmten Gesichter, diese abgemagerten Körper betrachtete.«[128]

Jetsun Pema schließt ihren Bericht mit den Worten: »Ich kann bestätigen, daß die Mehrheit meiner Landsleute in Tibet wie Tiere lebt. Sie haben ihre Familie verloren, ihr Haus, ihr Kloster; sie dürfen sich nicht öffentlich zu ihrer Identität und zu ihrer Religion bekennen.«[129]

Sie zitiert einen Muslim aus dem von den Chinesen ebenfalls besetzten Turkestan: »Sie dürfen sich glücklich preisen, Madame, denn Sie haben etwas, was wir nicht besitzen: den Dalai Lama. Ihr Tibeter habt zwar wie wir alles verloren, aber dank Seiner Heiligkeit bleibt Eure Sache weiterhin lebendig.«[130]

Die Erfahrungen und Befunde aller drei tibetischen Delegationen waren also rundum erschütternd: Das sozialistische Paradies, das den Tibetern versprochen worden war, hatte sich als das genaue Gegenteil dessen entpuppt, was die sozialistische Propaganda verkündet hatte.

- Der Lebensstandard war extrem niedrig,
- die ökonomische Entwicklung minimal,
- ein Bildungssystem nahezu nicht vorhanden,
- die tibetische Sprache so gut wie von den Lehrplänen verschwunden,
- Autonomie nicht gegeben,
- die Tierwelt fast ausgerottet,
- religiöse Stätten und Klöster zerstört.

Eines jedoch enthüllten die Besuche besonders: Ungebrochen war das Vertrauen der Tibeter in den Dalai Lama und in die tibetischen und buddhistischen Werte. Der Wunsch nach Unabhängigkeit war weiterhin mächtig; die Politik der Chinesen hatte Schiffbruch erlitten.

Unterdessen war mit Hu Yaobang ein neuer, liberaler gesonnener Mann an die Spitze der Kommunistischen Partei Chinas getreten. Unter seiner Führung hatte die Parteizentrale in Peking begonnen, den schönen Meldungen von Ren Rong aus Lhasa zu mißtrauen. Hu Yaobang und Vizepremier Wan-Li reisten persönlich im Mai 1980 nach Tibet, um sich an Ort und Stelle ein eigenes Bild über die Lage dort zu machen. Von dem, was er sah, vor allem von der Armut der Tibeter, zeigte Hu sich schockiert. Die Situation in Tibet drängte nach einer Änderung, zu offenkundig war das Auseinanderklaffen zwischen Realität und Propaganda. Er hielt eine Rede vor Kadern der Autonomen Region, deren Inhalt bis heute nicht bekanntgeworden ist. Hu soll jedoch mit der Politik der zurückliegenden Jahre scharf ins Gericht gegangen sein. Als unmittelbare Konsequenz des Besuchs von Hu Yaobang in Tibet wurde jedenfalls Ren Rong als Parteisekretär von Tibet entlassen. Zu seinem Nachfolger wurde Yin Fatang bestimmt.

Nach Peking zurückgekehrt schlug Hu ein radikales Reformprogramm für Tibet vor. Es enthielt zwei Hauptziele, nämlich eine gewisse Tibetisierung und eine rasche Verbesserung des Lebensstandards. Diese Ziele sollten durch sechs Maßnahmen erreicht werden:

- Wiederbelebung der tibetischen Kultur und Religion,
- Ausweitung des Gebrauchs der tibetischen Sprache,
- Abzug eines großen Teils der chinesischen Funktionäre aus Tibet (ausgenommen die Volksbefreiungsarmee) und deren Ersetzung durch Tibeter,
- zeitweilige Befreiung von Steuern,
- Verkauf von Produkten unterhalb der Marktquoten,
- Ausbau der Infrastruktur.

Wie die Stimmung zu jener Zeit nach der Rede Hu Yaobangs in Lhasa und unter Funktionären der Partei und der Staatsverwaltung war, geht – trotz der spröden Kadersprache – aus einer Rede des neuen Parteisekretärs Yin Fatang vom 6. August 1980 hervor.

Die frühere kulturrevolutionäre Linie wird nun als »ultralinks« bezeichnet; ihr wird die Schuld an den Zuständen angekreidet. Aber die neue Politik werde von den Bauern als »zweite Befreiung« empfunden. Tibet habe jetzt wieder Hoffnung; die Bauern könnten wieder reich werden. Yin Fatang sah sich offenbar gezwungen, auf die enorme Resonanz des Besuchs der tibetischen Delegationen besonders einzugehen:

> Als vor kurzem die zweite Delegation des Dalai Lama in Lhasa war, gab es in der Gesellschaft einigen Aufruhr. Außer den Fehlern in unserer Arbeit gab es die schlimmsten Folgen der ultralinken Linie hinsichtlich des Problems der Beziehungen der Nationalitäten.

Nun aber müsse die neue Politik umgesetzt und ergänzt werden durch die »Befreiung des Denkens« von den ultralinken, kulturrevolutionären Einflüssen. Yin Fatang mußte sich offensichtlich auch mit starkem Widerstand in den eigenen Reihen der Partei gegen die neue Politik auseinandersetzen: »Tief vergiftete« Personen betrachteten die neue Politik als »rechts«. Andere seien der »ultralinken Linie blind gefolgt, wie etwa (sein Vorgänger) Ren Rong«. Auch auf Ängste ging Yin Fatang ein: Einige befürchteten, daß die neue Politik, die gut sei, sich wieder ändern könne; deswegen müsse man vorsichtig sein, sonst werde einem später die Rechnung gemacht. Schließlich betont Yin Fatang aber doch die »Einheit zwischen den Nationalitäten« und die »Einheit des Vaterlandes«. Damit war die Grenze der Liberalisierung markiert: »Jeder ist in Tibet willkommen, aber wer spalten will ..., den werden wir bekämpfen.«[131]

Auch weiterhin wurden Oppositionelle in Tibet, die sich für eine Unabhängigkeit einsetzten, politisch verfolgt und inhaftiert. Eingestellt wurde auch nicht die politische Kontrolle der Autonomen Region und insbesondere der Klöster.

In wirtschaftlicher Hinsicht standen die folgenden Jahre für Tibet im Zeichen der Politik Deng Xiaopings, der beabsichtigte, China durch die Einführung marktwirtschaftlicher Reformen zu modernisieren. Immerhin wurde den Volkskommunen und damit der Verstaatlichung der Landwirtschaft ein Ende gemacht, wurden freie Märkte wieder zugelassen. Der Lebensstandard stieg in der ersten Hälfte der achtziger Jahre spürbar an.

Erleichterungen gab es auch im kulturellen und religiösen Bereich: Klöster und Tempel wurden restauriert, Mönche konnten in die Klöster zurückkehren, und das den Tibetern wichtige Pilgern wurde erlaubt. Die Grenze nach Nepal wurde geöffnet, und vor allem wurden ausländische Touristen seit Beginn der achtziger Jahre in das bis dahin hermetisch abgeriegelte Land gelassen. Und es kam erneut zu politischen Kontakten:

1982 und 1984 reisten Vertreter der tibetischen Regierung im Exil nach Peking, um Sondierungsgespräche zu führen. Die chinesische Seite zeigte sich jedoch nur bereit, die bedingungslose »Rückkehr des Dalai Lama ins Mutterland« zu erörtern. Die tibetischen Vertreter schlugen einen Status für Tibet vor, der sich an einen damaligen Vorschlag der Volksrepublik China für Taiwan anlehnte. Doch dies lehnte Peking ab, weil Tibet – im Gegensatz zu Taiwan – schon »zum Mutterland zurückgekehrt« sei. Die Kontakte erreichten einen toten Punkt, der nicht überwunden werden konnte.

Tatsächlich brachte das Jahr 1984 bereits wieder einen Umschwung zum Nachteil der Tibeter, der sich auf der Zweiten Tibet-Arbeitskonferenz abzeichnete. Hu Yaobangs Politik wurde kritisiert: Das Gestatten einer Art Selbstregierung, verbunden mit einer Verminderung der Zahl von Chinesen, habe das Wiederaufleben des tibetischen Nationalismus gefördert.

Nun beschloß die Konferenz das Gegenteil. Tibet sei wirtschaftlich zu entwickeln und dafür müßte eine große Anzahl von chinesischen Kadern und »Experten« ins Land kommen.

Zum 20. Jahrestag der Gründung der »Autonomen Region Tibet« im kommenden Jahr 1985 wurden 43 Entwicklungsprojekte angekündigt, die sämtlich an Unternehmen in China vergeben wurden und für die chinesisches Personal eingesetzt werden sollte. Im Zusammenhang mit diesen Projekten kamen 1984 und 1985 schätzungsweise 60 000 chinesische Arbeiter nach Zentraltibet, vor allem nach Lhasa. Die waren zwar nur vorübergehend eingesetzt, doch viele blieben dann einfach in Zentraltibet. Hinzu kam nun auch ein Strom von Kleinunternehmern, die ihr Glück suchten.

Die Unruhen der Jahre 1987 bis 1989

Diese 43 großen Bauprojekte – von Chinesen für Chinesen an den Bedürfnissen der Tibeter vorbeikonzipiert – wurden tatsächlich zum zwanzigsten Jahrestag der Gründung der Autonomen Region Tibet fertiggestellt. Sie entpuppten sich jedoch, wie es der Spiegel später formulierte, »als überdimensionale Bauruinen«, als »Monumente chinesischen Prestigedenkens und sozialistischen Planungsbarocks«[132].

Viel tiefgreifender wirkte sich jedoch der Zuzug von Chinesen aus, die nun in Scharen nach Tibet kamen. Es hatte nun begonnen, was man nach der früheren militärischen Besetzung eine zivile Landbesetzung nennen muß. Und dies war durchaus so beabsichtigt, bezeichnete doch die Parteipropaganda – kriegskommunistische Sprache pflegend – die Siedler aus verschiedenen chinesischen Provinzen als »Armeen« und »Legionen«:

> Ihre günstige geographische Position nutzend, machte die »Sichuan-Armee« den Anfang und zog in den frühen achtziger Jahren nach Tibet. Auf ihren Absätzen folgten die »Shaanxi-Armee«, die »Hunan-Armee«, die »Zhejiang-Armee« und Wan-

derarbeiter aus Qinghai, Gansu, Shandong, Henan und anderen Provinzen. Für diese »Inlandslegionen« ist Tibet ein jungfräuliches Land ...[133]

An Freiern aller Provenienzen hatte dieses jungfräuliche Tibet also wahrlich keinen Mangel, dagegen keine Chance, sich ihrer zu erwehren. Die Eroberung wurde 1987 von Deng Xiaoping offiziell vorgegeben unter dem politischen Etikett der »Entwicklung und der Öffnung« Tibets – gegenüber den inneren chinesischen Provinzen.

Die Spannungen in Tibet bauten sich noch weiter auf, als sich in Peking wieder konservativere Strömungen in der Kommunistischen Partei durchsetzten, der gemäßigte Hu Yaobang seinen Posten als Generalsekretär aufgeben mußte und in Tibet die politische Repression wieder zunahm.

Vor dem Hintergrund dieser aggressiveren chinesischen Politik und der fehlgeschlagenen Dialogbemühungen gingen der Dalai Lama und die tibetische Regierung im Exil dazu über, die Tibet-Frage zu »internationalisieren« und im Westen um Unterstützung nachzusuchen. Der Dalai Lama reiste nach Washington und konnte am 21. September 1987 vor dem Unterausschuß für Menschenrechte des amerikanischen Kongresses sprechen. Dort legte er seinen berühmt gewordenen »Fünf-Punkte-Friedensplan« für Tibet dar, in dem er seine Vorstellungen für die friedliche politische Lösung des Tibetproblems entwickelte.

Kurz darauf entluden sich in Lhasa die aufgestauten Spannungen: Ende September 1987 tauchten Plakate an Hauswänden in Lhasa auf, die den Dalai Lama und die – verbotene – tibetische Flagge zeigten. Eine kleiner Umzug von etwa dreißig Tibetern am 27. wurde sogleich von der chinesischen Polizei gewaltsam beendet. Am 1. Oktober, dem chinesischen Nationalfeiertag, begannen die eigentlichen Auseinandersetzungen. Als etwa 35 Mönche im Zentrum von Lhasa friedlich demonstrierend am chinesischen Polizeirevier am Barkhor vorbeiziehen, stürmen, wie ein britischer Augenzeuge schildert, plötzlich um die fünfzig Polizisten aus der Wache und zerren etwa zwanzig Mönche hinein. Wer sich wehrt, wird mit Stöcken oder Schaufeln geschlagen. Innerhalb weniger Minuten läuft daraufhin eine wütende Menge von zwei- bis dreitausend Menschen zusammen. Die Polizeistation wird mit einem Steinhagel eingedeckt, die Tür aufgebrochen und die dort inhaftierten Mönche befreit. Chinesische Polizisten und Zivilbeamte, die vor dem Ansturm der Menschen auf das Dach des Gebäudes geflüchtet sind, feuern nun mit Pistolen und Gewehren in die Menschenmenge. Mehrere Dutzend Tibeter werden getötet oder schwer verletzt.[134]

Ein anderer Ausländer, der sich am 1. Oktober als Tourist in Lhasa befindet, berichtet, daß die chinesische Polizei die Lage in der Stadt nicht mehr unter Kontrolle hatte: »Es war wie ein Rassenaufruhr. Selbst Schaulustige, die chinesischer Herkunft waren, wurden mit einem Steinhagel eingedeckt.«[135]

Sofort werden Hunderte schwerbewaffnete chinesische Sicherheitspolizisten eingeflogen, und über Lhasa wird ein nächtliches Ausgehverbot verhängt. Straßensperren werden errichtet, die wichtigsten Klöster in der Nähe durch Polizeikräfte abgeriegelt. Aus Peking eilt eigens der chinesische Vizeminister für öffentliche Sicherheit herbei. Was die Wut der Tibeter nun noch steigert: Die Behörden lassen in Klöstern, Schulen und Betrieben sogenannte Umerziehungs-Sitzungen abhalten, bei denen die Anwesenden aufgefordert werden, »separatistische Bestrebungen« anzuzeigen. In einigen Klöstern, die dann für Besucher gesperrt sind, finden solche Sitzungen täglich statt.

Am 6. Oktober kommt es zur dritten Demonstration. Fünfzig bis sechzig junge Mönche aus dem Kloster Drepung und rund zwanzig andere Tibeter ziehen zu den Regierungsgebäuden in Lhasa. Sie verlangen die Freilassung der am 27. September festgenommenen Mönche. Die inzwischen zusammengezogenen chinesischen Militärverbände reagieren mit äußerster Brutalität: Die Mönche werden zusammengeschlagen und ins Gefängnis geworfen. Auch ein Protestzug der Mönche des Klosters Sera in Richtung Provinzverwaltung wird weit vor dem Zentrum von Soldaten mit aufgepflanztem Seitengewehr abgefangen, die Mönche mißhandelt und festgenommen.

In den Wochen danach werden weitere 600 bis 800 Tibeter verhaftet. Um dies zu bewältigen, verlegen die chinesischen Behörden nach Informationen von Exiltibetern zusätzliche 30000 Soldaten in die Autonome Region. Damit sind dort geschätzte 230000 Mann der Volksarmee stationiert – auf je acht Tibeter kommt somit ein chinesischer Soldat.

»Mitte Oktober 1987«, schildert der Augenzeuge Jürgen Kremb die Atmosphäre, »ist Lhasa eine Stadt im Belagerungszustand.« Unweit des Jokhang-Tempels läßt die Armee ständig ihre Lastwagen auffahren.

> Auf der Ladefläche stehen immer genau 30 junge Rekruten der chinesischen Armee oder der bewaffneten Volkspolizei in ihren grünen Uniformen Rücken an Rücken. Ihren Stahlhelm tief ins Gesicht gezogen, tragen sie vor der Brust schußbereit das chinesische Sturmgewehr AK 47 und starren in die Menge ... der umstehenden Tibeter. ... Auf den Dächern der Lhasaer Altstadt haben sich derweil Uniformierte in Sturmausrüstung niedergelassen.[136]

Die Chinesen zeigen auch im Detail Sinn für die Demonstration ihrer Macht: Die Pilger am Tempel werden gestört »durch einen schwerbewaffneten Trupp von chinesischen Soldaten, der sie im Marschtritt und gegen den Uhrzeigersinn auseinandertreibt.«[137] Daß es für die Tibeter von alters her heiliger Brauch ist, daß jede religiöse Statue, jeder Stupa und jeder Tempel – erst recht der Jokhang – nur im Uhrzeigersinn umlaufen werden darf, wissen die Chinesen genau.

Die Armee sichert auch anderswo: Allein das Gefängnis und Arbeitslager Sangyip in der Umgebung von Lhasa wird mit 3000 Soldaten umstellt. Wie es in den Gefängnissen zugeht, wird viel später durch Berichte von Amnesty International bekannt. Insbesondere die Mönche werden einer »besonders harten Behandlung« unterzogen.

> Damit sie dem Dalai Lama abschworen und China lobten, wurden ihnen ... schwere Gewichte an Schlingen um den Hals gehängt. Dann zwangen die han-chinesischen Folterer sie, sich nach vorne zu beugen. Eine Tortur, die als der sogenannte ›Flieger‹ auch in der Kulturrevolution in China üblich war. Andere wurden mit Ochsenziemern geschlagen oder sogar mit Elektroschocks gefoltert.[138]

Bei den Festnahmen gehen die Polizisten auch gegen andere Tibeter äußerst brutal vor. Sie schlagen mit Gewehrkolben, Knüppeln und Schaufeln zu. Eine Reihe von Gefangenen wird mit Ledergürteln ins Gesicht geschlagen, zu Boden gestoßen und getreten. Sie erleiden Kopfwunden, gebrochene Rippen, schwere Quetschungen. Während der Haft werden einige mit Elektroschocks gefoltert, mit Eisenstangen geschlagen oder müssen längere Zeit mit an Pfosten gefesselten Armen stehen.

Der chinesische Lyriker und Journalist Duo Duo, der sich damals in Lhasa aufhielt, kommentiert:

> Die Han-Chinesen konnten es nicht ertragen, daß Japaner un-

ter ihnen ein Massaker angerichtet haben. Woher nehmen sie das Recht, die Tibeter zu ermorden?[139]

Der Widerwille der Tibeter gegen Peking hielt nicht nur an, sondern wuchs noch, als die chinesische Regierung die neue Initiative des Dalai Lama öffentlich kritisierte. Zudem herrschten die Chinesen in Tibet mit harter Hand. Alle in Tibet akkreditierten Journalisten und überhaupt sämtliche Ausländer wurden aus dem Land gewiesen; Tibet war nun so gut wie abgeschnitten von der übrigen Welt. Trotzdem drangen einige Augenzeugenberichte in die Außenwelt, so daß verschiedene westliche Regierungen an China appellierten, die Menschenrechte in Tibet zu respektieren und alle politischen Gefangenen freizulassen. Peking erwiderte lediglich, es handele sich um eine innerchinesische Angelegenheit, und verbat sich jede »Einmischung«.

Das Jahr 1988 begann gleich spannungsgeladen: Die chinesischen Behörden in Lhasa wollten der Weltöffentlichkeit vorführen, daß die Lage in Tibet wieder »normal« sei. Den Klöstern wurde befohlen, im Anschluß an das Neujahrsfest die großen Feiern des tibetischen Mönlam-Festes in traditioneller Weise abzuhalten. Dies verweigerten die Mönche jedoch, da sie es durchaus nicht als »normal« empfinden konnten, daß noch immer viele Tibeter in Gefangenschaft saßen und sich auch sonst nichts an der chinesischen Besetzung geändert hatte. Nunmehr erzwangen die Chinesen die gewünschten Feierlichkeiten – mit dem nötigen Druck, wie die BBC am 28. Februar 1988 meldete:

> Tausende von chinesischen Sicherheitskräften sind in die Umgebung von Lhasa verlegt worden. Im ganzen Stadtgebiet wurden Straßensperren errichtet. Lange Konvois von gepanzerten Fahrzeugen patrouillieren nachts durch die Straßen, und die Menschen werden über Lautsprecher aufgefordert, zu Hause zu bleiben. In einer dieser Durchsagen hieß es ganz offen: »Wer den Befehlen nicht gehorcht, wird umgebracht.«[140]

Als am 5. März der Ruf nach Freilassung eines seit Oktober 1987 ohne Anklage gefangengehaltenen Tibeters laut wurde und während des letzten Teils des Mönlam-Festes aus einer Menschenmenge am Barkhor Steine flogen, erschossen die Soldaten gezielt einige Demonstranten. Es schloß sich eine Verfolgungsschlacht an, der Hunderte von Tibetern zum Opfer fielen.

Chinesische Polizisten fielen sogar in den Jokhang selbst ein und brachten mindestens zwölf Mönche um. Das ganze tibetische

Viertel von Lhasa geriet nun in Aufruhr, chinesische Läden wurden niedergebrannt. Gleichzeitig fielen die Sicherheitsbeamten über die Tibeter her und schleppten Hunderte von Männern, Frauen und Kindern fort. Auch diesmal waren nur wenige westliche Touristen in Lhasa, und kein Journalist konnte von den neuen Zusammenstößen berichten, so daß einige Zeit verging, bevor die Weltöffentlichkeit überhaupt etwas davon erfuhr.[141]

Der Dalai Lama warb währenddessen weiter für die Sache Tibets. Im Juni 1988 hielt er vor Vertretern des Europaparlaments in Straßburg eine Rede, in der er seinen Fünf-Punkte-Friedensplan neu formulierte:

1. Tibet soll zu einer Friedenszone erklärt werden: Alle Truppen sollen aus ganz Tibet (Ü-Tsang, Kham, Amdo) abgezogen werden. Die gegenwärtigen militärischen Spannungen zwischen China und Indien werden dadurch aufgehoben, und die Stabilität Zentralasiens wird somit erhöht. Beide Länder können dann Riesensummen einsparen – Geld, das sie besser für ihre friedliche Entwicklung einsetzen können ...
2. Die massive Umsiedlung von Chinesen nach Tibet muß aufhören. Die von Peking betriebene Großansiedlung von Chinesen in Tibet bedeutet, daß die Tibeter schon jetzt nur eine Minderheit in ihrem eigenen Land darstellen. In der Geburtsprovinz des Dalai Lama, Amdo, wohnen jetzt über 2,5 Millionen Chinesen, aber nur 750 000 Tibeter. Wenn dieser Umsiedlung nicht unmittelbar Einhalt geboten wird und die Chinesen wieder nach China ziehen, wird es nicht lange dauern, bis der Begriff »Tibet« nur noch einen Fleck Boden in China bedeutet.
3. Die fundamentalen Menschenrechte und demokratischen Freiheiten müssen respektiert werden. Auch wenn die offizielle Darstellung anders lautet, haben die Tibeter nicht das Sagen in Tibet. Die volle Macht liegt fest in chinesischen Händen und wird in erster Linie für chinesische Bedürfnisse eingesetzt. Die vielbeschworenen Entwicklungen im Land dienen selten den Tibetern, sondern dem chinesischen Militär, den chinesischen Siedlern oder den Touristen.
4. Die großskalige Umweltzerstörung in Tibet muß gestoppt werden. Das Land darf nicht als Müllhalde für radioaktiven Abfall aus China oder westlichen Ländern mißbraucht wer-

den. Nach der Okkupation Tibets hat China eine enorme Umweltzerstörung im Land verursacht. Die Tierwelt auf dem Land und im Wasser ist erheblich reduziert worden. Riesige Wälder, besonders in Ost-Tibet, sind kahlgeschlagen worden, um den chinesischen Holzbedarf zu sättigen. Verhandlungen laufen zur Zeit mit westlichen Ländern, auch mit der Bundesrepublik, über die Übernahme von radioaktivem Müll. Sie haben 1987 neuen Auftrieb bekommen.

5. Ernsthafte Verhandlungen zwischen dem tibetischen und dem chinesischen Volk über den künftigen Status Tibets müssen aufgenommen werden. Tibeter und Chinesen sind zwei verschiedene Völker. Dies muß anerkannt und respektiert werden, aber braucht nicht einer engen zukünftigen Zusammenarbeit im Wege zu stehen. Eine Lösung des Tibet-Problems, die Vorteile für alle betroffenen Völker bietet, muß in offenen und fairen Verhandlungen gefunden werden.[142]

Gleichzeitig schlug der Dalai Lama einen speziellen Status Tibets in Form einer politischen »association« mit China vor. Tibet solle ein demokratisches politisches System und politische Autonomie erhalten bezüglich aller Angelegenheiten, die die Tibeter beträfen, während für die Verteidigung und die politischen Außenbeziehungen die Regierung der Volksrepublik China zuständig sein könnte. Für nichtpolitische auswärtige Beziehungen auf den Gebieten von Religion, Handel, Erziehung, Kultur, Wissenschaft und Sport solle ein eigenes tibetisches Büro eingerichtet werden. Die tibetische Autonomie solle Gegenstand eines Referendums des tibetischen Volkes sein.

Die chinesische Regierung wies den Vorschlag des Dalai Lama im Ergebnis zurück, sprach von einer »Unabhängigkeit in Verkleidung« und stellte so viele Bedingungen an weitere Gespräche mit dem Dalai Lama, daß ein neuer Dialog unmöglich war.[143]

In Tibet endete das Jahr 1988, wie es angefangen hatte, mit Unruhen und Exzessen der chinesischen Polizei: Zum vierzigsten Jahrestag der von der UNO festgelegten Menschenrechte am 10. Dezember lag die Spannung in Lhasa schon in der Luft; die chinesische Polizei hatte ihre Präsenz verstärkt. Trotzdem wagten es Mönche, Nonnen und junge Leute, sich auf dem Platz vor dem Jokhang-Tempel aufzustellen. Ein Mönch trug sogar eine Flagge. Eine ausländische Augenzeugin berichtet:

In dem Moment rannten chinesische Polizisten in Richtung der Demonstranten vor dem Tempel. Der Kommandant der Polizisten hat dann gezielt geschossen und den Mönch mit der Flagge tödlich verwundet. Das schien das Zeichen für die anderen Chinesen zu sein, das Feuer zu eröffnen, und zwar ohne Vorwarnung, ohne Warnschüsse. Sie feuerten auf die Gruppe, die zum Teil niederkniete, und auch auf die Unbeteiligten.[144]

Die Ausländer mußten Tibet anschließend so rasch wie möglich verlassen.

Noch ereignisreicher, dieses Mal aber auch für China selbst, sollte das Jahr 1989 werden. Neue schwere Unruhen in Tibets Hauptstadt Lhasa wurden Vorboten der Ereignisse, die Peking im Juni 1989 erschütterten, bis heute fortwirken und China noch weiter bewegen dürften. So meldet die Frankfurter Rundschau vom 7. November 1998 Bemühungen von chinesischen Bürgerrechtlern, eine politische Öffnung des Systems zu erreichen. Unter ihnen ist die Pekinger Professorin Ding Zilin, »deren 17jähriger Sohn auf dem Platz des Himmlischen Friedens getötet wurde«. Sie fordert »seit Jahren eine Neubewertung der blutigen Niederschlagung der Studentendemonstrationen von 1989«.

In Tibet starb am 28. Januar der zweithöchste Würdenträger, der Panchen Lama, mit erst 51 Jahren bei einem seiner seltenen Besuche dort. Die Chinesen sahen diesen Anlaß als eine Gelegenheit, mit dem Dalai Lama allein – ohne seine Berater – in Kontakt zu kommen. Sie veranlaßten die Vereinigung der Buddhisten Chinas, den höchsten Würdenträger des tibetischen Buddhismus zum Begräbnis des Panchen Lama nach Peking einzuladen. Gleichzeitig stellten sie jedoch klar, daß es dem Dalai Lama nicht erlaubt sein würde, auch Tibet zu besuchen. Der Dalai Lama und seine Berater lehnten ab.

In der Zwischenzeit hatte sich die Situation in Tibet weiter verschlechtert. In Lhasa fanden immer wieder kleine Demonstrationen gegen die chinesische Besetzung statt, doch am 5. März brach die Unzufriedenheit mit aller Heftigkeit aus: Einem kleinen Gedenkmarsch für die Opfer der Demonstrationen im Vorjahr schlossen sich bald mehrere hundert, dann immer mehr Tibeter an, schließlich waren es Tausende. Wieder wurde die verbotene Flagge des freien Tibet am Jokhang-Tempel gezeigt.

Drei schwedische Touristen ... befinden sich zum Zeitpunkt des Demonstrationsbeginns auf dem Dach des Jokhang-Tem-

> pels. Die Schweden können beobachten, wie chinesische Polizisten von den gegenüberliegenden Dächern leere Flaschen auf die Demonstranten werfen, um sie zu provozieren. Um sie dann bei ihren Reaktionen daraufhin zu identifizieren, haben einige von ihnen Foto- und Videokameras dabei. Ohne Warnung eröffnet die Polizei das Feuer auf die Menge ...
> Die Schweden werden, plötzlich von den Polizisten bemerkt, bis ins Hotel verfolgt, wo ihnen Paß, Kameras und Filme sofort abgenommen werden ...[145]

Als die Demonstranten zum zweiten Mal die Hauptstraße entlangziehen und sich in Richtung Polizeikette bewegen, »wirft die Polizei Tränengas in die Menge. Die Tibeter verteidigen sich zunächst mit Steinen, bevor sie vor den Maschinengewehrsalven flüchten.«[146]

Über die beiden folgenden Tage berichtet ein anderer Augenzeuge, daß es nur zu kleineren Demonstrationen mit 500 bis 600 Menschen kam. »Ihnen standen abermals 5000 bis 6000 Bewaffnete auf der anderen Seite gegenüber ...« Am 7. März in der Frühe »wurden viele Menschen verhaftet; manche sogar von Patrouillen in ihren Häusern erschossen. Ich weiß von drei oder vier Familien, in denen Angehörige zu Hause umgebracht wurden. Die Soldaten schossen einfach durch die Fenster.«[147]

Die Ausländer wurden in den folgenden Tagen wieder einmal gezwungen, das Land zu verlassen. Die Regierung in Peking mußte befürchten, daß ihr das besetzte Tibet aus der Kontrolle geriet, und verhängte am 8. März das Kriegsrecht. Die Volksbefreiungsarmee war nun direkt verantwortlich für die Aufrechterhaltung der Ordnung in Lhasa. Offiziell meldete der Staatsrundfunk nur: »Fortgesetzte Unruhen einer kleinen Minderheit von Separatisten haben die öffentliche Ordnung ernsthaft gefährdet.«[148] Trocken kommentiert »Der Spiegel« in seiner Ausgabe vom 13. März 1989:

> Das ist propagandistisch untertrieben. Die Auseinandersetzungen der vergangenen Woche waren die schwersten Unruhen seit dem Aufstand vom 1959.

Er sprach von der »Bankrotterklärung für den Versuch Pekings, seine Machtansprüche in Tibet durchzusetzen«. Einen weiteren harschen Rückschlag für die chinesische Regierung stellte die Verleihung des Friedensnobelpreises an den Dalai Lama dar. Für die Tibeter in aller Welt war dies eine herausragende Bestätigung, daß sie sich zu Recht gegen die chinesische Besatzung zur Wehr setzten und daß die Weltöffentlichkeit sie bei ihrem Widerstand gegen die chinesische Regierung unterstützte.

5. Die Entwicklung nach 1989

In Peking kam es im Juni 1989 zu großen Demonstrationen der chinesischen Bürgerrechtsbewegung, vor allem der Studenten. Deng Xiaoping setzte dagegen das Militär ein: Das sogenannte Tiananmen-Massaker in der Nacht vom 3. auf den 4. Juni 1989 auf dem Platz des Himmlischen Friedens in Peking machte alle Hoffnungen auf eine Demokratisierung in China vorläufig zunichte.

Im Überblick kennzeichnen folgende Aspekte die seitherige Entwicklung:

- Für Tibet ergaben sich neue Denkansätze, die zwar bisher praktisch nicht wirksam werden konnten, die aber die Hoffnung auf zukünftige Verbesserungen nicht ausschließen. Denn vor allem die ins Exil gegangenen chinesischen Dissidenten erkannten, daß es überhaupt ein Tibetproblem gibt.
- Dagegen hat sich in der Realpolitik die Lage der Tibeter seit 1989 eher verschlechtert.

Im Juli 1994 fand die »Dritte Nationale Arbeitskonferenz zu Tibet« statt. Spätestens seitdem betreibt China offen und verstärkt die Politik, Tibet in allen Bereichen zu einer »normalen« chinesischen Provinz zu machen, Tibet vollständig gleichzuschalten. Geschehen soll dies nunmehr durch die wirtschaftliche Entwicklung, die Öffnung Tibets. Zum einen soll Tibet sich selbst – mit Hilfe der dortigen Parteikader – aktiv den Chinesen öffnen, zum anderen wird Tibet von China geöffnet – durch massive Ansiedlung von Chinesen.

- Als Muster dieser Politik kann die tibetische Hauptstadt Lhasa angesehen werden, die ihrem Erscheinungsbild und ihrer Bevölkerungsstruktur nach bereits weitgehend zu einer chinesischen Stadt geworden ist. Dort sind die tibetischen Bewohner heute in der Minderheit; die tibetische Altstadt ist inzwischen weitgehend verschwunden und wird planmäßig weiter durch Neubauten ersetzt. Würden nicht der Potala und der Jokhang von den Chinesen als attraktive Touristenziele vor der Abrißbirne verschont, gäbe es vielleicht bald keine Spur von tibetischer Geschichte mehr in Lhasa.

– Im religiösen Bereich wird gegen widerspenstige Mönche und Nonnen aggressiv vorgegangen, dem Dalai Lama und seiner »Clique« wurde als »Spalter« verstärkt der Kampf angesagt.

Tibet und die chinesischen Oppositionellen

Die Demokratiebewegung hatte 1989 an der Macht der Kommunistischen Partei Chinas gerüttelt. Politische Reformen, die die Macht der KP Chinas in Frage stellten – dies war demgegenüber die klare und eindeutige Botschaft der kommunistischen Führer in Peking –, würden nicht geduldet. Dem Massaker folgte eine Verhaftungswelle; große Teile der chinesischen demokratischen Opposition wurden ins europäische und amerikanische Exil getrieben, wo seitdem verschiedene Gruppen und einzelne Personen versuchen, die in der Bewegung von 1989 gelegten Grundlagen für eine Demokratisierung Chinas fortzuentwickeln und Kontakte mit den schwer verfolgten Dissidenten und Oppositionellen in China selbst aufrechtzuerhalten. Das Massaker hatte aber ein Weiteres bewirkt: Die chinesische Intelligenz und die demokratische Opposition begannen jetzt erstmals, die Tibet-Frage anzusprechen.

So wurde am 24. September 1989 in Paris eine Deklaration zur Gründung der »Front Demokratisches China« verabschiedet, in der es nun hieß, daß »die demokratischen Kräfte Chinas seit langer Zeit den Kampf der Bevölkerung Tibets für Demokratie und das Recht auf Selbstbestimmung außer acht gelassen haben; sie ist der Meinung, daß die Tibet-Frage wie die anderen Nationalitätenfragen auch nur auf Basis der Menschenrechte, des Regierens durch Gesetze, der Freiheit und der Demokratie gelöst werden können.«[149] Seitdem hält im chinesischen Exil die Auseinandersetzung über die Tibet-Frage an. Es kam ein Dialog zwischen Tibetern und Chinesen im Exil in Gang, der sich Jahr um Jahr erweitert und nicht unerheblich dazu beiträgt, daß hinsichtlich Tibets ein Meinungsumschwung begonnen hat. Einen deutlichen Ausdruck fand dies in dem 1996 in Taipeh (Taiwan) erschienenen Sammelband mit dem Titel »Chinesische Festlandsintellektuelle über Tibet« (»Zhongguo Dalu Zhishifenzi Lun Xizang«), herausgegeben von dem heute in New York lebenden chinesischen Journalisten Cao Changqing. Hier äußerten sich zum ersten Mal – oppositionelle – chinesische Intellektuelle aus der Volksrepublik China abweichend von der allgemeinen chinesischen Haltung über Tibet. Vorher hatte sich lediglich Wei Jingsheng schon mit der Tibet-Frage auseinandergesetzt und zuletzt im Jahr 1994 dazu einen offenen Brief an Deng Xiaoping geschrieben. Dieser Brief und die Themen der Beiträge der anderen in dem Sammelband vertretenen chinesischen Autoren, darunter Wang Ruowang und Yan Jiaqi, sprechen für sich: »Sich um die Menschenrechte in Tibet kümmern, ist die Pflicht des Intellektuellen«; »Föderativsystem und die Zukunft Tibets«; »Über Tibet und die Nationalitätenpolitik der Demokratiebewegung«; »Demokratie, Freiheit, Gleichheit und Unabhängigkeit«; »Separation und Autonomie«; »Kritik am 17-Punkte-Abkommen«; »Über die freie Wahlmöglichkeit Tibets«; »Unabhängigkeit – Das Recht Tibets«; »Tibets Wirklichkeit und Gehirnwäsche«.[150] Darüber hinaus wurden nun auch drei Interviews von chinesischen Exilanten mit dem Dalai Lama veröffentlicht. Den chinesischen und tibetischen Intellektuellen hatte sich erst außerhalb Chinas die Möglichkeit geboten, alle Arten von Informationen und Büchern über Tibet zu erhalten: In China selbst stand nur das von der Kommunistischen Partei zugelassene Material zur Verfügung und damit nur die seit den fünfziger Jahren gleiche Propaganda. Doch hier wird noch Zukunftsmusik gespielt. Die politische Wirklichkeit sieht seit 1989 für Tibet noch ganz anders aus.

Die chinesische Tibet-Politik seit 1989 im Überblick

»Tibet wird niemals unabhängig sein«, lautete eine Überschrift in der offiziösen Peking Rundschau 9/1997. Hintergrund dieser chinesischen Politik ist offenbar die große strategische Bedeutung, die Tibet von der Führung in Peking für China insgesamt zugemessen wird: Für sie ist Tibet »das Südwesttor Chinas«, dessen Stabilität von größter Wichtigkeit für seine Verteidigung und für strategische Zwecke ist. Die Zeitung Tibet Daily zitiert aus einer Rede eines hohen tibetischen Kaders im Juli 1998: »Tibet hat einen ausschlaggebenden Rang in der Gesamtordnung von Chinas politischer, wirtschaftlicher und kultureller Entwicklung; es hat eine Schlüsselstellung als einer der Außenposten der Verteidigung und einer der strategischen Punkte Chinas mit dem Himalaja als natürlicher Verteidigungslinie.«[151]

Noch 1989 machte sich die Regierung der Autonomen Region

Tibet »Strategische Ideen zur wirtschaftlichen und gesellschaftlichen Entwicklung Tibets« zu eigen. Hierzu sollte eine »Politik des Sich-Öffnens gegenüber den anderen Teilen Chinas und gegenüber der Außenwelt« verfolgt werden. Diese politische Linie wurde 1994 durch das »Dritte Nationale Forum über die Arbeit in Tibet« bestätigt. Um die »Öffnung« Tibets zu erreichen, sollten vermehrt Chinesen ins Land gebracht und angesiedelt werden. Eine neue Strategie brandmarkte auch den Einfluß des Dalai Lama als die Wurzel der Instabilität in Tibet. Es galt nun, seinen Einfluß einzudämmen und abweichende Stimmen zum Schweigen zu bringen. Ergebnisse der Konferenz waren:

- Die verschärfte Kontrolle aller religiösen Aktivitäten und eine Verunglimpfungskampagne gegen den Dalai Lama, wie sie seit dem Ende der Kulturrevolution ohne Beispiel war;
- die verstärkte Verhaftung von Personen aus politischen Gründen;
- die schärfere Überwachung von potentiellen Dissidenten;
- die ausufernde Unterdrückung sogar von nichtpolitischem Protest.

Damit brachte die Konferenz zwei wesentliche, für die Tibeter bedenkliche Neuigkeiten:

- Obwohl der Zuzug von Chinesen nach Tibet an sich eine bereits bekannte Erscheinung war, wurde ein solcher Bevölkerungstransfer jetzt zum ersten Mal als politisches Vorhaben öffentlich verkündet. Und:
- Seit 1979 waren die Chinesen zwar weiterhin bemüht, dem politischen Einfluß des Dalai Lama entgegenzuwirken, hatten aber seine religiöse Autorität nicht angegriffen. Jetzt kündigten sie dagegen eine Kampagne an, die den Dalai Lama gerade in seiner Eigenschaft als religiöses Oberhaupt herabsetzen sollte. Daher zeichnete sich ab, daß die Phase einer gewissen Liberalisierung seit 1979 als beendet anzusehen war. In der Tat trat die neue härtere politische Linie in der Affäre um die Reinkarnation des Panchen Lama in den Jahre 1995 und 1996 in aller Deutlichkeit zutage. China nahm jetzt für sich das Recht in Anspruch, selbst den Kandidaten für die Reinkarnation des Panchen Lama zu ernennen, und ließ den vom Dalai Lama anerkannten Kandidaten – einen sechsjährigen Jungen – verschwinden. Ein weitreichender Aspekt dieses Vorgangs ist, daß es der Panchen Lama sein wird, der seinerseits nach dem Tod eines Dalai Lama dessen

Reinkarnation ernennt. Mit einem ihnen genehmen Panchen Lama würden die Chinesen daher die Auswahl des etwaigen Nachfolgers des heute 62jährigen 14. Dalai Lama maßgeblich beeinflussen.

1996 verstärkte sich die Unterdrückung auch anderweitig:

- So begann eine intensive Umerziehungskampagne in den Klöstern; an Mönche und Nonnen erging die Aufforderung, schriftlich ihre Loyalität mit dem kommunistischen System zu bekunden oder die Vertreibung aus ihren Klöstern zu riskieren;
- Informationen aus Tibet wurden zunehmend unterdrückt;
- Bilder des Dalai Lama durften nicht mehr öffentlich gezeigt werden;

Etwa zur gleichen Zeit stufte die chinesische Führung den tibetischen Buddhismus, die tibetische Sprache, die tibetischen Sitten, also die traditionelle tibetische Kultur überhaupt, als Hindernisse der Entwicklung und als Merkmale des tibetischen Nationalismus ein. Hiergegen, also gegen die tibetische Identität an sich, setzte eine weitere Kampagne ein, die der »sozialistischen spirituellen Zivilisation«. Noch weitergehend erklärte der Parteisekretär der Kommunistischen Partei der Autonomen Region den Buddhismus zu einer »fremden Kultur«.[152]

Die »Öffnung« Tibets

Kurz nach dem Einmarsch der chinesischen Volksbefreiungsarmee in Tibet hatte deren Befehlshaber in Lhasa noch dem Dalai Lama versichert: »Wenn Sie auf eigenen Füßen stehen können, werden wir nicht hier bleiben, selbst wenn Sie uns darum bitten.« Doch schon im Oktober 1952 äußerte Mao Tsetung gegenüber tibetischen Delegierten in Peking: »Tibet bedeckt eine große Fläche, ist aber dünn besiedelt. Seine Bevölkerung sollte von jetzt zwei oder drei Millionen auf fünf oder sechs Millionen vermehrt werden, und dann auf über zehn Millionen.« Die Interpretation dieser Äußerung blieb den Adressaten überlassen.[153]

In Zentraltibet nahm bis Anfang der achtziger Jahre die Zahl der chinesischen Siedler langsam, aber stetig zu. Nach dem Besuch von Hu Yaobang im Jahr 1980 in Tibet wurde zwar ein Programm aufgestellt, die Zahl der Chinesen in Tibet zu vermindern. Tatsächlich ging auch die Zahl der chinesischen Kader zurück, wenngleich bei weitem nicht in Höhe der vorgesehen Quote von 85 Prozent. Andererseits kamen weiterhin chinesische Techniker nach Tibet; immerhin aber wurde davon abgesehen, gewöhnliche Arbeiter zu ermuntern, nach Tibet zu gehen.

In der ersten Hälfte der neunziger Jahre erhöhte sich der Zuzug von Chinesen dadurch, daß eine Reihe von Bauprojekten durchgeführt wurde, vor allem im Straßenbau. Nun kamen chinesische Arbeiter in großer Zahl. Seit 1992 ging die Politik dazu über, auch unqualifizierte Nichttibeter zu ermutigen, nach Tibet zu kommen: Lhasa wurde 1992 zur »Wirtschaftssonderzone« erklärt. Zur Folge hatte dies einen erhöhten Zuzug sowohl von qualifizierten als auch von unqualifizierten chinesischen Arbeitskräften. Im September 1992 verkündete der chinesische Vize-Personalminister:

> Wir sollten Tibet allen Ländern und Regionen und unseren Arbeitsmarkt allen Landsleuten öffnen. Wir sollten verstehen, daß es dem nationalen Fortschritt und der gesellschaftlichen Entwicklung, der Einheit zwischen den Nationalitäten und dem Kampf gegen die Spalter dient, die Reform und den Prozeß der Öffnung zu beschleunigen.[154]

Anfang 1993 wurden alle Straßenkontrollen zwischen benachbarten Provinzen aufgehoben, so daß nun Chinesen unbeschränkt in die ost-tibetischen Gebiete und in die Autonome Region kommen konnten. Zehntausende von Chinesen ließen sich von einem Goldrausch in Amdo (Qinghai) und im nördlichen Zentraltibet anlocken; weitere Tausende brachte die chinesische Regierung im Rahmen der Entwicklung der Goldminen ins Land. Die Gewerbevorschriften in Tibet wurden erleichtert und es damit Chinesen ermöglicht, in Lhasa und anderen tibetischen Städten eine private Geschäftstätigkeit aufzunehmen. Zu diesem Zweck wurden chinesischen Firmen Gründungsdarlehen gewährt. Diese Anreize hatten den beabsichtigten Erfolg: Zu Tausenden strömten Chinesen aus den umliegenden Provinzen nach Lhasa, um alle möglichen Geschäfte und Restaurants aufzumachen oder auf Baustellen zu arbeiten.

Hatte sich die offizielle chinesische Politik bislang aber noch geziert, sich zu dieser Art der »Öffnung« Tibets nach außen zu bekennen, so änderte sich dies im Anschluß an die Dritte Nationale Arbeitskonferenz vom 20. bis 23. Juli 1994: Präsident Jiang Zemin sprach in seiner Eröffnungsrede bereits die »Entwicklung einer neuen sozialistischen Kultur in Tibet« an. Er rief alle Behörden und alle Provinzen, Autonomen Regionen und Stadtverwaltungen auf, »Tibet mit Menschen, Geld, Technologie und materiellen Ressourcen ausdauernd und unablässig für eine abzusehende lange Zeit zu unterstützen«.[155] Die Konferenz kündigte an, daß 62 Bauprojekte zum dreißigsten Jahrestag der Autonomen Region Tibet im September 1995 in Angriff genommen werden sollten. Überwiegend sollten diese Projekte wie schon 1984/85 an Firmen in den Provinzen vergeben werden, die ihre eigenen Arbeiter mitbringen oder schon in Tibet ansässige Chinesen beschäftigen sollten. Die Zeitung Tibet Daily schrieb dazu:

> Wir sollten effektive Schritte unternehmen, um die derzeitige Menge von Han-Kadern beizubehalten und Han- und andere Minderheitenkader aus dem Hinterland nach Tibet zu bringen.[156]

Diese »effektiven Schritte« wurden in einer Propagandaschrift der Kommunistischen Partei in Tibet näher geschildert. Es sollten unter anderem

- Händler ermutigt werden, in die Region zu kommen, um verschiedene Unternehmen zu betreiben,
- ein Kontingent von Kadern verschiedener Nationalitäten für dauernde Arbeit herangeführt werden,
- Studenten angeworben werden, die sich zur Berufstätigkeit in Tibet entschließen sollten,
- hervorragende Offiziere und Soldaten der Armee und der Bewaffneten Polizei nach Ablauf ihrer Dienstzeit zur zivilen Arbeit veranlaßt werden. »Dies ist eine neue Strategie, die einer neuen Ära entspricht, in der wir unsere Erfahrungen aus der Vergangenheit zusammenfassen müssen ...«[157]

Ab Ende 1994 deuteten Veröffentlichungen in der chinesischen Presse darauf hin, daß die neue Strategie in die Tat umgesetzt wurde. Vierhundert Studenten hatten sich auf eine landesweite Werbeaktion für hundert Stellen in Tibet gemeldet. Im Februar 1995 meldete die chinesische Nachrichtenagentur Xinhua, daß tausend hervorragende Beamte und Techniker aus dem inneren China für fünf Jahre nach Tibet versetzt würden. Militärische Dienststellen begannen mit einem »Transfer-Trainingsprogramm« für hochrangige Armeeoffiziere in Tibet. Das tibetische Parteisekretariat ließ eine eigenwillige pädagogische Absicht verlautbaren:

»Unter einer sozialistischen Marktwirtschaft entwickelt Tibet seine Wirtschaft, und das tibetische Volk lernt die Fähigkeit des

Geldverdienens, wenn eine Person aus dem Hinterland Geld in Tibet verdient.«[158]

Solchen »Hinterländlern« wurden besondere finanzielle Anreize geboten.

Bevölkerungstransfer nach Tibet

Als Anreiz zum Umzug nach Tibet konnten Kader vor allem auf höhere Alterspensionen hoffen, während Nichtkadern andere wirtschaftliche Vergünstigungen geboten wurden, so etwa finanzielle Vorteile durch Steuererleichterung für Unternehmer und günstige Investitionsbedingungen. Chinesische Zuwanderer geben selber an, daß sie in Tibet bis zu fünfmal so viel verdienen können wie in China. Für Zentraltibet ist ein bestimmtes Siedlungsmuster der Chinesen festgestellt worden: Einerseits wurden chinesische Städte inmitten von noch tibetischen ländlichen Gebieten angelegt, andererseits fand eine Sinisierung von tibetischen städtischen Zentren statt. Diese Städte können als die Eckpfeiler der derzeitigen Strategien für das wirtschaftliche Wachstum angesehen werden; sie spiegeln aber gleichzeitig eine wesentlich stärkere Entwicklung zugunsten der Chinesen statt der tibetischen Bevölkerung wider.

Insgesamt leben nach einer neueren Schätzung der tibetischen Regierung im Exil heute etwa 1,4 Millionen Chinesen in der Autonomen Region Tibet, weitere 4,5 Millionen Chinesen in Qinghai (Amdo) und nochmals etwa 2 Millionen Chinesen in den restlichen tibetischen Gebieten. Damit ist die chinesische Bevölkerung in den traditionellen tibetischen Gebieten auf insgesamt knapp 8 Millionen Menschen angewachsen und hat damit die Mehrheit erreicht.[159]

Die Internationale Juristenkommission betont in ihrem Bericht vom Dezember 1997, daß tatsächlich alle von ihr befragten Tibeter sich sehr besorgt über die nachteiligen Auswirkungen durch die verstärkte Ansiedlung von Chinesen in Tibet geäußert hätten. Die Folge seien wachsende Arbeitslosigkeit und Entlassungen von Tibetern, die durch Chinesen ersetzt würden. Bedrückt zeigen sich die Tibeter auch über die Umwandlung von Lhasa in eine chinesische Stadt und über den trotz verstärkter Bautätigkeit vorhandenen Wohnungsmangel. Die Juristenkommission zitiert einen Tibeter mit einer Bemerkung, die den allgemeinen Eindruck über die Chinesen wiedergibt:

> Alkohol, Zigaretten, Glücksspiel, Bordelle und Zeitverschwendung sind zu Bestandteilen der Gesellschaft geworden. Die Chinesen bemühen sich niemals, diese Dinge abzustellen oder zu regulieren. Diskotheken und Bars, Karaoke-Lokale und Restaurants und Bordelle kann man überall in Lhasa, Kamdo, Qiamdo und Shigatse finden. Die Inhaber sind Chinesen.[160]

Die Internationale Juristenkommission kommt zu dem Ergebnis, daß, obwohl die chinesische Regierung stets alle Vorwürfe zurückgewiesen hat, sie die Politik eines Bevölkerungstransfers nach Tibet betreibe. So würden die politischen Meldungen und die anderen festgestellten Tatsachen bestätigen, daß der Strom von chinesischen Siedlern nach Tibet auf eine gezielte Politik und entsprechende Programme zurückgehe. »Es ist die Ansicht der Internationalen Juristenkommission, daß Chinas Politik des Bevölkerungstransfers nach Tibet, die gegen den Willen des tibetischen Volkes durchgeführt wird«,[161] gegen das internationale Menschenrecht verstößt.

Ein Beitrag der International Herald Tribune vom 12. November 1998 geht auf das heutige Alltagsleben der Tibeter ein. Er bestätigt an einigen Beispielen, wie sehr die Interessen der Chinesen denen der Tibeter vorgehen:

> Alle Tibeter müssen die chinesische Sprache beherrschen, um die besten Stellungen zu bekommen; wenige Chinesen lernen jemals tibetisch, nicht einmal Beamte, die hier für Jahrzehnte leben. Schulen sind theoretisch zweisprachig, aber in der Praxis dominiert das Chinesische.
>
> Noch immer bestehen die chinesischen Offiziellen darauf, daß die Pekingzeit in ganz Tibet beachtet wird wie in allen anderen chinesischen Gebieten, selbst wenn das Sonnenaufgang im November nach 8 Uhr morgens und Sonnenuntergang nach 7 Uhr abends bedeutet.
>
> Für das China der sechziger Jahre hieß Integration Tibets mit dem »Mutterland«, fast alles Alte niederzureißen und fanatische politische Parolen zu verbreiten; heute bedeutet es, fast alles neu zu bauen im Namen der wirtschaftlichen Entwicklung.

Ob die Tibeter einen solchen Neubau, der nichts anderes als der Umbau Tibets in eine chinesische Provinz ist, wünschen, wurde bislang nie gefragt. Das Musterbeispiel ist Tibets Hauptstadt Lhasa.

Lhasa

Ausländer, die zum ersten Mal nach Lhasa kommen, sind in der Regel sehr überrascht zu sehen, wie »chinesisch« die Stadt auf den ersten Blick wirkt. Bis auf den Potala-Palast beherrschen chinesische Gebäude das Stadtbild. Vergleicht man allein die Zahlen aus dem Jahr 1959 mit den heutigen Daten, wird deutlich, wie groß die Veränderungen sind, seitdem in der Stadt der Auftand gegen die chinesische Besetzung blutig niedergeschlagen wurde.

Das ehemalige religiöse und kulturelle Zentrum Tibets ist heute politischer und wirtschaftlicher Schwerpunkt des Autonomen Gebiets. Es verfügt über Industriebetriebe in den Bereichen Kohle, Energiewirtschaft, Maschinenbau, Chemie, Textilien und andere leichtindustrielle Zweige. 1994 wurde entlang den Ufern des Kyishu (Lhasa-Fluß) mit dem Aufbau einer 56 Hektar großen Entwicklungszone für Hochtechnologie, Tourismus, Handel, Immobilien und Unterhaltungsindustrie begonnen, finanziert von der Stadt Lhasa und einem Konsortium aus Hainan. Lhasa ist heute über Fernstraßen mit den Nachbarprovinzen Qinghai, Sichuan und Yunnan verbunden und unterhält regelmäßige Flugverbindungen nach Chengdu, Golmud, Xi'an und Kathmandu.[162] Das Zentrum der Stadt mit dem Pilgerweg Barkhor rund um den Jokhang-Tempel und den flankierenden traditionellen Bauten, wie wir es noch aus den Berichten Heinrich Harrers kennen, erhielt sein Aussehen in der zweiten Hälfte des 17. Jahrhunderts, der Zeit, als der Potala-Palast in seiner heutigen Form gebaut worden ist. 1959 wurde das Stadtbild Lhasas bereits nachhaltig verändert. Damals wurde u. a. die Medizinschule auf dem Tsagpori-Berg zerstört – heute befindet sich dort ein Fernsehturm. Chinesische Beton- und Wellblechbauten zingelten die tibetische Altstadt zunehmend ein, und in den achtziger Jahren mußten Teile der Altstadt vor dem Jokhang-Tempel bereits einem neuen, großen Platz weichen.

Die Flächenausdehnung von Lhasa, das im Unterschied zu heute damals nur von Tibetern bewohnt war, betrug im Jahr 1959 drei Quadratkilometer. Heute ist die Fläche der Altstadt durch planmäßigen Abriß bis auf einen Quadratkilometer geschrumpft. Die chinesischen Wohnquartiere sind dagegen in der Zwischenzeit auf insgesamt 30 Quadratkilometer angewachsen; die gesamte Stadtfläche erstreckt sich auf etwa 40 Quadratkilometer. Ein bedeutender Teil der chinesischen Gebäude sind Bauten für Armee, Polizei- und Sicherheitskräfte. Der tibetische Anteil an Lhasa (rund um den Jokhang-Tempel) macht damit nur noch 2 Prozent des gesamten Stadtgebietes aus. Während die Anzahl der in Lhasa lebenden Tibeter sich in den vergangenen Jahren nicht sehr verändert hat und ca. 60 000 beträgt, leben inzwischen etwa 150 000 Chinesen im Stadtgebiet, nicht eingerechnet die chinesischen Soldaten und vorübergehend dort lebende Chinesen (diese tauchen in der offiziellen Statistik nicht auf).

Die chinesische Politik der Umsiedlung hat das einzigartige Aussehen Lhasas durch die massiven Bautätigkeiten unwiederbringlich verändert. Zunächst blieb jedoch – zumindest in den Anfängen – der alte Stadtkern mit seinen Tempelanlagen Potala, Shöl, Barkhor und Jokhang erhalten, auch wenn sie chinesischen »Renovierungsmaßnahmen« unterworfen wurden. In der Zeit der Kulturrevolution, als die Roten Garden unbarmherzig alles »Alte« bekämpften und zerstörten, blieb Lhasa selbst »relativ« verschont, allem voran der Potala, der Norbulingkha und der Jokhang.

Zu Beginn der achtziger Jahre leitete die chinesische Regierung mit dem Entwicklungsplan für das Lhasa-Tal umfassende Abrißarbeiten der alten tibetischen Wohnquartiere ein; seit 1990 wurden sie noch erheblich beschleunigt. Ziel des bis zum Jahr 2000 terminierten Projektes ist die Umgestaltung Lhasas in eine »moderne sozialistische Stadt mit nationalen Charakteristika«, so der offizielle Wortlaut.

Als Vorwand für die Abrisse führten die chinesischen Behörden an, daß das Material der Altstadt-Gebäude brüchig und veraltet sei. Doch auch völlig intakte Gebäude von großem historischen Wert wurden und werden abgerissen. Sie werden ersetzt durch Beton- und Barackenbauten in chinesischem Stil oder mit primitiv nachgeahmten tibetischen Elementen. Die hier verwendeten Baumaterialien, Elektro- und Sanitärinstallationen sind laut einer Studie der Londoner »Tibet Information Network« von minderwertiger Qualität, die Neubauten sind weder den besonderen klimatischen Bedingungen angepaßt noch erdbebensicher. In den Jahren 1989 bis 1993 wurde mehr als die Hälfte der tibetischen Häuser rund um den Jokhang-Tempel zerstört, um Platz zu machen für »moderne« Gebäude chinesischen Betonstils. Im Dezember 1994 nimmt die UNESCO den Potala-Palast in die Liste des Weltkulturerbes auf und stellt es unter internationalen Schutz.

1994/95 läßt die chinesische Regierung das historische Gebiet Shöl unterhalb des Potala-Palastes abreißen, um Platz zu schaffen für einen großen Platz und einen Park mit chinesischen Souvenirläden und einer Diskothek. (Tibeter können in der Regel die hohen Mieten für Souvenirläden nicht bezahlen, so daß sie noch nicht einmal Geschäfte mit »ihren« Touristen machen können.) Die Tibeter, die vorher dort gewohnt hatten, wurden in Betonblöcke umquartiert und müssen einen bis zu zehnfachen Mietpreis zahlen.

Im September 1996 erließ die Stadtregierung von Lhasa zwar eine Bestimmung, nach der alte gefährdete Gebäude nur mit Genehmigung der Stadtregierung restauriert werden dürften und man dabei sorgfältig auf die sach- und fachgerechte Vorgehensweise achten müsse. Das Alte müsse als alt erhalten werden, der ursprüngliche Aspekt solle erkennbar sein. Dennoch wurden im Jahr 1997 ca. 28 historische Gebäude in Lhasa zerstört. Im Juni wurde der Tromsikhang-Palast niedergerissen, der im 17. Jahrhundert im Auftrag des sechsten Dalai Lama errichtet worden war und als eines der wichtigsten, noch in Lhasa verbliebenen historischen Gebäude galt. Ebenso wurden das historische Shakapba-Gebäude und der Durgye-Königspalast im Sommer 1997 abgerissen. Von 600 historischen Gebäuden waren Anfang 1998 nur noch 250 übrig. Auch wenn in chinesischen Berichten immer wieder zu lesen ist, daß die Modernisierung der alten Gebäude nicht möglich sei, da ihre Substanz zu alt und unbrauchbar sei, so besteht der eigentliche Sinn der Abrißarbeiten nach Meinung vieler Beobachter darin, die alten Gassen breiter zu machen, das Gelände übersichtlicher zu gestalten. In der jüngsten Vergangenheit hatten sich die alten verwinkelten Gassen oft als zu eng erwiesen, um bei Demonstrationen Polizei- und Armeefahrzeuge durchzulassen, sie boten flüchtenden Menschen oft Schutz. Auch das gewachsene Sozialsystem sollte auseinandergerissen, lang bestehende Beziehungen sollten durch die Ansiedlung neuer »erwünschter« Bewohner zerstört werden. Die Infrastruktur wurde abgestellt auf die Bedürfnisse der neuangesiedelten Chinesen. Dies ist sicherlich kein Zufall, sondern gezielte Zerstörung tibetischer Kultur, die sich gerade in der besonderen tibetischen Bauweise verkörpert – mit den sich nach oben verjüngenden Außenwänden, den flachen Dächern, der verschachtelten Bauweise und den Innenhöfen, den weiß gekalkten Wänden und den bunten Verzierungen. Daß die tibetische Altstadt Lhasas renovierungsbedürftig war und ist, das steht außer

Zweifel. Und daß es sicherlich Tibeter gibt, die – unter chinesischer Herrschaft herangewachsen – die alten Bauten als unmodern empfinden, das ist außer Frage. Aber die tibetische »Öffentlichkeit« wurde hierzu nie befragt. Viele Tibeter sind gegen diese Art der »Verbesserung« ihrer Wohnsituation, sie wurden noch nicht einmal bei der Neugestaltung der Wohnungen gefragt. Zu einer tibetischen Wohnung gehören traditionell drei bis vier Räume – in den neuen Gebäuden gibt es für eine Familie lediglich einen, höchstens 1 1/2 Räume.[163]

Bis heute wurden ca. 3500 Tibeter ohne Mitspracherecht zwangsumgesiedelt. Bis zum Jahr 2000 sollen laut Lhasa Valley Development Plan nochmals ca. 10 000 Tibeter umgesiedelt werden. Noch vorhandene historische Gebäude sollen bis auf weniger als zehn abgerissen werden.

Nach neuesten Plänen soll die Bevölkerung von Lhasa, die heute ca. 140 000 Menschen umfaßt, bis zum Jahr 2015 auf 400 000 steigen. Gleichzeitig wird die Ansiedlung von Chinesen in den ländlichen Gebieten Tibets, die bisher relativ frei von Kolonisierung waren, verstärkt.[164]

Doch die Zerstörung der tibetischen Wohnhäuser in Lhasa ist mehr als ein Schlag für die tibetische Kultur. Sie demonstriert einerseits die typische Vorgehensweise einer Besatzungsmacht und verletzt gleichzeitig in eklatanter Weise die Menschenrechte. Während hunderte von Wohngebäuden für die chinesischen »Neusiedler« gebaut werden, sind mehr als 2000 tibetische Familien ohne Wohnung. Auch in der Ausstattung der Wohnhäuser gibt es augenfällige Unterschiede. Eine offizielle Delegation australischer Menschenrechtler berichtete, daß die Wohngebäude im tibetischen Teil von Lhasa sehr schlecht erhalten waren, während ausgedehnte neue Wohnanlagen und Neubauten in den von Chinesen bewohnten Gebieten zu sehen waren. Die neuen Gebäude sind zumeist mit fließendem Wasser und Strom ausgestattet, während dies in den tibetischen Vierteln nicht der Fall ist; noch nicht einmal einigermaßen zufriedenstellende sanitäre Einrichtungen existieren.

Die meisten Tibeter können es sich aus Geldmangel nicht leisten, eigene Wohnungen zu bauen, zudem wird Tibetern von außerhalb Lhasas keine Aufenthaltserlaubnis für die Stadt erteilt, während dies für neu hinzuziehende Chinesen kein Problem ist. Das gleiche gilt für andere städtische Gebiete – überall werden Chinesen ermutigt, sich niederzulassen.[165]

Mit den Chinesen und der verstärkten chinesischen Wirtschaftshilfe sind auch all die »neuen Errungenschaften« der chinesischen Kultur auf das Hochland gekommen, Diskotheken, Karaoke-Bars, Spielhallen und Bordelle. Für manche konservative Mönche in den umliegenden großen Klöstern ist dies ein Grund, gegen Modernisierung überhaupt zu sein. Sicher wird dies alles nicht spurlos an der Jugend vorbeigehen und auch die Einstellung vieler Jugendlicher zur traditionellen Kultur und Religion ändern. Ob sie das tibetische Nationalgefühl wird tangieren können, ist äußerst zweifelhaft. Aus der starken wirtschaftlichen Entwicklung Tibets in den letzten Jahren haben auch Tibeter Nutzen gezogen. Eine wenn auch noch schwache wohlhabende Mittelklasse ist im Wachsen begriffen. Daß viele Klöster mit finanzieller und materieller Hilfe von Bauern wieder aufgebaut worden sind, zeugt sicherlich von einem wachsenden Lebensstandard. Aber, so die Kritik vieler Tibeter, den größten Nutzen ziehen immer noch die Chinesen aus all dem, und es besteht die Gefahr, daß sie, die Tibeter, zu Bürgern zweiter Klasse in ihrem eigenen Land werden. Tibeter ohne Chinesisch-Kenntnisse finden nur schwer eine Arbeit in nicht-landwirtschaftlichen Bereichen, sie sind bei der Arbeitssuche diskriminiert. Viele der Chinesen, die durch die hohen Löhne angelockt nach Lhasa kommen, zeigen zudem mehr als deutlich chauvinistisches Verhalten – für viele von ihnen sind die Tibeter unterentwickelt, schmutzig und rückständig: ohne Chinesen würden sie es zu nichts bringen. Die tibetische Religion ist eh nichts anderes als Aberglaube, der mit der Modernisierung und Entwicklung Tibets von selbst verschwinden werde. So wie die Tibeter bereits zur Minderheit in ihrer eigenen Hauptstadt geworden sind, so droht die tibetische Kultur in ihr zu einer rein musealen, folkloristischen Angelegenheit zu werden. Die von der chinesischen Regierung aufwendig betriebene Renovierung des Potala-Palastes – wie auch die anderer Tempel und Klöster – widerspricht dem überhaupt nicht: versprechen diese doch hohe Einnahmen aus dem Tourismus. Chinas Kommunisten setzen deutliche Zeichen – die Zerstörung des traditionellen Lhasa und die Schaffung einer modernen chinesischen Stadt soll sichtbar für alle die Zugehörigkeit Tibets zu China zeigen.

Chinas neuer Kampf gegen die Klöster

Nach den Unruhen in den Jahren 1987 bis 1989 wurde die Kontrolle über die Klöster wieder verschärft. Sogenannte Arbeitsgruppen suchten die Klöster in der Umgebung von Lhasa auf, um die dortigen Mönche auf »patriotischen« Kurs zu bringen und ihnen die chinesische Version der tibetischen Geschichte zu indoktrinieren. Beschränkungen der Zahl der Mönche und Nonnen wurden den Klöstern im Gebiet von Lhasa auferlegt; eine Anzahl von Nonnen und Mönche wurde ausgestoßen. Eine neue Fluchtwelle von Mönchen und Nonnen ins Exil nach Indien war die Folge. Die Klöster in den ländlichen Gebieten von Zentraltibet und in den tibetischen Gebieten außerhalb der Autonomen Region blieben dagegen einigermaßen unbehelligt. Dort belebte sich die religiöse Tradition wieder und ebenso der politische Protest gegen die chinesische Politik.

China sah sich weiterhin ständiger internationaler Kritik an seiner Tibet-Politik ausgesetzt und offenbar dadurch veranlaßt, sich nach außen hin günstiger darzustellen. Im November 1993 wurde bekannt, daß am 12. Mai 1993 im Anschluß an Konferenzen in Peking und Lhasa eine ebenfalls geheime chinesische Tibet-Konferenz bei Chengdu in der Provinz Sichuan stattgefunden hatte. In einem dort verfaßten Dokument wurde der Wille geäußert, die Welt über den Anspruch Chinas auf Tibet »aufzuklären und dabei umfassend mit den Mitteln der Propaganda vorzugehen«. Dies sollte hauptsächlich in den »Ländern Westeuropas, den benachbarten Ländern und für Tibeter im Ausland« geschehen, vor allem aber in »jedem Land, in das der Dalai Lama geht!« Das Dokument enthält folgende Vorgabe des stellvertretenden Direktors der Propagandaabteilung des Zentralkomitees der Kommunistischen Partei Chinas, Zeng Jianhui:

> Wir sollten unseren Einflußbereich ausdehnen, insbesondere sollte unsere Propaganda den Lebensmittelpunkt des Westens infiltrieren ... Sollten wir weiterhin tibetische Gelehrte und tibetische Gesangs- und Tanzgruppen zu Vorträgen und auf Vorstellungen ins Ausland schicken ..., sollten die chinesischen Botschaften und Konsulate ... Reden, Fotoausstellungen, spezielle Artikel und andere Formen nutzen, um Propagandaarbeit auszuführen ...[166]

Die 3. Arbeitskonferenz über Tibet vom Juli 1994 griff die religiöse

Entwicklung in den ländlichen tibetischen Gebieten auf. Der Dalai Lama und seine »Clique« wurden zum neuen, in grellen Farben gemalten Feindbild: Ihr Einfluß sei »die Wurzel« von Tibets Instabilität und ein Widerspruch »zwischen uns und einem Feind«. Diesem »Feind« wurde der »Kampf« angesagt, und zwar nicht als einer Frage des religiösen Glaubens oder der Autonomie, sondern als einer »Angelegenheit der Sicherung der Einheit unseres Landes und des Widerstands gegen das Spaltertum«.[167]

Die neue politische Linie bezweckte aber nicht nur eine strengere Kontrolle über die Klöster, um den Einfluß des Dalai Lama zu unterbinden, sondern sie führte auch zu einer Kampagne gegen den religiösen Glauben und die religiöse Praxis bei den tibetischen Kadern. Gerade die religiösen Aktivitäten von Parteimitgliedern wurden von der Konferenz als ein Hauptproblem im Bereich der Religion identifiziert.

Das Programm der 3. Arbeitskonferenz schlug sich im religiösen Bereich in fünf Hauptpunkten nieder:

- Kontrolle über die Auswahl der Mitglieder der Verwaltungskomitees der Klöster,
- Durchsetzung des Bauverbots von religiösen Gebäuden ohne offizielle Genehmigung,
- Beschränkung der Zahl von Mönchen und Nonnen in jedem Kloster und deren Umerziehung mit anschließender Registrierung,
- Aufforderung an jeden Mönch und jede Nonne, den Dalai Lama öffentlich anzuklagen.

Die Richtlinien wurden sehr bald in die Tat umgesetzt. Im März 1995 wurde öffentlich angekündigt, daß »überbelegte Klöster ihr Zuviel beseitigen« müßten.[168] Die Maßnahme zielte darauf ab, die religiösen Belehrungen weiter zu behindern, die ohnehin schon dadurch stark beeinträchtigt waren, daß ein Mangel an geeigneten Lehrmeistern in Klöstern und an religiösen Texten bestand – eine Folge der Vernichtungskampagnen aus der Zeit vor 1979. Genau diesen Zweck verfolgten beispielhaft Anordnungen des Büros für religiöse Angelegenheiten gegenüber einem ländlichen Kloster in der Nähe von Lhasa, daß nämlich »Lehren von einem Lama nicht ohne Genehmigung dieses Büros gegeben werden dürften und daß Mönche von jedem anderen Kloster die Genehmigung haben müssen, solchen Unterweisungen beizuwohnen«[169]. Das besondere Augenmerk galt nun der Linientreue der Kader, also Parteimitgliedern und allen Regierungsbediensteten wie etwa Schullehrern. Ausdrücklich wurde angeordnet, daß »die Politik der Religionsfreiheit sich nicht auf Parteimitglieder erstreckt – kein Parteimitglied darf an eine Religion glauben«. Im Gegenteil, an die Parteimitglieder erging der Aufruf zum aktiven Kampf gegen die Religion: »Kommunisten haben eine Pflicht, den Atheismus im Volk zu propagieren und diesem zu helfen, den religiösen Einfluß allmählich abzuwerfen«.[170]

Wenig bekannt geworden ist bisher die Schärfe folgender Anordnungen der Regierung von Lhasa vom Oktober 1994: »Parteimitglieder und Kader dürfen ihre Kinder nicht auf Schulen schikken, die von der Verwaltung ›des Abtrünnigen‹ betrieben werden. Diejenigen, die ihre Kinder nicht zurückbringen, werden bestraft gemäß den Bestimmungen der kommunistischen Partei und durch den politischen Prozeß.«[171]

Die Drohung richtete sich gegen diejenigen Eltern, die die Trennung von ihren Kindern in Kauf nahmen und sie ins Exil nach Indien fliehen ließen, um ihnen eine traditionelle tibetische Erziehung zu ermöglichen – dort in den von der tibetischen Regierung im Exil gegründeten Schulen.

Zusätzlich wurde den Parteimitgliedern und Kadern ausdrücklich der Besitz von Fotografien und anderen Abbildungen des Dalai Lama verboten mit dem Zusatz: »Dies ... gilt auch für alle pensionierten Parteimitglieder und Kader im Ruhestand.«[172]

Die Kampagne gegen den Dalai Lama, die ihn erstmals auch in seiner Eigenschaft als religiöses Oberhaupt attackierte, dehnte sich im April 1996 weiter aus: Jetzt wurden auch alle Darstellungen von Fotografien an öffentlichen Stellen überhaupt verboten, nicht nur in Klöstern, sondern etwa auch in Hotels. Es kam sogar zu Durchsuchungen von Privathäusern, wenngleich dies damals die Ausnahme blieb.

Im Jahr 1996 begann aber noch eine weitere Kampagne: Die Kommunistische Partei der tibetischen Autonomen Region verkündete die »Patriotische Erziehungskampagne« in den Klöstern. Nun schwärmten Arbeitsgruppen in Zentraltibet und in den tibetischen Gebieten außerhalb der Autonomen Region aus. Sie hatten die Aufgabe, die neuen Bestimmungen durchzusetzen. Die ersten Arbeitsgruppen wurden in den drei großen Klöstern Ganden, Sera und Drepung eingesetzt, um die Mönche zu registrieren und um drei Monate lang Umerziehung vorzunehmen. Das Ausmaß und die Energie der Kampagne wird schon daran deutlich, daß die im Kloster Drepung eingesetzte Arbeitsgruppe 200 Mann stark war. Die Kampagne rief heftigen Widerstand hervor. Anfang Mai 1996 kam es im Kloster Ganden sogar zu Kämpfen, als die Umerziehungsgruppe verlangte, Fotografien des Dalai Lama zu entfernen. Am Abend des 6. Mai bezogen Truppen mit Lastwagen auf den umliegenden Hügeln Stellung, feuerten wahllos in die Tempelanlagen und verletzten drei Mönche, von denen einer gestorben sein soll.[173]

Es folgte eine Reihe von Verhaftungen; das Kloster wurde dann sogar vorübergehend geschlossen. Auch in Sera und Drepung protestierten die Mönche, dennoch wurde die Kampagne auf die Klöster in der ganzen Autonomen Region ausgedehnt.

Im Kloster Sakya wurde die Umerziehung mit belehrenden Plakaten unterlegt in der Form:

> Was ist unsere Position hinsichtlich des Kampfes mit der Dalai-Clique? Antwort: Unsere Position hinsichtlich des Kampfes mit der Dalai-Clique ist es, eine klare Haltung einzunehmen, daß Tibet ein untrennbarer Teil von China ist.[174]

Im August 1996 begannen Vertreibungen von Mönchen aus den Klöstern, und zwar in Ganden. Ein Zeuge berichtet, daß die Mönche sich versammeln mußten, »umrundet von etwa 200 Soldaten, die mit ihren Gewehren auf uns zielten«. Die Mönche, die das Kloster verlassen mußten, hatten sich innerhalb von etwa 1 ½ Stunden reisefertig zu machen und wurden dann an ihre Geburtsorte zurückgeschickt. Bis Ende 1996, so wird geschätzt, wurden mehrere hundert Mönche aus ihren Klostern in Tibet vertrieben.[175]

In manchen Klöstern dauerte die Umerziehung auch im Jahr 1997 an. In Ganden wurde eine Polizeistation sogar innerhalb des Klosters errichtet. Die Umerziehung verschärfte sich dann nochmals, als eine landesweite Kampagne »der sozialistischen spirituellen Zivilisation« einsetzte. Dem tibetischen Buddhismus wurde nun die Pflicht auferlegt, sich den Bedürfnissen der Entwicklung einer sozialistischen Gesellschaft anzupassen.

Die Internationale Juristenkommission fordert, wie bereits weiter oben erwähnt, in ihrem Bericht vom Dezember 1997 ein Referendum: teilnehmen sollen Tibeter und alle Personen und deren Nachkommen, die bereits vor 1950 in Tibet ihren Wohnsitz hatten, sowie die über 100 000 Tibeter im Exil. Durchgeführt werden soll es in allen Gebieten, die früher zu Tibet gehört haben. Insbesondere wird in dem Bericht, gegen den die chinesische Regierung umgehend protestierte, auf die verstärkten Versuche, das tibetische kulturelle Erbe zu beseitigen, hingewiesen. Als einen ersten Schritt empfiehlt die Internationale Juristenkommission der chinesischen Regierung, die Aufnahme von Gesprächen mit der tibetischen Exilregierung über die Tibet-Frage, basierend auf dem Willen der tibetischen Bevölkerung, und eine Zusammenarbeit mit der UN über den Schutz der Menschenrechte in Tibet.[176]

Seit dem Chinabesuch Clintons im Juli 1998 ist Bewegung in die seit Jahren festgefahrene Tibet-Frage geraten. Zwei Monate später sind in China alle Reden und Äußerungen des US-Präsidenten vor und während seiner Chinareise veröffentlicht worden, einschließlich des kompletten Wortlauts der öffentlichen Debatte Clintons mit Chinas Parteichef Jiang Zemin. In dieser am 27. Juni live übertragenen Debatte – die danach in Chinas Medien unerwähnt blieb – hatte der US-Präsident das Massaker vom Tiananmen-Platz vom 4. Juni 1989 verurteilt und die chinesische Regierung zu einem Dialog mit dem Dalai Lama aufgefordert.

Das Buch »Die Chinareise Clintons«, berichtet der Korrespondent Johnny Erling am 31. August aus Peking, ist im anerkannten Verlag der Sozialwissenschaften mit einer Startauflage von 10000 Exemplaren erschienen. Es sorgte sofort für Aufsehen. Bereits auf dem Titelblatt kündigt es die Dokumentation der »freundschaftlichen Debatte« an, die beide Präsidenten über die Fragen »Menschenrechte, 4. Juni und Tibet« geführt hatten. Die Buchrückseite schmückt ein Zitat Clintons, er glaube daran, daß Jiang und Premier Zhu Rongji China als Demokratie ins 21. Jahrhundert führen werden. Noch provokanter wirkt Clintons Einsatz für Tibet: »Der Dalai Lama ist ein rechtschaffener Mann. Ich glaube, daß Jiang und er sich mögen würden, wenn sie zusammentreffen könnten.« Jiang wird mit den Worten zitiert, seine Regierung wolle Menschenrechte fördern, sowie mit dem Satz: »Ich bin Kommunist und Atheist. Dies hindert mich nicht, Achtung vor der Religionsfreiheit in Tibet zu hegen.«[177]

Durchaus neue Töne aus Peking in puncto Tibet. Jiang Zemin hatte seinerzeit auf Clintons Vorschlag nach Aufnahme eines Dialogs mit dem im indischen Exil lebenden tibetischen Oberhaupt geantwortet, er sei zu einem Dialog bereit, allerdings müsse der Dalai Lama die Souveränität der VR China über Tibet und Taiwan anerkennen. Auffällig war, daß Jiang Zemin den Dalai Lama nicht als »Spalter« bezeichnete, offizieller politischer Sprachgebrauch in Peking seit Anfang der neunziger Jahre.

Daß Jiang Zemin vom Dalai Lama ein Bekenntnis bezüglich der Zugehörigkeit Taiwans zu China verlangte, war ein Novum. Es hatte zum Hintergrund die in den letzten Jahren erfolgte Annäherung zwischen der exiltibetischen Regierung und der Inselrepublik. Das tibetische Oberhaupt seinerseits erkannte aber die durch den Clinton-Besuch gesetzten Zeichen der Zeit und kam umgehend der Aufforderung Jiang Zemins nach und verschob einen geplanten Besuch in Taiwan auf unbestimmte Zeit. Gleichzeitig unterstrich er erneut, daß er nicht mehr auf eine Unabhängigkeit Tibets bestehe, im Gegensatz zu Teilen des tibetischen Exils, die in dieser Frage sich nicht kompromißbereit zeigen. Schon seit Jahren favorisiert er ein Lösungsmodell für die Tibet-Frage, das auf Basis der Umsetzung von Menschenrechten für eine reale Autonomie für sein Land innerhalb der chinesischen Grenzen plädiert, wobei die chinesische Zentralregierung die Zuständigkeit für alle außenpolitischen Belange erhält. Schätzungen zufolge würde bei einem derartigen Kompromiß circa zwei Drittel der Tibeter im Exil den Dalai Lama unterstützen, ein Drittel – vor allem Jugendliche – sich dagegen aussprechen.

In seinem Buch »The Snow Lion and the Dragon – China, Tibet and the Dalai Lama« hat der amerikanische Tibetologe Melvyn C. Goldstein eine neue realpolitische Kompromißlösung für Tibet vorgeschlagen, die Eckpfeiler der US-Politik gegenüber China werden solle.[178] Die in den achtziger Jahren entwickelte Strategie des Dalai Lama, über eine Internationalisierung der Tibet-Frage Druck auf die chinesische Regierung auszuüben in Richtung auf ein Eingehen auf die tibetischen Forderungen, sei fehlgeschlagen, im Gegenteil, durch die harsche Antwort der chinesischen Regierung und das Ablehnen jeden Dialogs hätte diese Politik in eine Sackgasse geführt. Zwar hätte der Dalai Lama beträchtliche internationale Unterstützung gewonnen, zugleich seien aber seine Möglichkeiten, real auf die Entwicklungen in Tibet selbst Einfluß zu nehmen, zurückgegangen. Die Erfolge an der internationalen Front hätten sich als Pyrrhussiege erwiesen; die Voraussetzungen von tibetischer Seite, zu einer akzeptablen Lösung des Tibet-Problems mit seinem reicheren und stärkeren Nachbarn zu gelangen, seien heute schlechter denn je. Goldstein schlägt eine Kompromißlösung vor, die Schaffung eines wahrhaft »ethnischen« Tibet innerhalb eines Rahmens, den Peking zu akzeptieren bereit sei – das bedeutet, ohne das bestehende kommunistische System zu ändern. Sein Vorschlag läuft auf eine »kulturell-ethnische« Lösung hinaus, die von beiden Seiten Kompromisse erfordere (und deren Umsetzung von beiden Konfliktparteien gemeinsam ausgearbeitet und umgesetzt werden müsse): von China die Wiederherstellung Tibets als sprachlicher und demographischer Einheit, eine gewisse politische Autonomisierung durch die Ernennung von Tibetern in alle führenden Positionen, so daß der Anteil der Tibeter an den Funktionären auf bis zu 90 Prozent steige; die umfassende Anwendung der tibetischen Sprache in allen Bereichen und die Aufgabe von Restriktionen gegenüber den Klöstern. Bei Beibehaltung der Betonung der wirtschaftlichen Entwicklung müsse gleichzeitig die Zahl der Chinesen in Tibet reduziert werden; ein vernünftiges Ziel sei die allmähliche Rückkehr zu einer demographischen Situation wie vor dem Aufstand 1959, als die Mehrzahl der ländlichen und städtischen Bevölkerung tibetisch war. Am Ende dieses Prozesses wäre Tibet wieder vorwiegend tibetisch in Kultur, Sprache und Bevölkerung. Die weitergeführte Modernisierung würde jetzt von Tibetern betrieben werden, wenn auch »kommunistischen«. Ein solches Tibet fände die Billigung der Mehrheit der Tibeter. Falls China sich ähnlich wie Taiwan demokratische Institutionen einschließlich eines Mehrparteiensystems schaffte, könnte die politische Führung in Tibet ihre Basis noch verbreitern. Goldsteins Vorschlägen liegen zwei Annahmen zugrunde: die Umwandlung Tibets in eine moderne Gesellschaft ist kompatibel mit der Bewahrung der traditionellen tibetischen Kultur; politische Freiheit im westlichen Sinne ist sekundär gegenüber der Erhaltung ethnischer, demographischer und kultureller Homogenität.

Größtes Hindernis für dieses Lösungsmodell ist die Forderung des tibetischen Exils nach Schaffung eines Großtibet, das neben Zentraltibet – der heutigen Autonomen Region – auch die ehemaligen tibetischen Provinzen Kham und Amdo umfaßt, die heute auf die chinesischen Provinzen Qinghai, Gansu und Sichuan aufgeteilt sind. Während die Regierung der VR China unter Tibet nur die Autonome Region begreift – und auch Goldsteins Vorschläge beziehen sich ausschließlich darauf –, ist für Tibeter mit Tibet als Basis ihrer Vorstellungen von Selbstbestimmung in Form von Unabhängigkeit oder Autonomie immer dieses Großtibet gemeint. Goldstein schlägt vor, daß Peking gleichzeitig auch in den tibetischen Regionen außerhalb der Autonomen Region ähnliche Änderungsprozesse initiieren solle, während beide Seiten sich dahingehend verständigen sollen, eine eventuelle Vereinigung Großtibets auf fünf bis zehn Jahre zu verschieben, bis Vertrauen und Respekt aufgebaut worden sind.

Eine solche »kulturell-ethnische Lösung« berge natürlich Gefahren und Risiken für Chinas strategische Position auf dem Hochland, da die starken antichinesischen Gefühle bei größeren Freiheiten leicht in proseparatistische Tendenzen umschlagen könnten. Und gerade hier sei der Dalai Lama gefordert, denn nur er mit seinem Ansehen unter den Tibetern könne die nötige Vermittlungsarbeit leisten. Seine Rückkehr nach China/Tibet sei gefordert bei gleichzeitiger Anerkennung der Souveränität Chinas über Tibet. Er müsse sein ganzes Charisma in die Waagschale werfen, um kooperative und harmonische Beziehungen zwischen Tibetern und Nicht-Tibetern aufzubauen, und insbesondere auf die Tibeter einwirken, Widerstandsaktionen gegen China einzustellen und zu akzeptieren, daß ein wahres Tibet auch innerhalb Chinas möglich sei und daß es ein Teil Chinas ist.

Dieser Kompromißvorschlag würde viel vom Dalai Lama verlangen, denn, das sieht Goldstein richtig, in der tibetischen Exilgemeinschaft wäre nur schwer ein Konsens herzustellen; der Dalai Lama müßte über weite Strecken allein auf sich gestellt agieren ohne seine Exilregierung und er müßte der chinesischen Regierung vorab einseitig deutliche Signale seiner Bereitschaft senden, bestimmte Vorbedingungen zu akzeptieren, um in eine Phase der Kooperation zur Realisierung einer ethnisch-kulturellen Autonomie Tibets einzutreten.

Aufgrund des jahrzehntelang aufgehäuften Mißtrauens und dem Vorherrschen konfrontativer Muster sei es gegenwärtig eher unwahrscheinlich, daß beide Parteien, auf sich allein gestellt, den Konflikt entlang der skizzierten Kompromißlinie auf dem Verhandlungswege lösen. Ein Katalysator von außen sei vonnöten, und das könnten die USA sein, oder auch stellvertretend ein bevollmächtigtes Land wie Norwegen oder die Mongolei. Auf alle Fälle müßten die USA nach beiden Seiten hin als eine Art Garantiemacht auftreten, die die gemachten Zusagen absichert und die ausgehandelten Kompromisse gegen die unverbesserlichen Fundamentalisten in allen Lagern verteidigen müßte. Ein Erfolg würde nicht nur die Lage der Tibeter in Tibet verbessern, sondern auch die Tibet-

Frage als internationales Problem entschärfen. Die VR China könnte das Kapitel Tibet schließen, da die Unterstützung aus dem Westen für eine Unabhängigkeit Tibets mit der Annahme einer solchen »ethnisch-kulturellen« Autonomielösung durch den Dalai Lama aufhören würde. Für diesen wiederum liefe die Realisierung eines Kompromisses darauf hinaus, noch zu seinen Lebzeiten eine wahre und homogene ethnische und kulturelle Heimat für sein Volk erreicht zu haben.

Diese hier kurz umrissenen Vorschläge von Melvyn Goldstein weisen realpolitisch gesehen – d.h. unter der Voraussetzung der Beibehaltung der gegenwärtigen internationalen Kräfteverhältnisse und einer langfristigen relativen Stabilität des kommunistischen China – viele Elemente eines möglichen Kompromisses und einer zukünftigen Lösung des Tibet-Problems auf. So betrachtet, hatte Clintons Besuch in China diesbezüglich durchaus eine initiierende Katalysatorfunktion.

Die große Schwäche von Goldsteins Vorschlag ist, daß gegenwärtig und auf absehbare Zeit die Person des Dalai Lama alleiniger Garant und Eckstein für ein eventuelles Zustandekommen ist. Ein plötzlicher Tod des Dalai Lama würde alles in Frage stellen. Zudem ignoriert er, daß der tibetische Nationalismus, der sich als Reaktion auf die chinesische Besatzung entwickelte, auch eine Entwicklung demokratischer Vorstellungen unter den Tibetern, insbesondere im Exil, mit sich gebracht hat. So werden von ihm Vorschläge etwa nach einem Referendum in Tibet, das auch die Internationale Juristenkommission in Genf aufgegriffen hat, nicht berücksichtigt.

Eine Gruppe von chinesischen Exilintellektuellen hat am 30. April 1998 einen Aufruf veröffentlicht zur Unterstützung des Vorschlags des Dalai Lama auf eine »friedliche Lösung der Tibet-Frage«. Darin fordern sie von der chinesischen Regierung eine erneute Beurteilung der Ereignisse von Lhasa im Jahr 1959, direkte Gespräche zwischen der chinesischen Regierung und dem Dalai Lama oder dessen Delegierten, die Rückkehr des Dalai Lama nach Tibet und die Einberufung einer Konferenz zur nationalen Einheit Tibets, auf der ein Entwurf zur »vollständigen Autonomie Tibets« verhandelt wird.[179]

China wird sich mit einer wie auch immer gearteten Autonomieregelung für Tibet schwer tun, kommt es zu Verhandlungen zwischen der tibetischen Exilregierung und dem Dalai Lama auf der einen Seite und der chinesischen Regierung auf der anderen Seite. Goldsteins Plan setzt darauf, daß der Dalai Lama unter Umgehung der tibetischen Exilregierung eine Kompromißlösung mit China realisiert, was aber den mühsam im Exil aufgebauten demokratischen Strukturen zuwiderläuft. Des weiteren verfügt die exiltibetische Seite über inhaltlich sehr weitreichende Vorschläge für eine Autonomie, die politische, kulturelle und religiöse Aspekte ebenso umfaßt wie ökologische und sicherheitspolitische. Zu denken ist hier etwa nur an den nach wie vor im Raum stehenden Vorschlag des Dalai Lama zur Schaffung einer entmilitarisierten Friedenszone auf dem Dach der Welt und zur Wiederherstellung eines ökologischen Gleichgewichts in der Himalajaregion, das so nachhaltig von den Chinesen zerstört wurde. Daß die massive Abholzung am Oberlauf des Yangzi – er liegt in Tibet – zu schweren Katastrophen führen könne, das haben die Tibeter schon seit Jahren behauptet. Nach den schweren Überschwemmungen am Yangzi hat dies jetzt auch die chinesische Regierung offiziell eingeräumt. Die im Buddhismus wurzelnden und an ökologischen Zielen orientierte Politik des Dalai Lama ist der ausschließlich an hohen Wachstumsraten orientierten chinesischen Wirtschaftspolitik diametral entgegengesetzt.

Die Tibet-Frage, darin ist Melvyn Goldstein zuzustimmen, hat einen gefährlichen Wendepunkt erreicht, denn die chinesische Politik der letzten Jahre legt es darauf an, Tibet unwiderruflich und endgültig zu ändern, was aus der Sicht des Dalai Lama und der Tibeter zu einem Untergang ihrer Kultur und der einzigartigen Ökoregion auf dem Hochland führen könnte. Gleichzeitig führt diese chinesische Politik langfristig sicher nicht zu den angenommenen Zielen, sondern wird Wut und Ärger, Frustration und Feindschaft anwachsen lassen. Der Dalai Lama muß eine substantielle Kompromißlösung finden, will er Tibet als tibetisches Gebiet für künftige tibetische Generationen bewahren. Die Alternative dazu wäre im Falle eines Scheiterns eine wachsende Bereitschaft zur Gewalt, die schon heute vor allem bei Jugendlichen im Exil zu finden ist.

Es ist nahezu in Vergessenheit geraten, daß dem Aufstand vom März 1959 ein mehrjähriger bewaffneter Guerillakrieg der osttibetischen Khampas gegen die Chinesen vorausging, der von weiten Teilen der Bevölkerung unterstützt wurde. Es ist ein Mythos, daß die Tibeter, weil buddhistisch, per se friedlich seien. Endete dieser Aufstand gegen die totalitäre maoistische Politik der

Zwangsassimilierung in einem Blutbad und zog er in der Kulturrevolution einen Völkermord nach sich, so wären heute bei bewaffneten Auseinandersetzungen die Chancen viel ungleicher verteilt; die infrastrukturelle militärische Erschließung Tibets ist gegenüber früher weit vorangeschritten. Die westlichen Regierungen, allen voran die USA, werden diesbezüglich auf die chinesische Regierung einwirken müssen, damit diese ihre konfrontative Haltung verläßt. Der Dalai Lama hat schon mehr als deutlich seine Bereitschaft zum Finden einer Kompromißlösung signalisiert. Ein erneutes Blutvergießen möchte er unter allen Umständen vermeiden. Vom Dalai Lama und den Tibetern wird im Falle einer Kompromißlösung viel verlangt werden. Die Wunden der Vergangenheit sitzen tief. Der chinesischen Seite wird man entsprechend einiges abverlangen müssen, denn sie ist der alleinige Verantwortliche für die gegenwärtige Situation in Tibet.

Der Versuch, den tibetischen Nationalismus auszulöschen, ist mißlungen. Nicht nur daß das Ansehen des Dalai Lama in Tibet – trotz Verboten wie dem Verbreiten seiner Fotos – weiterhin ungebrochen ist, im Mai 1998 kam es erneut zu einer Revolte im Gefängnis Drapchi bei Lhasa, die blutig niedergeschlagen wurde.

Drapchi – »das Gefängnis Nummer eins in ganz Tibet«, so der Mönch Palden Gyatso in seinen Erinnerungen. Von 1964-1975 und von 1988-1992 war er dort inhaftiert gewesen. Die Grausamkeiten und den alltäglichen Terror in Drapchi – wie auch in anderen Gefängnissen – schildert Palden Gyatso eindringlich; ein Beispiel vom August 1991, als sämtliche politischen Gefangene sich im Gefängnis vor dem Büro versammelt hatten, um Auskunft über das Verbleiben von Mithäftlingen zu verlangen:

> Jetzt stürmten die Soldaten auf uns zu. Einige hatten Gewehre mit aufgepflanztem Bajonett, andere lange elektrische Schlagstöcke in der Hand. Sie schienen es auf die jüngeren Häftlinge abgesehen zu haben. Ein Junge namens Bhurbu, der vorn stand, drehte sich um, um wegzulaufen, doch ein Soldat stieß ihm sein Bajonett in den Hinterkopf. Blut sprudelte aus der Wunde, und Bhurbu stürzte zu Boden. Ich war wie gelähmt, doch dann spürte ich, wie ein Gewehrkolben auf meinem Rücken landete, und sackte keuchend zusammen.[180]

Trotz der Brutalität, mit der die Behörden der Aufsässigkeit der Häftlinge begegneten, gelang es ihnen nicht, diese einzuschüchtern. Im Gegenteil. Die ganzen neunziger Jahre über hielten die

Proteste im Gefängnis Drapchi an. Hier sind bis auf den heutigen Tag die meisten politischen Gefangenen untergebracht (meist Mönche und Nonnen, insgesamt 520, davon 250 Frauen).

Im Juli 1997 begannen sechs Nonnen einen Hungerstreik, den sie nach fünf Tagen zu beenden gezwungen wurden. Eine der Nonnen hatte die Feierlichkeiten zur Übernahme Hongkongs mit Rufen nach der Unabhängigkeit Tibets gestört. Sie kam sofort in Isolationshaft. Alle sechs Nonnen waren am 11. Dezember 1993 inhaftiert worden, nachdem sie für die Unabhängigkeit Tibets demonstriert hatten. Ihr Kloster Shugseb, 60 Kilometer von Lhasa entfernt, wurde einer Umerziehung unterworfen. Die Nonnen dort hatten u. a. jährlich anläßlich des 10. März, des Jahrestags des Aufstandes von 1959, protestiert.

Im Februar 1998 riefen einige Mönche und Nonnen bei einem gemeinsamen Fernsehabend aller Gefangenen anläßlich des tibetischen Neujahrsfestes Parolen für die Unabhängigkeit Tibets. Die Haftstrafen der Teilnehmer dieses Protestes wurden verlängert.

Am 1. Mai 1998, dem Internationalen Tag der Arbeit, ließ die Gefängnisverwaltung Häftlinge im Hof zu einer Fahnenehrung antreten. Die Gefangenen sollten hierbei vom Personal des Gefängnisses gefilmt werden und so den Beweis für angeblich »geordnete Verhältnisse« und »Wohlverhalten« liefern. Der Propagandafilm sollte einer erwarteten Delegation von Vertretern der Europäischen Union vorgeführt werden. Ein aus dem Gefängnis Drapchi geschmuggelter Brief schildert, daß ein nichtpolitischer Gefangener, Karma Dawa, begonnen habe, »Freies Tibet« und »Lang lebe der Dalai Lama« zu rufen; zahlreiche Gefangene seien ihm darin gefolgt. Das Gefängnispersonal sei sofort brutal gegen die Menge der versammelten Gefangenen vorgegangen, zumindest ein Mönch (Lobsang Gelek) soll erschossen worden sein, auch Karma Dawa soll ums Leben gekommen sein.

Am 4. Mai, dem »Tag der Jugend«, mußten sich wiederum 500 Häftlinge, Mönche wie Nonnen, ältere wie jüngere, im Hof versammeln, um den Propagandafilm zu drehen. Wieder begannen die Häftlinge, »Freies Tibet« zu rufen und gegen die schlechten Haftbedingungen zu protestieren, gleichzeitig wollten sie ihre Solidarität mit den Hungerstreikenden in Neu-Delhi zum Ausdruck bringen. (Der Tibetische Jugendkongreß wollte damit auf die anhaltend schlechte Lage in Tibet aufmerksam machen. Einen tragischen Höhepunkt fand dieser Hungerstreik in der Selbstverbrennung des 60jährigen Tibeters Thupten Ngodup). Die Rufe seien so laut gewesen, heißt es in dem herausgeschmuggelten Brief, daß »ein Mitglied des Sicherheitspersonals in die Menge schoß. Ein Mönch wurde sofort getötet, ein anderer wurde in die Brust getroffen – seine Überlebenschancen sind gering.«[181]

Die Vorgänge sind von offizieller chinesischer Seite einer Ende August in China weilenden Delegation von Politikern der EU gegenüber bestätigt worden, allerdings mit der Einschränkung, die Gefängniswachen, erschrocken über den Protest, hätten, um die Aufmerksamkeit der Polizei außerhalb des Gefängnisses auf sich zu lenken, in die Luft geschossen. Ums Leben gekommen sei dabei niemand.

Laut Berichten des Tibet International Network sind 11 Menschen ums Leben gekommen: sechs Nonnen, vier Mönche und ein nichtreligiöser Gefangener. Alle Gefangenen, die an den Protesten teilgenommen hatten, seien in Einzelhaft und routinemäßiger Folter ausgesetzt. Da die Kapazitäten in Drapchi nicht dazu ausreichten, die Gefangenen einzeln in fensterlosen Zellen einzusperren, wurden sie zum Teil in andere Gefängnisse transportiert.[182]

Vier der zu Tode gekommenen Nonnen sollen nach Berichten von offiziellen Stellen angeblich Selbstmord begangen haben; über die Umstände wird lediglich berichtet, daß sich eine der Nonnen erhängt, die anderen sich mit einem Schal im Mund selbst erstickt hätten. Allerdings saß jede von ihnen in Einzelhaft, alle sind am gleichen Tag zu Tode gekommen. Mindestens 60 Häftlinge wurden durch Schüsse und Schläge schwer verletzt.[183]

Am 1. Oktober 1999 feiert die Volksrepublik China ihr fünfzigjähriges Bestehen. Am 10. März 1959 – vor vierzig Jahren – erhoben sich die Tibeter gegen die chinesischen Kommunisten. Der Aufstand wurde niedergeschlagen – der Widerstand hielt all die Jahre an, auch unter den widrigsten Umständen. Der Dalai Lama hat aus den Ereignissen von 1959 und der darauffolgenden brutalen Unterdrückung während der Kulturrevolution die Konsequenz gezogen, eine gewaltfreie Lösung des Tibet-Problems anzustreben. Dabei ist er auch zu substantiellen Zugeständnissen gegenüber China bereit. Lassen wir ihm das Schlußwort mit dem Ende seiner Botschaft zum 39. Jahrestag des tibetischen Volksaufstandes am 10. März 1998:[184]

Ich bin weiterhin der Überzeugung, daß mein Ansatz des »Mittleren Weges« der realistischste und pragmatischste Weg ist, um die Tibet-Frage friedlich zu lösen. Dieser Ansatz vertritt die wichtigsten Interessen des tibetischen Volkes, während er gleichzeitig Einheit und Stabilität der Volksrepublik China sichert. Deshalb werde ich mich weiterhin mit vollem Engagement für diesen Weg einsetzen und mich ernsthaft bemühen, mit der chinesischen Führung Kontakt aufzunehmen.

Mit meiner Huldigung all jener tapferen Männer und Frauen Tibets, die für die Freiheit Tibets gestorben sind und mit einem Gebet für ein schnelles Ende des Leidens unseres Volkes und für den Frieden und das Wohlergehen aller fühlenden Wesen.

Anmerkungen

I.

1 Zit. nach: Das Licht Tibets. Leben und Welt des spirituellen Meisters Khyentse Rimpoche, Frankfurt am Main 1998, S. 40.
2 Ebd.
3 Frankfurter Allgemeine Zeitung, 31. Juli 1998.
4 Zit. nach: Das Licht Tibets, a. a. O., S. 41.
5 Clemens Kuby, Ulli Olvedi, Living Buddha. Die siebzehnte Wiedergeburt des Karmapa in Tibet, München 1994, S. 188.
6 Dalai Lama, Das Buch der Freiheit. Die Autobiographie des Friedensnobelpreisträgers, 5. Auflage, Bergisch Gladbach 1993, S. 288.
7 Vgl. Dalai Lama, Tibet – Ort der Götter, Tal der Tränen, Freiburg 1996, S. 86, und Hans Mäder, Tibet – Land mit Vergangenheit und Zukunft, Zürich 1997, S. 143.
8 Das Licht Tibets, a. a. O., S. 99.

II.

1 Dalai Lama, Mein Leben und mein Volk. Die Tragödie Tibets, München 1962, S. 52 f.
2 Gautama Buddha, Die vier edlen Wahrheiten. Texte des ursprünglichen Buddhismus, herausgegeben und übertragen von Klaus Mylius, München 1985, S. 203 f.
3 Alle Zitate ebd., S. 204 f.
4 Dalai Lama, Ausgewählte Texte, München 1987, S. 95.
5 Palden Gyatso, Ich, Palden Gyatso. Mönch aus Tibet, Bergisch Gladbach, 1998, S. 35 f.
6 Stephen Bachelor, Der Große Tibetführer. Berwang/Tirol, 1988, S. 64 ff.
7 Dalai Lama, Mein Leben und mein Volk. Die Tragödie Tibets, München 1962, S. 199.
8 Stephen Bachelor, a. a. O., S. 63 f.
9 Mircea Eliade, Ioan P. Culianu, Handbuch der Religionen, Frankfurt am Main 1995, S. 300.
10 Ebd., S. 276 f.
11 »Das Wesen des Tantra« in: Jeffrey Hopkins (Hg.), Tantra in Tibet. Das geheime Mantra des Tsong-ka-pa, eingeleitet vom 14. Dalai Lama, Köln 1987, S. 66.
12 Ebd., S. 43 f.
13 Ebd., S. 141.
14 Vgl. dazu und im folgenden Geoffrey Samuel, Civilized Shamans, Washington, London, 1992, S. 233 ff.

15 Ebd. ausführlich.
16 Tibet und Buddhismus, 3/1991, S. 29.
17 Heinrich Harrer, Sieben Jahre in Tibet, Berlin 1980, S. 164 f.
18 Vgl. dazu Wang Furen and Suo Wenqing, Highlights of Tibetan History, Beijing 1984, S. 90.
19 Vgl. Melvyn C. Goldstein, The Snow Lion and the Dragon. China, Tibet and the Dalai Lama, Berkeley und Los Angeles 1997, S. 10.
20 Liebeslieder des Dalai Lama, übersetzt, mit Anmerkungen und einem Nachwort von Dieter Back versehen, Freiburg 1986, S. 121.
21 Vgl. dazu Ya Hanzhang, The Biographies of the Dalai Lamas, Beijing 1991, S. 105 f.
22 Zit. und übersetzt aus: Warren W. Smith, Tibetan Nation. A History of Tibetan Nationalism and Sino-Tibetan Relations, Boulder, Colorado 1996, S. 229 f.
23 Dalai Lama, Mein Leben und mein Volk. Die Tragödie Tibets, München 1962, S. 16 ff.
24 Vgl. dazu M. C. Goldstein, A History of Modern Tibet, 1913-1951, Berkeley and Los Angeles 1990, S. 314-329. Nach Angaben des Department of Information & International Relations der tibetischen Exilregierung im indischen Dharamsala hat am 31. Juli 1989 Ngabo Nawang Jigme, Vizevorsitzender des Ständigen Ausschusses des chinesischen Volkskongresses, gesagt: »Letztes Jahr habe ich bereits auf einem Treffen des Instituts für Tibetologie darüber und über meine Einschätzungen der entsprechenden Dokumente der Guomindang geredet. Ich sagte, daß wir, die Kommunistische Partei, nicht Lügen zu erzählen brauchen, die auf Lügen der Guomindang basieren. Damals sagte Genosse Chang Feng des Ministeriums für Einheitsfront: ›In Zukunft werden wir nicht mehr behaupten, daß Wu Zhongxin den offiziellen Vorsitz während der Inthronisation des 14. Dalai Lama innehatte.‹«
25 Zit. nach Petra Kelly, Gert Bastian, Klemens Ludwig (Hg.), Tibet klagt an. Zur Lage in einem besetzten Land, Wuppertal 1990, S. 221 ff.
26 Sabrina Debringhaus, Das Qing-Imperium als Vision und Wirklichkeit. Tibet in Laufbahn und Schriften des Song Yuan (1752-1835), Stuttgart 1994, S. 157 ff.
27 Vgl. dazu Melvyn C. Goldstein, The Snow Lion and the Dragon. China, Tibet and the Dalai Lama, Berkeley und Los Angeles 1997, S. 100 ff.
28 Jiu Shi Nian Dai 3/1996, S. 9.
29 Tibet und Buddhismus, 4/1992, S. 25.
30 Wilhelm Klingenberg, Tibet, Erfahrungen auf dem Dach der Welt, Frankfurt am Main 1997, S. 136.
31 Vgl. zu der Geschichte der Karmapas das Buch von Clemens Kuby und Ulli Olivedi zum gleichnamigen Film: Living Buddha. Die siebzehnte

Wiedergeburt des Karmapa in Tibet, München 1994, insbesondere S. 225 ff.

32 Vgl. dazu: Edward Conze, Eine kurze Geschichte des Buddhismus, Frankfurt am Main 1984, S. 151 ff.

33 Unsere Darstellung basiert im wesentlichen auf der Beschreibung tibetischer Gesellschaften in: Geoffrey Samuel, Buddhism in Tibetan Societies, Washington 1992, S. 40 ff. und M. C. Goldstein, A History of Modern Tibet 1913-1951, Berkeley und Los Angeles 1991, S. 1 ff.

34 International Herald Tribune, 27./28. Juni 1998, S. 5.

35 Meyers Großes Konversations-Lexikon, Leipzig und Wien, 6. Aufl. 1909, 19. Band, S. 523.

36 Der Spiegel, 28. August 1948.

37 Zit. nach International Commission of Jurists, Tibet: Human Rights and the Rule of Law, Genf 1997, S. 275.

38 A. a. O., S. 81.

39 A Poisoned Arrow. The Secret Report of the 10th Panchen Lama, Tibet Information Network, London 1997, S 57.

40 Stefan Simons in: Der Spiegel 9/1987, S. 157.

41 Tibet-Forum 3/1995, S. 13.

42 Jetsun Pema, Zeit der Drachen. Die Autobiographie der Schwester des Dalai-Lama, Hamburg 1997, S. 199.

43 Dalai Lama, Mein Leben und mein Volk. Die Tragödie Tibets, München 1982, S. 52.

44 H.E. Richardson, Tibet. Geschichte und Schicksal, Frankfurt am Main 1964, S. 26.

45 Dalai Lama, a. a. O., S. 50.

46 Ebd.

47 Ebd., S. 44.

48 Zit. nach Melvyn C. Goldstein, A History of Modern Tibet 1913-1951, Berkeley und Los Angeles 1991, S. 2.

49 Dalai Lama, a. a. O., S. 48.

50 Ebd., S. 51.

51 Ebd.

52 Ebd.

53 Duo Duo, Der Mann im Käfig. China, wie es wirklich ist, Freiburg 1990, S. 124.

III.

1 The Parliamentary Debates (Official Report), Fifth Series – Volume V, First Session of the Twenty-Ninth Parliament of the United Kingdom of Great Britain & Ireland. 10 Edward VII and 1 George V. House of Lords. First Volume of Session 1910, London 1910, Prot. 24.2.1910, Sp. 52.

2 Ebd., Sp. 53, 54.
3 Zit. nach Martin Hürlimann, Peking. Zürich 1976, S. 163.
4 H. E. Richardson, Tibet. Geschichte und Schicksal, Frankfurt am Main 1964, S. 115.
5 Vgl. Melvyn C. Goldstein, The Snow Lion and the Dragon. China, Tibet and the Dalai Lama, Berkeley and Los Angeles 1997, S. 30 ff.
6 Ebd., S. 30 f.
7 Ebd., S. 31.
8 Ebd.
9 H. E. Richardson, a. a. O.
10 Ebd., S. 115 f.
11 Zit. und übersetzt aus: Warren W. Smith, Tibetan Nation. A History of Tibetan Nationalism and Sino-Tibetan Relations, Boulder, Colorado, 1996, S. 229 f.
12 Reginald F. Johnston, Twilight in the Forbidden City, Hongkong 1985, (Nachdruck von 1934), S. 20 f.
13 Mao Tsetung, Ausgewählte Werke Band II, Peking 1978, S. 353 f.
14 Vgl. Dru C. Gladney, Muslim Chinese, Ethnic Nationalism in the People's Republic, Cambridge, London 1991, S. 88 f.; unsere Übersetzung aus dem Original, das wir im Zentralen Institut für Nationale Minderheiten in Peking erhalten haben; als Datum für diese Anweisung ist der 10. Oktober 1949 angegeben; bei Gladney wird nach einer Xinhua-Meldung vom 20.10.1949 zitiert. (Diese Weisung ist erst 1980 bekannt geworden.)
15 Dalai Lama, Mein Leben und mein Volk. Die Tragödie Tibets, München 1962, S. 71.
16 Ebd., S. 69 ff.
17 Ebd., S. 69 f.
18 Zit. nach Günther Schulemann, Geschichte der Dalai Lamas. Leipzig 1958, S. 444 f.

IV.

1 Beschluß zu einigen Fragen über die Volkskommunen, Dezember 1958, in: Tomson, Su, Regierung und Verwaltung der Volksrepublik China, Köln 1973, 479 ff., hier zitiert nach: Helmut Forster-Latsch, Jochen Noth, Chinas Weg in die Moderne. Anders als Moskau? Frankfurt 1986, S. 98.
2 Ebd.
3 Ebd.
4 Karl A. Wittfogel, Die chinesische Gesellschaft, in: Aus Politik und Zeitgeschichte, Beilage zur Wochenzeitung »Das Dokument«, 14. Mai 1958 (B XIX/58), S. 238.

5 Ralf Dahrendorf, Die Zukunft der Bürgergesellschaft, in: Frankfurter Rundschau, 25. Januar 1992, S. 20.
6 Dalai Lama, Mein Land und mein Volk. Die Tragödie Tibets, München 1962, S. 75 f.
7 Ebd., S. 74.
8 Palden Gyatso, Ich, Palden Gyatso. Mönch aus Tibet, Bergisch Gladbach 1998, S. 74 f.
9 Dalai Lama, a. a. O., S. 79 f.
10 Dalai Lama, a. a. O., S. 96.
11 H. E. Richardson, Tibet – Geschichte und Schicksal, Frankfurt am Main 1964, S. 210.
12 Palden Gyatso, a. a. O., S. 72 ff.
13 Dalai Lama, a. a. O., S. 98 f.
14 Ebd.
15 Vgl. George N. Patterson, China and Tibet: Background to the Revolt, in: China Quarterly, December 1959, S. 87 ff.
16 Michel Peissel, Die Chinesen sind da! Der Freiheitskampf der Khambas, Wien/Hamburg 1973, S. 77-81.
17 George N. Patterson, a. a. O., S. 87 ff.
18 Gompo Tashi Andrugtsang, Four Rivers, Six Ranges, Dharamsala, India, S. 37-39.
19 Peissel, a. a. O., S. 88 f.
20 New York Times, 28. August 1954, vgl. dazu Peissel, S. 91; auch Dawa Norbu, The 1959 Tibetan Rebellion: An Interpretation, in: China Quarterly, März 1979, S. 18.
21 Peissel, a. a. O., S. 91.
22 Ebd., S. 88.
23 Ebd., S. 96.
24 Anna Louise Strong, When Serfs Stood Up in Tibet, Peking, 1960, S. 65-66; deutsche Übersetzung nach Michel Peissel, Die Chinesen sind da!, Der Freiheitskampf der Khambas, Wien/Hamburg 1973, S. 111.
25 Ebd., S. 111.
26 Ebd., S. 110.
27 Ebd., S. 102.
28 Vgl. Peissel, a. a. O., S. 103.
29 Ebd.
30 Trungpa, Ich komme aus Tibet, Mein Leben in der buddhistischen Mönchswelt und die Flucht über den Himalaja, Olten 1970, S. 114.
31 Ebd., S. 122.
32 Ebd., S. 123
33 Trungpa, Ich komme aus Tibet, a. a. O., S. 121 ff.
34 Peissel, a. a. O., S. 125.
35 Ebd., S. 133.
36 Ebd.

37 Dalai Lama, Mein Leben und mein Volk, a.a.O., S. 125.
38 Ebd., S. 126.
39 Ebd., S. 127.
40 Ebd.
41 Ebd., S. 130.
42 Ebd., S. 131.
43 Ebd., S. 142 f.
44 Vgl. dazu ebd., S. 143.
45 Eva Siao, China – Mein Traum, mein Leben, Bergisch Gladbach 1990, S. 226.
46 Ebd., S. 230.
47 Peissel, a.a.O., S. 137.
48 Ebd., S. 135.
49 Dalai Lama, Mein Leben und mein Volk, Die Tragödie Tibets, München 1962, S. 126.
50 Michel Peissel, a.a.O., S. 144 f.
51 Zit. nach: Dawa Norbu, The 1959 Tibetan Rebellion: An Interpretation, in: China Quarterly, März 1979, S. 74 ff.; Uyon Lhan-kang = Vorbereitungskomitee der Autonomen Region Tibet; Ten-sung Mag-mi = Soldaten des Glaubens, die tibetische Armee.
52 Palden Gyatso, Ich, Palden Gyatso, Mönch aus Tibet, Bergisch Gladbach 1998, S. 79 f.
53 Dalai Lama, a.a.O., S. 133.
54 Ebd., S. 135.
55 Ebd., S. 136 f.
56 Palden Gyatso, a.a.O., S. 79 f.
57 Dalai Lama, a.a.O., S. 135.
58 Ebd., S. 138.
59 Peissel, a.a.O., S. 164 f.
60 Dalai Lama, a.a.O., S. 139.
61 Ebd., S. 139 f.
62 Ebd., S. 141.
63 Ebd., S. 141.
64 Zit. nach: Dawa Norbu, a.a.O., S. 74 ff.
65 Dalai Lama, a.a.O., S. 144.
66 Ebd., S. 145.
67 Peissel, a.a.O., S. 169 f.
68 Ebd., S. 170.
69 Dalai Lama, a.a.O., S. 146.
70 Ebd., S. 146.
71 Palden Gyatso, a.a.O., S. 81 ff.
72 Dalai Lama, a.a.O., S. 147.
73 Ebd., S. 148.
74 Ebd., S. 149.

75 Ebd., S. 150.
76 Ebd., S. 155.
77 Ebd., S. 162.
78 Ebd., S. 162.
79 Zit. nach Dawa Norbu, a.a.O., S. 74 ff.
80 Peissel, a.a.O., S. 188 f.
81 Ebd., S. 191.
82 Dalai Lama, a.a.O., S. 163 f.
83 Ebd., S. 163.
84 Ebd., S. 165 f.
85 Ebd.
86 Vgl. dazu: Warren W. Smith, Tibetan Nation. A History of Tibetan Nationalism and Sino-Tibetan Relations, Boulder, Colorado, S. 451.
87 Erlaß des Staatsrats der Volksrepublik China vom 28. März 1959, in: Edgar Tomson, Die Volksrepublik China und das Recht nationaler Minderheiten, Frankfurt am Main 1963, S. 177.
88 Beschluß zur Tibet-Frage vom 29. April 1959, in: Edgar Tomson, a.a.O., S. 179 ff.
89 Ebd., S. 179.
90 Ebd., S. 180.
91 Tibet – Traum oder Trauma, hg. von der Gesellschaft für bedrohte Völker und dem Verein der Tibeter in Deutschland e.V., Göttingen 1987, S. 129.
92 Palden Gyatso, a.a.O., S. 93 ff.
93 Ebd., S. 101.
94 Ebd., S. 95 f.
95 Ebd., S. 97.
96 Ebd., S. 101.
97 Ebd., S. 101.
98 International Commission of Jurists, Tibet: Human Rights and the Rule of Law, Genf 1997, S. 246.
99 Tibet – Traum oder Trauma, a.a.O., S. 129.
100 Trungpa, Ich komme aus Tibet, Olten 1970, S. 175.
101 Zit. nach International Commission of Jurists, a.a.O., S. 53.
102 Bericht des Untersuchungsausschusses juristischer Sachverhalte der Internationalen Juristenkommission zur Lage in Tibet (Genf 1990), hier zit. nach: Tibet – Traum oder Trauma, a.a.O., S. 199 f.
103 Zit. nach International Commission of Jurists, a.a.O., S. 68.
104 A Poisoned Arrow. The Secret Report of the 10th Panchen Lama, in: Tibet Information Network, London 1997; alle folgenden Zitate sind diesem Bericht entnommen und wurden aus dem Chinesischen übersetzt.
105 Ebd.
106 Ebd.

107 Ebd.
108 Zit. nach Helmut Forster-Latsch, Jochen North, Chinas Weg in die Moderne. Anders als Moskau?, Frankfurt am Main 1986, S. 75.
109 Duo Duo, Der Mann im Käfig. China, wie es wirklich ist, Freiburg 1990, S. 16.
110 Ebd., S. 17.
111 Johannes Groß in: Frankfurter Allgemeine Magazin, 18. April 1997 (Notizbuch Johannes Groß, Vorletzte Folge, Siebzigstes Stück, I.)
112 Jasper Becker, China' s Secret Famine, London 1997, S. 180 ff.
113 Tibet – Traum oder Trauma, a. a. O., S. 45 f.
114 Vgl. International Commission of Jurists, a. a. O., S. 74.
115 Palden Gyatso, a. a. O., S. 196.
116 Melvyn C. Goldstein, A Community of Nomadic Pastoralists, in: Resistance and Reform in Tibet, hg. von Robert Barnett, Bloomington and Indianapolis 1994, S. 95 f.
117 Ebd., S. 95 ff.
118 Ebd.
119 Tibet – Traum oder Trauma, a. a. O., S. 129 ff.
120 Xizang Tongxun Nr. 4, 25. Mai 1979.
121 Tibet – Traum oder Trauma, a. a. O., S. 63.
122 Jetsun Pema, Zeit der Drachen. Die Autobiographie der Schwester des Dalai Lama, Hamburg 1997, S. 194.
123 Ebd., S. 200.
124 Ebd., S. 221 f.
125 Ebd., S. 208.
126 Ebd., S. 219.
127 Ebd., S. 220.
128 Ebd., S. 203.
129 Ebd., S. 210.
130 Ebd.
131 Zit. nach Xizang Tongxun, Nr. 11, 25. August 1980.
132 Stefan Simons in: Der Spiegel, Nr. 9/1987, S. 165.
133 Tibet Expanding Ties to Inland Provinces, Beijing Liaowang, 18. September 1995, zit. nach International Commission of Jurists, a. a. O., S. 111 f.
134 Vgl. Jürgen Kremb, Nachrichten vom Dach der Welt, in: Tibet – ein vergewaltigtes Land. Berichte vom Dach der Welt, hg. von Petra Kelly, Gert Bastian, Hamburg 1988, S. 41 f.
135 Ebd., S. 43.
136 Ebd., S. 39.
137 Ebd., S. 40.
138 Bericht von Amnesty International, 1988.
139 Duo Duo, a. a. O., S. 124.
140 Dalai Lama, Das Buch der Freiheit. Die Autobiographie des Friedensnobelpreisträgers, Bergisch Gladbach 5. Aufl. 1993, S. 313 f.

141 Ebd., S. 314 f.
142 Zit. nach: Tibet klagt an, a. a. O., S. 78 f.
143 Vgl. Dalai Lama, Das Buch der Freiheit, a. a. O., S. 317; International Commission of Jurists, a. a. O., S. 80.
144 Tibet klagt an, a. a. O., S. 78 f.
145 Ebd., S. 86 f.
146 Ebd., S. 86 f.
147 Ebd., S. 82.
148 Der Spiegel, Nr. 11/1989, S. 196.
149 Deklaration zur Gründung der »Front Demokratisches China«, in: Kommune 11/1989, S. 16 f.
150 Cao Changqing (Hg.), Zhongguo Dalu Zishi fenzi Lun Xizang (Chinesische Festlandsintellektuelle über Tibet), Taipeh 1996.
151 Tibet Information Network, News Update, 13. November 1998.
152 Vgl. International Commission of Jurists, a. a. O., S. 81.
153 Zit. nach ebd., S. 102.
154 Zit. nach ebd., a. a. O., S. 108, Fn. 32.
155 Zit. nach ebd., a. a. O., S. 110.
156 Tibet Daily, 2. August 1994, zit. nach International Commission of Jurists, a. a. O., S. 110, Fn. 42.
157 Vgl. International Commission of Jurists, a. a. O., S. 111.
158 Zit. nach ebd., S. 112.
159 Vgl. ebd., S. 116.
160 Ebd., S. 118.
161 Ebd., S. 120.
162 Renate Krieg u. a., Provinzporträts der Volksrepublik China, Hamburg 1998, S. 632 f.
163 International Commission of Jurists, a. a. O., S. 125.
164 Ebd., S. 126.
165 Ebd., S. 115.
166 Hans Mäder, a. a. O., S. 78 f.
167 Ebd., S. 79.
168 Zit. nach International Commission of Jurists, a. a. O., S. 281.
169 Ebd.
170 Zit. nach ebd., S. 283.
171 Ebd., Fn. 353.
172 Ebd.
173 Ebd., S. 290.
174 Zit. nach ebd., S. 293.
175 Ebd., S. 295.
176 Ebd., S. 345.
177 Der Artikel von Johnny Erling in der Zeitung »Der Standard« vom 31. August 1998 fährt fort: »Das Buch ist eine von zahlreichen Neuerscheinungen, die in den vergangenen Tagen in hoher Auflage erschie-

nen. ›China erlebt die zweite Welle von mutigen Veröffentlichungen zur Geschichte, Politik und Literatur, nachdem im Frühjahr Dutzende kritischer Bücher den Weg bereiteten‹, sagte ein Verlagsangestellter. ›Peking lockert die Zügel weiter.‹« Zu den neuen Titeln gehört die Essaysammlung *Politisches China*, in der bekannte Intellektuelle für eine Demokratisierung der Gesellschaft eintreten. Auch Ex-Premier Zhao Ziyang, der seit 1989 als Unperson gilt, wird in diesem Band wieder gewürdigt. Wie fragil diese neuen Liberalisierungstendenzen sind, zeigt die am 14. September 1998 in der Frankfurter Rundschau gemeldete Inhaftierung eines der beiden Herausgeber des Buches *Politisches China*.

178 Melvyn C. Goldstein, The Snow Lion and the Dragon. China, Tibet and the Dalai Lama, Berkeley und Los Angeles 1997; alle inhaltlichen Wiedergaben beziehen sich auf das Schlußkapitel des Buches »The Future«, S. 100 ff., insbesondere S. 124 ff.

179 Veröffentlicht ist der Aufruf in: Beijing zhi chun (Beijing Spring), Juni 1998, S. 91.

180 Palden Gyatso, a. a. O., S. 259.

181 Tibet Information Network, Chinese officials confirm guards open fire at Tibet Prison, 22. Oktober 1998.

182 Informationen nach: Tibet Information Network, News Update, 21. Mai 1998: New Protests at Drapchi Prison; World Network News, 7. Juli 1998: More on Drapchi Disturbances; Tibet-Forum 2/1998, S. 21 f.

183 Ebd.

184 Zit. nach Tibet-Forum 1/1998, S. 3.

(Alle Zitatwiedergaben aus chinesisch- und englischsprachigen Werken beruhen auf privaten Übersetzungen. Für die Mithilfe bei der Zusammenstellung und Übersetzung bedanken sich die Autoren herzlich bei Frau Gisela Schneckmann.)

Bildnachweis

Der Dalai Lama, Mein Tibet. Fotografien und Einleitung von Galen Rowell, Frankfurt/Main: Insel Verlag 1991, S. 13: Abb. 1
Ingo Rösler: Abb. 2, 4, 5, 6, 7, 10, 14.
Helmut Forster-Latsch: Abb. 3, 8, 9, 11, 12, 13, 15, 16

Religion und östliche Weisheit in den suhrkamp taschenbüchern

Conze, Edward: Buddhistisches Denken. Drei Phasen buddhistischer Philosophie in Indien. Aus dem Englischen übersetzt von Ursula Richter. Mit einem Nachwort von Herbert Elbrecht. st 1772

– Eine kurze Geschichte des Buddhismus. Übersetzt, herausgegeben und mit einem Nachwort versehen von Friedrich Wilhelm. st 1297

Eliade, Mircea: Die Sehnsucht nach dem Ursprung. Von den Quellen der Humanität. Deutsch von Hella Bronold. st 2522

– Yoga. Unsterblichkeit und Freiheit. st 1127

Eliade, Mircea / Ioan P. Couliano: Handbuch der Religionen. Unter Mitwirkung von H. S. Wieser. st 2386

Fromm, Erich / Daisetz Teitaro Suzuki / Richard de Martino: Zen-Buddhismus und Psychoanalyse. Die Übersetzung besorgte Marion Steipe. st 37

Jonas, Hans: Der Gottesbegriff nach Auschwitz. Eine jüdische Stimme. st 1516

Korff, Wilhelm: Kernenergie und Moraltheologie. Der Beitrag der theologischen Ethik zur Frage allgemeiner Kriterien ethischer Entscheidungsprozesse. st 597

Pagels, Elaine: Versuchung durch Erkenntnis. Die gnostischen Evangelien. Aus dem Amerikanischen von Angelika Schweikhart. st 1456

Shibayama, Zenkei: ZEN - Eine Blume spricht ohne Worte. Eine Einführung durch Gleichnis und Bild. Mit einem Vorwort von Daisetz T. Suzuki. Aus dem Englischen von Ursula von Mangoldt. st 2471

Watts, Alan: Der Lauf des Wassers. Eine Einführung in den Taoismus. Unter Mitarbeit von Al Chung-liang Huang. Aus dem Amerikanischen von Susanne Schaup. st 878

– Vom Geist des Zen. Aus dem Amerikanischen von Julius Schwabe. st 1288

264/1/11.95

Soziologie, Ethnologie, Politik in den suhrkamp taschenbüchern

258/1/11.95

Soziologie, Ethnologie, Politik in den suhrkamp taschenbüchern

Opfer der Macht. Müssen Politiker ehrlich sein? Herausgegeben von Peter Kemper mit Beiträgen u.a. von Gernot Böhme, Alfred Grosser, Matthias Horx, Oskar Negt, Michael Rutschky, Klaus Staeck und Michael Stürmer. st 2380

Oz, Amos: Bericht zur Lage des Staates Israel. st 2192

Puhl, Widmar: Dichter für die Freiheit. Von der subversiven Kraft der Literatur in Osteuropa. st 2173

Schiffauer, Werner: Die Gewalt der Ehre. Erklärungen zu einem deutsch-türkischen Sexualkonflikt. st 894

Tertilt, Hermann: Turkish Power Boys. Ethnographie einer Jugendbande. st 2501

Wesel, Uwe: Juristische Weltkunde. Eine Einführung in das Recht. st 2265

258/2/11.95

suhrkamp taschenbücher
Eine Auswahl

265/1/11.93

265/3/11.93

suhrkamp taschenbücher
Eine Auswahl

265/4/11.93

suhrkamp taschenbücher
Eine Auswahl

265/5/11.93

suhrkamp taschenbücher
Eine Auswahl

Walser, Robert: Geschwister Tanner. st 1109
– Jakob von Gunten. st 1111
– Der Räuber. st 1112
Watts: Der Lauf des Wassers. st 878
– Vom Geist des Zen. st 1288
Weber-Kellermann: Die deutsche Familie. st 185
Weiß, Ernst: Der Augenzeuge. st 797
Weiss, Peter: Das Duell. st 41
Winkler: Friedhof der bitteren Orangen. st 2171
Zeemann: Einübung in Katastrophen. st 565
Zweig: Brasilien. st 984

265/6/11.93